वेदान्त

नया मन, नया जीवन

आचार्य प्रशांत

आचार्य प्रशांत

मनुष्य को ज्ञात सबसे प्राचीन शास्त्रों में वेद शीर्ष पर आते हैं और वेदांत वैदिक सार का परम शिखर है।

आज दुनिया ऐसी समस्याओं से जूझ रही है जो इतिहास में पहले कभी नहीं देखी गईं। अतीत में हमारी समस्याएँ अक्सर बाहरी परिस्थितियों के कारण होती थीं, जैसे कि भुखमरी, गरीबी, अशिक्षा, प्रौद्योगिकी का अभाव, स्वास्थ्य संबंधित समस्याएँ आदि। संक्षेप में कहें तो चुनौती बाहरी थी, दुश्मन — चाहे वो सूक्ष्म जीव के रूप में हो या संसाधनों की कमी के रूप में — बाहर था। सीधे कहें तो मनुष्य अपनी बाहरी परिस्थितियों के दबाव में संघर्षरत रहता था।

परन्तु बीते सौ वर्षों में बहुत से बदलाव हुए हैं। मनुष्य के संघर्षों ने इस सदी में एक बहुत ही अलग और जटिल रूप ले लिया है। पदार्थ को किस तरह से अपने उपभोग के लिए इस्तेमाल करना है, वह आज हम जानते हैं; परमाणु और ब्रह्मांड के रहस्य मनुष्य के अथक अनुसंधान के आगे ज़्यादा छिपे नहीं रह गए हैं। आज गरीबी, अशिक्षा और बीमारी अब वैसी अजेय समस्या नहीं रही जैसे पहले प्रतीत हुआ करती थी। इसी के चलते अब हमारी महत्वाकांक्षा दूसरे ग्रहों में बसने और यहाँ तक कि मृत्यु को मात देने की हो गई है।

वर्तमान काल मनुष्य के इतिहास में सबसे अच्छा होना चाहिए था। इससे कहीं दूर, हम अपने आप को आंतरिक रंगमंच में चुनौती के एक बहुत ही अलग आयाम पर पाते हैं। बाहरी दुनिया में लगभग हर चीज़ पर विजय प्राप्त करने के बाद मनुष्य पा रहा है कि वह आज पहले से कहीं ज़्यादा गुलाम है। और यह एक अपमानजनक गुलामी है – सभी पर वर्चस्व जमाना और फिर यह पाना कि भीतर से एक अज्ञात उत्पीड़क के बहुत बड़े गुलाम हैं।

मनुष्य भले ही प्रकृति पर अपना नियंत्रण बनाने में सफल हो गया हो लेकिन वह स्वयं अपने आंतरिक विनाशकारी केंद्र द्वारा नियंत्रित है, जिसका उसे बहुत कम ज्ञान है। इन दोनों के साथ होने का मतलब है कि मनुष्य की प्रकृति का नाश करने की क्षमता असीमित और निर्विवाद है। मनुष्य के पास केवल एक ही आंतरिक शासक है: इच्छा — उपभोग करने और अधिक-से-अधिक सुख का अनुभव करने की अनंत इच्छा। मनुष्य सुख का अनुभव तो करता है पर फिर भी स्वयं को अतृप्त ही पाता है।

इस संदर्भ में आध्यात्मिकता के शुद्ध रूप में वेदांत आज पहले से कहीं अधिक महत्वपूर्ण हो जाता है। वेदांत पूछता है: भीतर वाला कौन है? उसका स्वभाव क्या है? वह क्या चाहता है? क्या उसकी इच्छाओं की पूर्ति से उसको संतोष मिलेगा?

आज मानव जाति जिन परिस्थितियों में खुद को पाती है, उसकी प्रतिक्रिया के रूप में आचार्य प्रशांत वेदांत के सार को आज दुनिया के सामने लाने का महत्वपूर्ण

कार्य कर रहे हैं। उनका उद्देश्य वेदांत के शुद्ध सार को सभी तक पहुँचाना और वेदांत द्वारा आज की समस्याओं को हल करना है। वर्तमान की ये समस्याएँ मनुष्य के स्वयं के प्रति अज्ञान से उत्पन्न हुई हैं, इसलिए उन्हें केवल सच्चे आत्म-ज्ञान से ही हल किया जा सकता है।

आचार्य प्रशांत ने दो तरीकों से वेदांत को जन-सामान्य तक लाने का प्रयास किया है: पहला, उन्होंने कई उपनिषदों और गीताओं पर सत्र लिये हैं और उनकी व्यापक टिप्पणियाँ वीडियो श्रृंखला और पुस्तकों के रूप में उपलब्ध हैं (acharyaprashant.org/en/books)। दूसरा, वे लोगों की दैनिक समस्याओं को संबोधित करते हुए उन्हें वेदांत के प्रकाश में सुलझाकर उनका मार्गदर्शन करते हैं। उनके सोशल मीडिया चैनल्स ऐसे हज़ारों सत्रों के प्रकाशन के लिए समर्पित हैं।

संक्षिप्त जीवनी

प्रशांत त्रिपाठी का जन्म 1978 को महाशिवरात्रि के पावन अवसर पर उत्तर प्रदेश के आगरा शहर में हुआ था। वे तीन भाई-बहनों में सबसे बड़े हैं, उनके पिता एक प्रांतीय प्रशासनिक अधिकारी थे और माता एक गृहिणी। उनका बचपन ज़्यादातर उत्तर प्रदेश में ही बीता।

माता-पिता और शिक्षकों ने उन्हें एक ऐसा बालक पाया जो कभी शरारत करता तो कभी अचानक गहन चिंतन में डूब जाता। दोस्त भी उन्हें एक अपरिमेय स्वभाव वाला याद करते हैं, अक्सर यह सुनिश्चित नहीं होता था कि वे मज़ाक कर रहे हैं या गंभीर हैं। एक प्रतिभाशाली छात्र होने के कारण वे लगातार अपनी कक्षा में शीर्ष पायदान पर रहे और एक छात्र के लिए उच्चतम संभव प्रशंसा और पुरस्कार प्राप्त किए। उनकी माताजी को याद है कि कैसे उन्हें अपने बच्चे के बेहतर शैक्षिक प्रदर्शन के कारण कई बार 'मदर क्वीन' की उपाधि से सम्मानित किया जाता था। शिक्षक कहते हैं कि उन्होंने पहले कभी ऐसा छात्र नहीं देखा था जो मानविकी में उतना ही प्रतिभाशाली हो जितना विज्ञान में, जो भाषाओं में उतना ही निपुण हो जितना गणित में और अंग्रेज़ी में उतना ही कुशल जितना हिंदी में। राज्य के तत्कालीन राज्यपाल ने उन्हें बोर्ड परीक्षाओं में एक नया मानदंड स्थापित करने और एनटीएसई स्कॉलर होने के नाते एक सार्वजनिक समारोह में सम्मानित किया था।

वे पाँच साल की उम्र से ही एक जिज्ञासु पाठक थे। उनके पिता के व्यापक गृह पुस्तकालय में उपनिषद् जैसे आध्यात्मिक ग्रंथों सहित दुनिया के कुछ बेहतरीन साहित्य शामिल थे। लंबे समय तक वे घर के किसी शांत कोने में बैठ जाते और उन किताबों में डूबे रहते जो केवल परिपक्व पुरुष ही समझ सकते थे। पढ़ने में खो जाने के कारण वे कई बार भोजन किये बिना ही सो जाते। दस साल का होने से पहले ही उन्होंने पिता के पुस्तक-संग्रह से लगभग सब कुछ पढ़ लिया था तथा और अधिक की

माँग कर रहे थे। उनमें गहराई के शुरुआती लक्षण तब प्रकट हुए जब उन्होंने ग्यारह वर्ष की उम्र में कविताएँ रचनी शुरू कीं। उनकी कविताएँ रहस्यमयी रंगों से ओत-प्रोत थीं और ऐसे प्रश्न पूछ रही थीं जिन्हें अधिकांश वयस्क भी नहीं समझ पाते।

पंद्रह वर्ष की आयु में, कई वर्षों तक लखनऊ शहर में रहने के बाद, उन्होंने अपने पिता की स्थानांतरणीय नौकरी के कारण स्वयं को दिल्ली के पास गाज़ियाबाद में पाया। बढ़ती उम्र और शहर के परिवर्तन ने उस प्रक्रिया को गति दी जो पहले से ही गहरी जड़ें जमा चुकी थी। वे रात में जागने लगे और पढ़ाई के अलावा अक्सर रात के आसमान को चुपचाप देखा करते। उनकी कविताएँ गहराई में उतरती गईं; उनमें से बहुत सी रात और चाँद को समर्पित थीं। उनका ध्यान शिक्षाविदों के बजाय रहस्यवादियों की ओर तेज़ी से बढ़ने लगा।

फिर भी उन्होंने शैक्षिक रूप से अच्छा प्रदर्शन करना जारी रखा और प्रतिष्ठित भारतीय प्रौद्योगिकी संस्थान, दिल्ली में प्रवेश प्राप्त किया। आईआईटी में उनका समय दुनिया को समझने और छात्र राजनीति में गहरी भागीदारी के बीच बीता। वे राष्ट्रव्यापी कार्यक्रमों और प्रतियोगिताओं में एक उभरते हुए डिबेटर और अभिनेता के रूप में सामने आए। वे परिसर में एक जीवंत व्यक्ति, एक भरोसेमंद छात्र-नेता और मंच पर एक भावपूर्ण कलाकार थे। उन्होंने लगातार राष्ट्रीय स्तर की वाद-विवाद और भाषण प्रतियोगिताएँ जीतीं और उत्कृष्ट नाटकों में निर्देशन और अभिनय के लिए पुरस्कार भी प्राप्त किये। एक बार उन्हें एक ऐसे नाटक में अपने प्रदर्शन के लिए 'सर्वश्रेष्ठ अभिनेता' का पुरस्कार मिला जिसमें उन्होंने न तो कोई शब्द बोला था और न ही कोई क़दम बढ़ाया था।

वे लंबे समय से यह महसूस कर रहे थे कि जिस नज़र से अधिकांश लोग दुनिया को देखते हैं, जिस तरह से हमारे दिमाग ढर्राबद्ध हो गए हैं, उसमें मूलभूत रूप से कुछ कमी है, और इस कारण हमारे आपसी सम्बन्धों, वैश्विक संस्थाओं की संरचनाओं, समाज के कार्य करने के तरीके, मूल रूप से कहें तो हमारे जीने के ढंग में ही विकृति आ गई है। उन्होंने यह देखना शुरू कर दिया था कि मानव पीड़ा के मूल में स्पष्टता व समझ का अभाव है। वे मनुष्य की अज्ञानता जनित हीनता, गरीबी की समस्या, उपभोग की बुराई, मनुष्य, जानवरों और पर्यावरण के प्रति हिंसा और स्वार्थ व संकीर्ण विचारधारा पर आधारित शोषण से बहुत व्यथित थे। उनका पूरा अस्तित्व ही इस विस्तीर्ण पीड़ा को चुनौती देने के लिए तैयार था, और एक युवा के तौर पर उन्हें भारतीय सिविल सेवा या प्रबंधन की राह चुनना एक सही क़दम लगा।

उन्होंने उसी वर्ष भारतीय सिविल सेवा और भारतीय प्रबंधन संस्थान (आईआईएम), अहमदाबाद में प्रवेश प्राप्त किया। प्रशासनिक सेवाओं के आवंटन में उन्हें आईएएस का इच्छित पद न मिल सका, साथ ही तब तक यह भी दिखने लगा था कि प्रशासन में रहते हुए क्रांतिकारी परिवर्तन नहीं लाया जा सकता, उन्होंने आईआईएम जाने का चुनाव किया।

आईआईएम में उनके दो साल शैक्षणिक दृष्टि से काफी समृद्ध थे। वे ऐसे नहीं थे जो सदा ग्रेड और प्लेसमेंट की होड़ में ही लगे रहते, जैसा कि इन प्रतिष्ठित संस्थानों में सामान्यत: देखने को मिलता है। वे नियमित रूप से गाँधी आश्रम के पास की एक झुग्गी में संचालित एक गैर-सरकारी संगठन में बच्चों को पढ़ाते, साथ ही, इस संगठन के खर्चों को देखने के लिए स्नातकों को गणित भी पढ़ाया करते थे। इसके अलावा, मानवीय अज्ञानता पर उनका गुस्सा थिएटर के माध्यम से आकार लेता था। उन्होंने 'खामोश! अदालत जारी है', 'राइनॉसेरॉस', 'पगला घोड़ा' और 'द नाईट ऑफ़ जैनुअरी सिक्सटीन्थ' जैसे नाटकों में अभिनय के साथ-साथ इनका निर्देशन भी किया। एक समय ऐसा भी आया जब उन्हें एक ही समय पर दो अलग-अलग नाटकों का निर्देशन एक साथ करना पड़ा। ये नाटक आस-पास और दूर-दराज से आए दर्शकों से खचाखच भरे आईआईएम के सभागार में हुआ करते थे। परिसर के लाभ-केंद्रित और स्वार्थ-प्रेरित माहौल में उन्होंने खुद को एक बाहरी व्यक्ति पाया। इन अस्तित्ववादी और विद्रोही नाटकों ने उन्हें अपनी पीड़ा को अभिव्यक्ति देने में मदद की और आगे के बड़े मंचों के लिए तैयार किया।

अगले कुछ वर्ष, जैसा कि वे अपने शब्दों में कहते हैं, निर्जनता में व्यतीत हुए। इस अवधि को वे एक विशेष दु:ख, तड़प और तलाश के रूप में वर्णित करते हैं। शांति की तलाश में वे कॉरपोरेट जगत की नौकरियों और उद्योगों को बदलते रहे। इसी तलाश में वे समय निकालकर अक्सर शहर और काम से भी दूर चले जाया करते थे। उन्हें धीरे-धीरे यह बात स्पष्ट होने लगी थी कि वे क्या करना चाहते हैं और वह जो उनके माध्यम से व्यक्त होने के लिए पुकार रहा था, वह किसी पारंपरिक मार्ग से प्रस्फुटित नहीं हो सकता। इस दिशा में उनका अध्ययन और संकल्प ज़ोर पकड़ने लगा, और उन्होंने बोधग्रंथों और आध्यात्मिक साहित्य के आधार पर स्नातकोत्तरों और अनुभवी पेशेवरों के लिए एक नेतृत्व पाठ्यक्रम तैयार किया। पाठ्यक्रम कुछ प्रतिष्ठित संस्थानों में शुरू किया गया और वे कभी-कभी अपनी उम्र से बड़े छात्रों को भी पढ़ाते। कोर्स सफल रहा और उनके लिए रास्ता साफ़ होने लगा।

अट्ठाईस वर्ष की आयु में उन्होंने कॉरपोरेट जगत को अलविदा कह दिया और 'इंटेलीजेंट स्पिरिचुअलिटी (प्रबुद्ध आध्यात्मिकता) के माध्यम से एक नई मानवता के निर्माण' के लिए 'अद्वैत लाइफ-एजुकेशन' की स्थापना की। प्रयोजन था मानव चेतना में गहरा परिवर्तन लाना। उनके प्रारंभिक श्रोता थे कॉलेज के छात्र जिन्हें आत्म-विकास पाठ्यक्रम का लाभ मिला। प्राचीन साहित्य की सीख को सरल शब्दों और मनोहर गतिविधियों के रूप में छात्रों तक पहुँचाया गया।

वैसे तो अद्वैत का काम अद्भुत था और सभी ने इसकी सराहना भी की, पर दूसरी ओर बड़ी चुनौतियों का सामना भी करना पड़ा। सामाजिक और शैक्षणिक व्यवस्थाओं ने छात्रों को केवल परीक्षाओं में उत्तीर्ण होने और नौकरी की सुरक्षा हेतु डिग्री प्राप्त करने के लिए तैयार किया था। आत्म-विकास की शिक्षा, मन के पार की शिक्षा,

जीवन-शिक्षा जो अद्वैत छात्रों के लिए लाने का प्रयास कर रहा था, वह इतनी नयी और इतनी अलग थी कि अक्सर अद्वैत के पाठ्यक्रमों के प्रति उनका रवैया उदासीनता से भरा रहता और कभी-कभी तो आंतरिक विरोध का भी सामना करना पड़ता। अक्सर कॉलेजों का प्रबंधन निकाय और छात्रों के माता-पिता भी अद्वैत के इस साहसिक प्रयास की महत्ता और विशालता को समझने में पूरी तरह विफल हो जाते थे। हालाँकि इन तमाम मुश्किलों के बीच भी अद्वैत ने अच्छा प्रदर्शन करना जारी रखा। मिशन का विस्तार जारी रहा और आज भी यह हज़ारों छात्रों को स्पर्श कर रहा है और उनका जीवन बदल रहा है।

लगभग 30 वर्ष की आयु में आचार्य प्रशांत ने अपने संवाद (बोध-सत्र) में बोलना शुरू किया। ये सत्र महत्वपूर्ण जीवन-मुद्दों पर खुली चर्चा के रूप में हुआ करते थे। जल्द ही यह स्पष्ट होने लगा कि ये सत्र गहन ध्यानपूर्ण थे, मन को एक अनोखी शांति दिलाते थे और मानस पर चमत्कारिक रूप से उपचारात्मक प्रभाव डालते थे। आचार्य प्रशांत के शब्दों और वीडियो को रिकॉर्ड कर इंटरनेट पर उपलब्ध कराया जाने लगा। और जल्द ही उनके लेखन और उनके व्याख्यानों के प्रतिलेखन को प्रकाशित करने के लिए एक वेबसाइट भी तैयार की गई।

लगभग उसी समय उन्होंने आत्म-जागरुकता शिविरों का आयोजन करना शुरू कर दिया। वे सच्चे साधकों को लगभग 30 लोगों के समूह में एक सप्ताह की अवधि के लिए अपने साथ हिमालय ले जाते। ये शिविर गहन परिवर्तनकारी घटनाएँ बन गए और शिविरों की आवृत्ति में भी बढ़ोत्तरी हुई। अपेक्षाकृत कम समय में अपार स्पष्टता और शांति प्रदान करते हुए सैकड़ों शिविर अब तक आयोजित किए जा चुके हैं।

आचार्य प्रशांत का अद्वितीय आध्यात्मिक साहित्य मानव जाति द्वारा ज्ञात उच्चतम शब्दों के बराबर है। उनकी प्रतिभा वेदांत पर आधारित है। अपनी व्यापक वेदांतिक नींव के साथ उन्हें अतीत की विभिन्न आध्यात्मिक धाराओं के संगम के रूप में देखा जाता है, फिर भी वे किसी परंपरा से सीमित नहीं हैं। वे मन पर जोरदार प्रहार करते हैं और साथ ही उसे प्रेम और करुणा से शांत भी करते हैं। एक स्पष्टता है जो उनकी उपस्थिति से निकलती है और उनके होने से एक सुकून मिलता है। उनकी शैली स्पष्टवादी, शुद्ध, रहस्यमय और करुणामय है। उनके सीधे और सरल सवालों के सामने अहंकार और मन के झूठ को छुपने की कहीं जगह नहीं मिलती। वे अपने श्रोताओं के साथ खेलते हैं — उन्हें ध्यानपूर्ण मौन की गहराई तक ले जाते हैं, हँसते हैं, मज़ाक करते हैं और समझाते हैं। एक तरफ़ तो वे काफ़ी करीब प्रतीत होते हैं, वहीं दूसरी तरफ़ यह भी दिखता है कि उनके माध्यम से आने वाले शब्दों के स्रोत कहीं और ही हैं।

इंटरनेट पर उनके द्वारा अपलोड किए गए 10,000 से अधिक वीडियोज़ और लेख मूल्यवान आध्यात्मिक संकलन हैं और सभी के लिए निःशुल्क उपलब्ध हैं। यह संकलन इंटरनेट पर दुनिया का सबसे बड़ा आध्यात्मिक सामग्री का भंडार है, जिनमें

से 50 लाख से अधिक मिनट प्रतिदिन देखे जाते हैं। वे आईआईटी, आईआईएम और कई अन्य प्रतिष्ठित संस्थानों के साथ-साथ TED जैसे प्लेटफार्मों पर नियमित वक्ता रहे हैं। अभी हाल ही में पेंगुइन पब्लिशर द्वारा प्रकाशित उनकी पुस्तक 'कर्म' राष्ट्रीय बेस्टसेलर रही। प्रिंट मीडिया में उनके लेख राष्ट्रीय दैनिक समाचार पत्रों में नियमित रूप से प्रकाशित होते रहते हैं। उनके प्रवचन और साक्षात्कार राष्ट्रीय टीवी चैनलों के माध्यम से भी प्रसारित किए जाते हैं। आज उनके आंदोलन ने करोड़ों लोगों के जीवन को प्रभावित किया है। लोगों के साथ अपने सीधे संपर्क और विभिन्न इंटरनेट-आधारित चैनलों के माध्यम से सभी के लिए स्पष्टता, शांति और प्रेम लाने का उनका यह अथक प्रयास निरंतर जारी है।

अनुक्रमणिका

वेदान्त का महत्व

उपनिषद् क्या हैं?

ज्ञान की एक पूरी श्रृंखला हैं वेद, और उनके केंद्र में ज्ञान मात्र है। किसी एक व्यक्ति द्वारा लिखी गई वो किताब नहीं है। किसी एक इंसान या इंसानों के एक समूह, या दल, या समुदाय या सम्प्रदाय का वो प्रतिनिधित्व नहीं करती। किसी एक व्यक्ति का नाम उससे जोड़ा नहीं जा सकता। व्यक्ति आए, चले गए। इतने ऋषि उसमें वर्णित हैं, उनमें से कोई ऋषि हो न हो — एक ऋषि, सहस्त्रों ऋषि — वेदों का किसी व्यक्ति विशेष से कोई संबंध नहीं। तो ज्ञान की एक पूरी परंपरा है, ज्ञान की पूजा करते हैं। इसीलिए एक बड़े लंबे, विस्तृत कालखंड में पसरे हुए हैं वेद। एक दिन या दस दिन या सौ वर्षों में भी नहीं लिख दिये गए थे वेद। उनकी हज़ारों वर्षों की यात्रा है और चूँकि उनका संबंध ज्ञान से, बोध से है, व्यक्तियों से नहीं, इसीलिए उनको अपौरुषेय भी कहते हैं। कि किसी मनुष्य की कृति मत मान लेना इनको, मनुष्य मात्र की या मनुष्य विशेष की भी संपदा मत मान लेना इनको।

तो हम कह रहे थे वेदों की एक पूरी यात्रा है, इस यात्रा में बहुत उतार-चढ़ाव आते हैं, लेकिन वो यात्रा है निरंतर ऊर्ध्वगामी ही। वो नीचे से चलती है और एकदम ऊपर तक जाती है, ज्ञान का काम ही यही है।

तो वेदों के आरंभ में आते हैं मंत्र, संहिताएँ जिनमें तमाम देवताओं का पूजन है, उन्हें संतुष्ट करके उनसे वरदान, आशीर्वाद आदि माँगा गया है, शत्रुओं का नाश माँगा गया है, अपने पालतू पशुओं की संख्या, स्वास्थ्य में वृद्धि और रक्षा माँगा गया है। जितनी भी आधिभौतिक और आधिदैविक आपदाएँ हो सकती हैं, उनके विरुद्ध सुरक्षा माँगी गई है और इसमें विशेष रूप से कुछ आध्यात्मिक नहीं है। हालाँकि ऋग्वेद के दशवें मंडल में बहुत कुछ ऐसा है जो आध्यात्मिक काव्य की श्रेणी में रखा जाना चाहिए लेकिन फिर भी कुल मिलाकर के वेदों का जो मंत्र भाग है उसमें प्रकृति पूजन ही अधिक पाया जाता है।

ये जो यात्रा है वेदों की, वो मंत्रों से आगे बढ़ती है। फिर ब्राह्मण आते हैं जो बताते हैं कि यज्ञ आदि में और तमाम तरह के अनुष्ठानों, कर्मकांडों में किस तरह की विधियों का और नियमों का पालन करना चाहिए। फिर आरण्यक आते हैं। आरण्यक आते-आते फिर बात और गहराने लगती है। अब जो प्रश्न हैं वो बाहरी संसार से हटकर भीतरी होने लग जाते हैं। और वही यात्रा फिर अपना पूर्ण विकास पाती है और अपना गंतव्य, अपना लक्ष्य भी पाती है उपनिषदों में।

उपनिषदों में अब बात पूरे तरीके से आंतरिक हो गई है। अब प्रकृति से कोई लेना-देना नहीं रहा। शुरुआत प्रकृति से हुई थी कि इंद्र से कुछ बात की जा रही है,

मारुत से कुछ पूछा जा रहा है, वरुण से, अग्नि से कुछ पूछा जा रहा है। प्रकृति की शक्तियों का प्रतिनिधित्व करने वाले ये सब देवता हैं, इनसे वरदान माँगा जा रहा है, इन्हें संबोधित किया जा रहा है और उपनिषदों तक आते-आते ऋषि प्रकृति के प्रति बिलकुल उदासीन हो जाते हैं, बल्कि यहाँ तक कह देते हैं कि सत्य तो प्रकृति से परे है।

बात इतनी बदल जाती है कि एक ओर तो देवता लोग थे जिन्हें भोग लगाया जा रहा था, खिलाया जा रहा था। उनको अन्न, पत्र, पुष्प यहाँ तक कि पशु की भी भेंट दी जा रही थी और उपनिषदों में ब्रह्म मात्र है जो कभी कुछ खाता ही नहीं। मंत्रों में देवी-देवता हैं जो सब साकार हैं, जिन्हें संतुष्ट किया जा सकता है, जिनसे बात की जा सकती है और उपनिषदों में ब्रह्म मात्र है, जिसका कोई आकार नहीं, जिसकी कोई इच्छा नहीं, जिसका कोई संगी साथी नहीं। जो अविगत है उससे बात क्या की जाएगी? तो बात इतनी बदल जाती है। लेकिन उपनिषद् हैं पूरे तरीके से वेदों के ही अंदर। वास्तव में वैदिक प्रक्रिया ही विकास लेकर के अन्ततः उपनिषदों तक पहुँचती है। और जहाँ तक मानव के अंतर्जगत की बात है, उपनिषदों के आगे की बात आज तक न सोची गई है, न कही गई है।

पूरे विश्व में विचार ने जहाँ कहीं भी ऊँचाइयाँ छुई हैं, उसको उपनिषदों ने किसी-न-किसी तरीके से प्रभावित किया है और भारत में तो स्पष्ट ही है कि जो भी धार्मिक सौंदर्य हम पाते हैं, उसके पीछे उपनिषदों का ही आशीर्वाद है। चाहे फिर वो बौद्ध धारा हो या भक्ति की मिठास, हैं सब उपनिषदों से ही प्रणीत। तो ये हैं उपनिषद्। इसलिए मैं बार-बार वेदान्त के महत्व की बात करता हूँ। वेदान्त में जो तीन इकाईयाँ सम्मिलित मानी जाती हैं, प्रस्थानत्रयी के नाम से उन्हें संबोधित करते हैं।

वो हैं ब्रह्मसूत्र, माने वेदान्त-सूत्र, उपनिषद् और भगवद्गीता। इन तीनों में जो प्राचीनतम हैं वो निश्चित रूप से उपनिषद् हैं। और उपनिषद् प्राचीनतम ही नहीं, उपनिषद् वेदान्त-सूत्र और भगवद्गीता के आधारभूत भी हैं। उपनिषद् न हों तो वेदान्त-सूत्र और भगवद्गीता नहीं हो सकते। तो इसीलिए कई बार वेदान्त को और उपनिषदों को एक ही संबोधन में कह दिया जाता है।

गलत नहीं होगा कहना कि उपनिषद् ही वेदान्त हैं।

उपनिषदों का व्यापक महत्व

भारत में

उपनिषद् भारत में भले ही घर-घर में लोकप्रियता न रखते हों, पर लोकप्रियता बहुधा श्रेष्ठता का मापदंड नहीं होती। उपनिषदों के दर्शन ने आदिकाल से ही भारत और पूरे विश्व में श्रेष्ठतम चिंतकों को प्रेरित किया है।

उपनिषदों के दर्शन और चरित्रों को हम अनगिनत भारतीय ग्रन्थों में पाते हैं। औपनिषदिक विचार के अवलंबन के बिना शायद ही कोई भारतीय ग्रंथ अस्तित्व में आ पाता। महाभारत में, विशेषकर भगवद्गीता में, रामायण में, पुराणों में, स्मृतियों में, मध्यकालीन संतवाणी में, और यहाँ तक कि वेदों से हटकर भी जो नास्तिक दर्शन हैं, उनमें भी उपनिषदों के विचारों को पाया जाता है।

उपनिषदों से साझे सिद्धांत, कथाएँ, चरित्र व पात्र हमें बौद्ध और जैन ग्रन्थों में भी मिलते हैं। वहाँ पर भी आत्मा और कर्म आदि सिद्धांतों का प्रयोग किया जाता है; यद्यपि आत्मा और कर्म से जो उनका अर्थ है, आशय है, वो भिन्न हो सकता है। विशेषकर महात्मा बुद्ध के दर्शन का आधार निश्चित रूप से उपनिषद् ही हैं। बुद्ध को तो निश्चित ही महानतम वेदान्तियों की श्रेणी में रखा जा सकता है।

इसके अलावा जो बहुत सारे भाष्यकार हैं जिन्होंने उपनिषदों पर बात की है उनको देखकर पता चलता है कि भारतीय दर्शन के पूरे इतिहास पर ही उपनिषदों की कितनी गहरी छाप रही है। वेदान्त दर्शन सब भारतीय दर्शनों में समाविष्ट है, बल्कि सब भारतीय दर्शनों का मूल है।

भले ही कतिपय भारतीय समुदाय वेदान्त क्या, वेद से भी बिलकुल न जुड़े होने का दावा करते हों, पर सभी भारतीय धार्मिक समुदाय अपने मूल रूप में, आधारभूत रूप में हैं उपनिषदों से ही प्रभावित।

विचारणीय है कि उपनिषद् स्वयं बहुत ज़्यादा कभी प्रचलित नहीं हो पाए और उनको जनसामान्य में कभी वो लोकप्रियता नहीं मिली, जो कई अन्य दूसरे विचारों-सिद्धांतों या दर्शनों को मिली। लेकिन फिर भी जो कुछ भी दर्शन के तौर पर भारत भूमि से उपजा, उसको प्रेरणा तो वेदान्त से ही मिली है।

तो उपनिषदों पर तो दार्शनिक और विचारक और पंडित लोग ही व्याख्या करते रहे, लेकिन उपनिषदों से प्रेरित जो कथाएँ थीं, पुराण थे, मूल सिद्धान्त थे, वो जनसामान्य में बड़े प्रचलित हो गए। यहाँ तक कि जो मध्यकालीन भक्ति और अन्य धाराएँ हैं, उनपर भी उपनिषदों का प्रभाव साफ़ परिलक्षित होता है।

'सब भेद मिथ्या हैं, आत्मा अखंड है, अटूट है, विविधता माया मात्र है। जहाँ कहीं भी आपको कोई दूसरा दिखाई देता है या पराया दिखाई देता है, वो सबकुछ बस आँखों का धोखा है, मन का खेल है।' इसी सिद्धांत पर फिर आगे चलकर समाज में व्याप्त तमाम कुरीतियों का भी विरोध किया गया। जैसे, जातिप्रथा है, जिसमें ऊँच-नीच की बात है, तो उस पर फिर यही उत्तर दिया गया कि देखो, जब आत्मा एक है तो ऊँच-नीच कैसे हो सकती है! और जब आत्मा मात्र सत्य है, बाकी सब मिथ्या है तो ऊँच-नीच भी मिथ्या है न। जो सुधारवादी धाराएँ भारत में बहीं, मध्यकाल से लेकर के आधुनिक काल तक, उनके मूल में भी उपनिषदों का ही चिंतन है।

दाराशिकोह ने फ़ारसी में जो उपनिषदों का अनुवाद किया था, सम्भावना है कि उससे सूफ़ी चिंतन पर भी काफ़ी प्रभाव पड़ा। त्याग और विलासिता से दूरी, मोह और आसक्ति से दूरी — ये सिद्धांत मूलरूप से उपनिषदों से हैं। और संभावना है कि सूफ़ियों ने भी इन्हें वहीं से ग्रहण किया।

अठारहवीं शताब्दी के सुधारवादी माहौल में राजा राममोहन राय ने सब कर्मकांड व मूर्तिपूजा का खंडन किया परंतु वेदान्त में पूर्ण विश्वास रखा। ब्रह्म समाज के माध्यम से वो उपनिषदों के पाठ को प्रेरणा देते, उन्होंने उपनिषदों का बंगाली, हिन्दी व अंग्रेज़ी में अनुवाद किया व ब्रह्म समाज के माध्यम से उनका प्रचार भी किया।

इसी तरह से आर्य समाज के संस्थापक स्वामी दयानंद सरस्वती भी उपनिषदों से कई बार उद्धृत किया करते थे। रमण महर्षि का जो उपनिषदों से लगाव था, उसकी तो क्या ही बात करें! इनके अलावा जिद्दू कृष्णमूर्ति भी जो बात कहते थे, वो मूल रूप से वेदान्त की ही है। स्वामी विवेकानंद का तो कहना ही क्या, उन्होंने तो वेदान्त को भारत में ही नहीं, पश्चिम में भी बहुत प्रचारित किया। महात्मा गाँधी भी भगवद्गीता को रोज़ पढ़ा करते थे, उनको अपनी माँ बोलते थे, ईशावास्य उपनिषद् से भी काफ़ी प्रभावित थे, "ईशावास्यं इदं सर्वम्" उनका प्रिय श्लोक था। जवाहरलाल नेहरू ने उपनिषदों की गौरवपूर्ण बात की है 'भारत एक खोज' में, भीमराव अम्बेडकर ने भी 'अहं ब्रह्मास्मि' आदि महावाक्यों को उद्धृत किया, ये बताने के लिए कि जातिभेद वगैरह व्यर्थ की बात है, हालाँकि वे यह भी कहते थे कि उपनिषदों के विचार हिन्दू धर्म की मुख्यधारा में समाहित नहीं हो पाए।

तो इस तरह उपनिषदों का प्रभाव तो ज़बरदस्त रहा है लेकिन फिर भी माया का कुछ ऐसा खेल है कि स्वयं उपनिषद् ही हिन्दू धर्म की मुख्यधारा से थोड़ा अलग ही रह गए। कोई भारतीय उपनिषदों का यदा-कदा ही पाठ करता होगा, अधिकांश लोग तो उपनिषदों का नाम भी नहीं जानते।

सम्पूर्ण विश्व में

उपनिषदों से एकदम मिलते-जुलते सिद्धांत हमें ग्रीक दर्शन में देखने को मिलते हैं। उदाहरण के लिए — पाइथागोरस, सुकरात, प्लेटो आदि ईसा पूर्व पाँचवीं से दूसरी

शताब्दियों तक के दार्शनिकों के वक्तव्यों में। प्लेटो का 'गुफा का रूपक' तो अवश्य ही उपनिषदों से प्रेरित प्रतीत होता है। मैक्स मूलर ने प्लेटो के लेखन और उपनिषदों के दर्शन के बीच की समानता को अद्भुत माना है। प्लेटो के गुरु सुकरात भी, कहा जाता है कि एथेंस की सड़कों पर विचरते एक भारतीय दार्शनिक से मिले जिससे उन्होंने ब्रह्म और अब्रह्म के बीच संबंध का ज्ञान पाया। ग्रीक दार्शनिकों का पुनर्जन्म में विश्वास भी संभवतः पूर्व से ही आया।

दाराशिकोह की १६५७ की 'सिर्र्-ए-अकबरी' नामक पुस्तक में ५२ उपनिषदों का फ़ारसी अनुवाद था। दाराशिकोह ने बनारस से विद्वानों को दिल्ली बुलाया, और लगभग दो वर्ष में यह किताब पूर्ण हुई। सनातन धर्म के प्रति सम्मान और उदारता का दृष्टिकोण रखने के कारण औरंगजेब ने उसे काफ़िर घोषित कर दिया और अंततः उसकी हत्या कर दी। आज इतिहास में दाराशिकोह हाशिये का एक नाम बनकर रह गया है, लेकिन उनका योगदान बहुत आगे तक गया। फ़ारसी से उपनिषदों की एक प्रति फ्रेंच में, फ्रेंकोइस बरनियर, जो बारह साल तक औरंगज़ेब के चिकित्सक थे, द्वारा अनुवादित होकर फ्रांस पहुँच गई। यूरोप में उसका फ्रेंच और लैटिन में अनुवाद हुआ। उन्नीसवीं शताब्दी में जब ब्रिटिश और जर्मन पंडितों ने उपनिषदों का अनुवाद करना शुरू किया, उससे पहले ही दाराशिकोह की किताब पश्चिम में पहुँच चुकी थी।

लगभग सौ साल बाद अब्राहम ऐंकेटिल ने इस किताब का लैटिन में अनुवाद किया, 'ओपनखट' नाम से। इसी लैटिन किताब के माध्यम से जर्मन दार्शनिक शोपेनहावर व अन्य यूरोपियन बुद्धिजीवियों का उपनिषद् से परिचय हुआ। शोपेनहावर की 'द वर्ल्ड ऐज़ विल एंड रिप्रेज़ेंटेशन' छान्दोग्य उपनिषद् पर आधारित है। उनके पास टूटा-फूटा लैटिन अनुवाद आया था, लेकिन फिर भी शोपेनहावर किसी तरह समझ ही गए कि उपनिषदों की मूल बात क्या है।

इसी तरीके से फ्रेडरिक नीत्शे और कार्ल गुस्ताव युंग — इन सब पर स्पष्ट रूप से उपनिषदों का प्रभाव था और फिर इसके बाद तो अंग्रेज़ी अनुवाद भी उपलब्ध होने लग गए। जब अंग्रेज़ी अनुवाद उपलब्ध होने लग गए तो कवि जैसे टीएस इलियट और राल्फ़ वाल्डो एमर्सन, व्हिटमैन — जो ट्रांसेंडेंटलिस्ट्स कहे जाते थे — उपनिषदों के सिद्धांतों से प्रभावित हुए। सर विलियम जोंस ने तो एक अनुवाद भी किया अंग्रेज़ी में ईशावास्य उपनिषद् का और यही करने वाले आगे थे कार्ल ब्रूक, राजा राममोहन रॉय, मैक्स मूलर आदि चिंतक।

उन्नीसवीं शताब्दी के फ्रेंच दार्शनिक विक्टर कज़िन ने भगवद्गीता के दो अध्यायों का अनुवाद किया, कहा, "जब हम भारत के दर्शन की ओर देखते हैं तो वहाँ हमें ऐसे अथाह सत्य का ज्ञान होता है जो हमारे यूरोपियन विचारकों के उथले निष्कर्षों के सर्वथा विपरीत है। हमें विवश होकर के पूर्व के सामने घुटने टेकने ही पड़ते हैं और मानना पड़ता है कि उच्चतम मानव दर्शन का यही जन्मस्थान है।"

फ़्रेडरिक शैलिंग ने शोपेनहावर से भी ज़्यादा उत्कंठित भाषा में उपनिषदों की वंदना की और अपने शिष्य मैक्स मूलर को उपनिषदों के अनुवाद के लिए प्रेरित किया। मैक्स मूलर ने संस्कृत सीखी, ऋग्वेद मे गहरी रुचि दिखाई और अपने समय के प्रख्यात भारतविद् हुए। उनके उत्तराधिकारी पॉल ड्यूसेन ने कहा, “वेदान्त मानव चेतना की सबसे उत्कृष्ट कृतियों में है। बोध वृक्ष पर उपनिषदों से सुंदर कोई पुष्प नहीं और वेदान्त जैसा उत्कृष्ट कोई फल नहीं।“

इमरसन कठ उपनिषद् से प्रभावित थे और उनकी कविताएँ ‘सेलेस्टियल लव’, ‘वुड नोट्स’ व ‘ब्रह्म’ एक सार्वभौम औपनिषदिक सिद्धांत की अभिव्यक्ति करती हैं।

वॉल्ट ह्विटमैन ने अपनी ‘लीव्स ऑफ ग्रास’ व ‘सॉन्ग ऑफ़ माइसेल्फ़’ में अपने अनंत अमर स्वभाव का वर्णन किया है।

ट्रांसेंडेंटलिस्ट्स से भी पहले अमरीकी राष्ट्रपति जॉन एडम्स ने उपनिषदों का महान पाठ किया था। अपने जीवन के आखिरी दिन भी वे अपने मित्र थॉमस जेफ़रसन के साथ वेदान्त विषय पर ही चर्चा कर रहे थे। उनकी व जेफ़रसन की मृत्यु साथ ही हुई।

प्रख्यात वैज्ञानिक बेंजामिन फ्रेंकलिन ने भी आत्मा की अमरता का वर्णन किया है।

रूसी कहाँ पीछे रहने वाले थे यूरोप और अमेरिका से! लिओ टॉलस्टॉय ने उपनिषदों व भगवद्गीता में गहरी रुचि दिखाई। महात्मा गाँधी को प्रेषित ‘फ्री हिन्दुस्तान’ में छपा उनका पत्र ‘अ लेटर टु अ हिन्दू’ वेदान्तिक सूत्रों व उद्धरणों से भरा हुआ है।

आधुनिक युग में पॉल गौगुइन ने अपनी कृतियों में कर्म विषयक विवेचनाएँ की। वे ये भी मानते थे कि पायथागॉरस प्राचीन भारतीय ऋषियों के शिष्य थे।

जेम्स जॉयस ने ‘यूलिसिस’ में, जैक लंडन ने ‘स्टार रोवर’ में, हरमन हेस ने ‘सिद्धार्थ’ में, और रिचर्ड बाक ने ‘जोनाथन लिविंग्स्टन सीगल’ में वेदान्त को ही आधारभूत रखा है। नोबेल पुरस्कार विजेता इसाक बेशविस सिंगर ने, व कवि जॉन मेसफील्ड ने वेदान्त के सूत्रों को कलात्मक अभिव्यंजना दी है। पश्चिम पहुँचने के दो-सौ वर्षों के भीतर ही उपनिषदों ने पाश्चात्य दार्शनिकों, विचारों, लेखकों व कलाकारों पर परिवर्तनकारी प्रभाव डाला है।

तो उपनिषद् ऐतिहासिक रूप से प्रभावशाली तो बहुत रहे हैं, पर बस उन्हीं चिंतकों और साधकों के लिए जो सच के खोजी हैं। आज समय ऐसा है कि सच की निकटता बहुत आवश्यक हो गई है। तो कालधर्म है कि उपनिषदों को जनसामान्य के बीच भी वो स्थान दिलाया जाए जिसके वे अधिकारी हैं। ‘घर-घर उपनिषद्’ इसी दिशा में एक प्रयास है।

वेदान्त ही सनातन धर्म है

जिसे हम सनातन धर्म कहते हैं, वह वेदों में अभिव्यक्त होता है। सर्वविदित है कि सनातनियों के केंद्रीय ग्रंथ वेद हैं।

यूँ तो हिन्दू समाज न जाने कितनी छोटी-बड़ी धार्मिक पुस्तकों को मान्यता देता है। उन सब पुस्तकों में किसी सीमा तक सत्य व सौन्दर्य है, पर वेदों के समक्ष वे तमाम पुस्तकें पारिधिक और अप्रधान हैं। स्पष्ट परिभाषा है कि आस्तिक वो है जो वेदों को मानता हो। एक सनातनी यदि किसी भी पुराण, इतिहास ग्रंथ, स्मृति आदि में आस्था न भी रखता हो, तो भी वो आस्तिक ही माना जाएगा यदि वह वेदों में आस्था रखता है। परंतु कोई व्यक्ति यदि स्मृतियों और पुराणों आदि में विश्वास करता हो, पर वेदों की ओर उदासीन हो, तो वो नास्तिक माना जाएगा। आस्तिकता की कसौटी मात्र वेद हैं। वेद ही प्रथम हैं, प्रधान हैं, और अंतिम हैं। तो पहली बात ये स्पष्ट रही कि सनातन धर्म में किसी भी ग्रन्थ, मान्यता, परम्परा इत्यादि का महत्व वेदों से बढ़कर नहीं है। सनातन धर्म वैदिक धर्म है।

अब आते हैं वेदों पर। वेदों के दो भाग कहे जा सकते हैं — पहला कर्मकांड और दूसरा ज्ञानकांड। कर्मकांड में मुख्यतः प्रकृति के तत्वों की उपासना आदि है, जिसका लक्ष्य सांसारिक सुख व समृद्धि प्राप्त करना है। देवताओं की प्रशंसा में मंत्र व उनकी उपासना और यज्ञ आदि की विधियाँ ही कर्मकांड का विषय हैं। कर्मकांड का मनुष्य की सत्य व मुक्ति के प्रति उत्कंठा से बहुत कम सम्बन्ध है। और विज्ञान ने आज प्राकृतिक शक्तियों की उपासना को अप्रासंगिक बना दिया है। अग्नि, सूर्य, वरुण, अश्विन, आदि की उपासना आज कोई विशेष अर्थ नहीं रखती। हम आग, बिजली, पानी, सूर्य, चंद्र आदि को विज्ञान की सहायता से भलीभाँति समझते हैं। और हम ये भी जानते हैं कि वायु, या जल, या बिजली, या सूर्य की प्रशंसा-श्लाघा-स्तुति करके हमें कोई लाभ नहीं होने वाला। तो कर्मकांड का एक काल-बद्ध महत्व था किसी समय पर, जो आज नहीं है।

तो फिर वेदों की इतनी महिमा क्यों है? वेदों की महिमा है ज्ञानकांड के कारण, जिसे उपनिषद् कहते हैं। उपनिषद् कालबद्ध नहीं बल्कि कालातीत हैं। उपनिषदों में जो बात कही गई है वो कभी पुरानी पड़कर अप्रासंगिक या तिथिबाह्य नहीं होने वाली। उपनिषद् सीधे-सीधे मन की बेचैनी को सम्बोधित करते हैं, मनुष्य के अस्तित्व के मूल प्रश्नों का उत्तर देते हैं। वे हमें हमारे बंधनों से परिचित कराकर मुक्ति की ओर प्रेरित करते हैं। जब तक मनुष्य है तब तक उसके मन में बंधन भी हैं, अतः जब तक मनुष्य है तब तक उपनिषद् आवश्यक, सहायक व प्रासंगिक रहेंगे। उपनिषदों को ही वेदान्त कहा जा सकता है। तो आज वेदों का अर्थ वेदान्त से ही लगाया जाना चाहिए। तो

जब हम कहते हैं कि सनातन धर्म की केंद्रीय पुस्तक वेद हैं, तो उसको ऐसे पढ़ा जाना चाहिए कि सनातन धर्म की केंद्रीय पुस्तक वेदान्त है। वेदान्त माने उपनिषद्, वेदान्त माने वेदों का ज्ञानकांड, वेदान्त माने वेदों का अमृत, वेदान्त माने वेदों का वह भाग जो कालातीत है।

तो ये बात स्पष्ट होनी चाहिए कि वास्तविक सनातन धर्म वेदान्त ही है, बाकी सबकुछ तुलनात्मक रूप से कम महत्व का है। तो फिर पुराणों व अन्य पुस्तकों को कैसे देखें, व उनका क्या स्थान है? जिस सीमा तक पुराण वेदान्त के सिद्धांतों का अनुगमन करते हैं व वेदान्त को अभिव्यक्ति देते हैं, उस सीमा तक पुराणों को स्वीकार किया जाना चाहिए। पर पुराणों में ऐसा बहुत कुछ है जो सीधे-सीधे वेदान्त के विरुद्ध है। पुराणों व अन्य पुस्तकों के ऐसे सभी भागों को पूरी तरह अस्वीकार कर दिया जाना चाहिए जो वेदान्त के प्रकाश में असंगत दिखाई देते हैं, और जो वेदान्त की सीख के विरुद्ध हैं। सत्य दो नहीं हो सकते, कोई भी धर्म दो, दस, या दो-हज़ार परस्पर विरोधी सत्यों को यदि एक-साथ लेकर चलेगा तो वो बलहीन और विक्षिप्त सा ही रहेगा। उपनिषदों के अर्थ विद्वानों द्वारा कुछ अलग-अलग तरीके से किये जा सकते हैं (जैसे अद्वैत, द्वैत, द्वैताद्वैत, विशिष्ट-अद्वैत, आदि) लेकिन फिर भी सभी विद्वान् एकमत हैं वेदान्त के मूल सिद्धांतों के विषय में। समकालीन हिन्दू धर्म के तौर-तरीके, अधिकांश प्रथाएँ, मान्यताएँ, विधि-विधान, और तीज-त्यौहार वेदान्त से बिलकुल भी मेल नहीं खाते। अधिकांशतः आज हम हिन्दू धर्म के नाम पर जो पाते हैं वो अज्ञान और अंधकार से भरी मान्यताएँ, और अर्थहीन और लाभहीन परम्पराएँ मात्र हैं। और यही मूल कारण है सनातन समुदाय की तेजहीनता व संकुचन का।

सनातन धर्म के अनुयायियों में यदि ज्ञान, तेज, और शक्ति का संचार करना है तो उसका एक ही तरीका है — सनातन धर्म को उसके मूल से जोड़ना। हमें यह स्पष्ट समझना होगा और उद्घोषणा करनी होगी कि मात्र वेदान्त ही सनातन धर्म है, और जो कुछ वेदान्त-विरुद्ध है, वो दूषण की तरह त्याज्य है।

वेद कम-से-कम चार से पाँच-हज़ार वर्ष पुराने हैं। और भारत देश अफ़गानिस्तान से लेकर बर्मा तक, और कश्मीर से कन्याकुमारी तक विस्तृत रहा है। इतने बड़े क्षेत्रफल के इतने लम्बे इतिहास में इसकी सीमाएँ सदा खुली रही हैं और तमाम तरह के विदेशी प्रभाव भी इसपर पड़ते रहे हैं। स्पष्ट ही है कि सनातन धर्म के प्रामाणिक मर्म पर समय की धूल की असंख्य परतें जम गई हैं। धूल की इन परतों के नीचे वास्तविक सनातन धर्म कहीं खो सा गया है। आज धर्म को पुनरुद्धार की ज़रूरत है ताकि धर्म हमारा पुनरुद्धार कर सके। समय और बाहरी प्रभावों की धूल इतनी जम गई है कि धर्म को स्नान की आवश्यकता है।

विडंबना है कि सम्पूर्ण विश्व भलीभाँति समझता है कि हिन्दू धर्म में वेदान्त ही वास्तविक दार्शनिक केंद्र हैं। वैदिक धर्म में वेदान्त का जो मर्म है उससे दुनिया-भर ने लाभ उठाया। चाहे भारत में वो बौद्ध, जैन, या सिख धाराएँ हों, या पश्चिम में प्राचीन

यूनान या आधुनिक यूरोप — इन सभी ने भली-भाँति समझा है कि वैदिक धर्म में क्या मूल्यवान है और क्या मूल्यहीन। सनातन धारा में जो मूल्यहीन था उसी को त्यागकर बौद्ध, जैन, और सिख धाराएँ खड़ी हुईं। और आज भी सनातन धारा में जो मूल्यहीन है (कर्मकांड, रीति-रिवाज़, अंधविश्वास, आदि) पश्चिम उसका उपहास करता है, और सनातन धारा में जो मूल्यवान (वेदान्त) है, पश्चिम दोनों हाथ जोड़कर उसका अभिनन्दन करता है। कितनी विचित्र बात है कि पूरी दुनिया जानती है कि सनातन धर्म के पास कितनी धूल है, और एक चमकता हुआ हीरा भी है। सिर्फ़ सनातनी ही नहीं जानते कि धूल किसे कहें और हीरा किसे कहें। हमने धूल को हीरे की जगह दे रखी है, और हीरे के प्रति उपेक्षा रखते हैं। उपनिषदों को घर-घर पहुँचना ही होगा। नचिकेता, रैक्व, सत्यकाम, श्वेतकेतु, उद्दालक, और याज्ञवलक्य को बच्चे-बूढ़े सबके मन और मुहावरों में शामिल करना ही होगा। श्वेताश्वतर, गार्गी, मैत्रेयी व आरुणि को सुप्रचलित और घरेलू नाम बनना ही होगा।

सनातन धर्म के सामने आज दो रास्ते हैं: या तो धूल को ही सम्मान देते रहो, धूल को ही अपनी पहचान बना लो, और पाओ कि तेज़ी से पूरा धर्म ही धूल हुआ जा रहा है। या फिर हीरे की, वेदान्त की शरण में जाओ, वेदान्त में जगमगाते सत्य को सम्मान दो, और विश्व में शीर्षस्थ स्थान प्राप्त करो।

व्यक्तिगत तौर पर यदि हमें शक्ति और मुक्ति चाहिए, और विश्व में यदि हमें सम्मान चाहिए तो वेदान्त के अतिरिक्त कोई मार्ग नहीं। 'घर-घर उपनिषद्' के माध्यम से हम अथक प्रयत्न कर रहे हैं कि उपनिषदों को उनका स्थान व सनातन धर्म को उसका गौरव पुनः प्राप्त हो।

संस्कृति व धर्म

संस्कृति धर्म से अलग नहीं हो सकती। आदर्श स्थिति तब है जब समाज में प्रचलित संस्कृति का स्रोत शुद्धतम धर्म-मात्र हो। जब कभी ऐसी स्थिति आएगी कि संस्कृति धर्म से विलग और विमुख हो जाएगी, तब ऐसी अपसंस्कृति वाले समाज का पतन व पराभव निश्चित है।

भारतीय धर्म है वैदिक धर्म, वेदों का शीर्ष हैं उपनिषद्। लेकिन उपनिषदों की जो बातें हैं वो कुछ लोगों के लिए थोड़ी क्लिष्ट हैं समझने में। जो अभी परिपक्व बुद्धि के न हों, उनके लिए वेदान्त ज़रा जटिल है। सब तक उपनिषदों का संदेश साफ़-साफ़ पहुँच सके इसके लिए पुराणों की रचना हुई। और इतिहास-काव्य हैं जैसे रामायण, महाभारत — इन सब में भी वेदान्त के सूत्रों को जनमानस तक लाने का प्रयास किया गया।

पुराण कहानियों से भरे हुए हैं और वो कहानियाँ जनसाधारण में प्रचलन में आ गई हैं। लेकिन दो समस्याएँ हैं: पहली ये कि पुराणों की रचना भी वेदों के लगभग एक-हज़ार वर्ष बाद कई शताब्दियों तक होती रही, और सभी पुराणों के सभी भाग वेद-सम्मत नहीं हैं। दूसरी ये कि पुराणों की जो पांडुलिपियाँ देश के अलग-अलग हिस्सों से मिलती हैं, उनमें आपस में बहुत अंतर हैं। स्पष्ट ही है कि पुराणों आदि में बहुत से भाग प्रक्षिप्त हैं, मिलावटी हैं। इसी प्रकार रामायण के न जाने कितने परस्पर-विरोधी संस्करण हमें भारत भर में देखने को मिलते हैं।

पिछले एक-हज़ार वर्षों में भारतीय संस्कृति विदेशी प्रभावों को सोखती रही है। पर फिर भी, भारतीय संस्कृति आज भी व्यावहारिक रूप से पौराणिक कहानियों-मान्यताओं तथा रामायण-महाभारत आदि इतिहास-काव्यों पर ही आधारित है। विशेषकर, पुराणों के कुछ अंश तो प्रक्षिप्त और वेदान्त-विरुद्ध हैं। और कुछ कहानियों व निर्देशों में सौन्दर्य भी है, और सत्य भी। पर अभी हालत ये है कि हमारे पास बस वो कहानियाँ हैं, उन कहानियों का मर्म समझा देने वाली कुंजी हमारे पास नहीं है। अगर उपनिषद् समझ में आ गए, कुंजी हाथ लग गई, सिर्फ़ तब हम भारतीय संस्कृति के एक-एक प्रतीक का सही अर्थ कर पाएँगे।

और अर्थ ऐसा खुलेगा कि हम अचंभित रह जाएँगे, 'खजुराहो का ये अर्थ है! महाबलेश्वर का ये अर्थ है! उज्जैन का ये अर्थ है! ऋषिकेश का ये अर्थ है! शक्तिपीठों का ये अर्थ है! तीर्थों का ये अर्थ है!'

आज हम संस्कृति के प्रदूषण व पतन को लेकर अक्सर व्यथित दिखाई देते हैं। मंचों पर इस विषय पर भाषण दिये जाते हैं, सड़कों पर नारे भी लगा दिये जाते हैं।

पर सिर्फ़ शोर मचाने से नहीं होगा, 'संस्कृति! स्वधर्म! स्वदेशी!' नारे लगाने से नहीं होगा। धर्म और संस्कृति का संबंध हृदय से होता है। जब आपके हृदय को कोई चीज़ भा जाती है, तब आपको नारे नहीं लगाने पड़ते उस चीज़ के पक्ष में। और भूलिए नहीं कि सच सबको प्यारा होता है। सच वेदान्त में है, बस उसे जनसामान्य तक पहुँचाने की आवश्यकता है।

अति संक्षिप्त ग्रंथ हैं उपनिषद् और भारतीय दर्शन का मुकुट हैं, शीर्ष हैं, ताज हैं। और दुनिया भर में जिन भी लोगों ने विचार की गहराइयों को छुआ है और दर्शन के समुद्र में गोते लगाए हैं, उन सब ने उपनिषदों की न सिर्फ़ प्रशंसा की है बल्कि उनको पूजा है।

आपकी संस्था अपनी ओर से पूरी कोशिश कर रही है कि वेदान्त को जन-जन तक पहुँचाया जाए। उसी से अध्यात्म है, और फिर उसी से संस्कृति है, और फिर उसी से भारत का भविष्य भी है। तो जितना प्रयास हम कर सकते हैं, कर रहे हैं। अगर आप वाकई भारतीय संस्कृति को लेकर चिंतित हैं तो आइए, साथ जुड़िए, सहायता करिए। बड़ा विशाल अभियान है, सब की सहभागिता की ज़रूरत है।

वेदान्त: मूल बात

प्रश्नकर्ता: मैं वेदान्त से प्रभावित हूँ, पर प्रश्न ये आता है कि कैसे पता कि वेदान्त ही अन्तिम और उच्च सत्य है। यदि मैं अफ़्रीका में पैदा होती, तो भी क्या वेदान्त को ही अन्तिम सत्य मानती?

आचार्य प्रशांत: अफ़्रीका में पैदा होतीं तो 'मैं' की जगह क्या 'तैं' बोलतीं? अभी भी यही लिखा है न, 'यदि मैं अफ़्रीका में पैदा होती'? तो 'मैं' तो रहता ही न? 'मैं अफ़्रीका में पैदा होती!'

वेदान्त कोई सिद्धान्त है क्या? कह रही हैं, 'दो साल से वेदान्त से प्रभावित हैं।' क्या पता किया है आपने वेदान्त का? वेदान्त कोई आइडियोलॉज़ी (विचारधारा) है? वेदान्त में कोई गाइडलाइन्स (दिशा-निर्देश) हैं, कोई *प्रिंसिपल्स* (सिद्धान्त) हैं? वेदान्त तो एक जिज्ञासा मात्र है — देखो स्वयं को। बस, खत्म बात!

अफ़्रीकावाला 'मैं' नहीं बोलता? अफ़्रीकावाले को दुख नहीं होता? वेदान्त सार्वजनीन है। वेदान्त आपसे किसी कहानी में यकीन करने को थोड़े ही कह रहा है कि भारत में एक कहानी है, अफ़्रीका की अलग कहानी होगी। वेदान्त में है कोई कहानी कि ईश्वर ने सृष्टि की रचना कैसे की? वेदान्त में है ऐसी कोई कहानी?

वेदान्त तो कहता है, 'कहानीकार को देखना है।' आप कहानीकार हो, अपनेआप को देख लो। वेदान्त अपनेआप में कुछ है ही नहीं। उसे आप मत नहीं बोल सकते, 'वेदान्त मत' या 'वेदान्त धारा', कुछ नहीं। वेदान्त माने क्या? नाम ही है उसका 'अन्त', शून्य है वेदान्त — 'वेद-अन्त', खाली, धारणा से खाली, मान्यता से खाली, विश्वास से खाली; कुछ नहीं।

वेदान्त कोई होड़ में थोड़े ही लगा है कि कोई एक अफ़्रीका का दर्शन है, एक अरब का दर्शन है, एक चीन का दर्शन है, वो सब भाग रहे हैं, उन्हीं के साथ होड़ में वेदान्त भी लगा है, 'मैं भी भाग रहा हूँ।' वेदान्त भाग रहा है, तो उसके पीछे लिखा हुआ है 'इंडिया'! वहाँ दाओइज़्म भाग रहा है, उसके पीछे लिखा हुआ है 'चाइना'!

क्या समझ रहे हैं वेदान्त को?

वेदान्त तो एक शब्द है बस — 'जानो।' वो ये भी नहीं कह रहा कि जानने के बाद भी मान लो। क़दम-क़दम पर कह रहा है, 'आओ बताओ, क्या सवाल है? क्या बात है?' अफ़्रीका वाले के पास सवाल नहीं होते? अफ़्रीका वाले के पास अहम् नहीं होता?

श्रोता: होता है।

आचार्य: तो वहाँ अलग क्या हो जाना है? वेदान्त सब धर्मों के केन्द्र में बैठा हुआ है। वेदान्त सब दर्शनों की कुंजी है। इतनी बार तो बोला है कि दुनिया का कोई भी आपको धार्मिक ग्रन्थ अगर समझना हो तो पहले वेदान्त पता हो; नहीं समझ में आएगा। कुरान-बाइबिल भी बेहतर समझ में आते हैं वेदान्त के बाद। योग हो, भक्ति हो, न्याय हो, वैशेषिक हो, सब बेहतर समझ में आने लगते हैं वेदान्त के बाद; क्योंकि वेदान्त एकदम जहाँ शुरुआत हो रही है वहीं पर पहुँच जाता है, किससे? 'मैं।' सबकुछ किसके लिए है? मेरे लिए। इसीलिए उससे आगे कुछ जा नहीं सकता। वहीं पर सब अन्त हो जाता है।

जब मैं कहता हूँ 'वेदान्त', तो उससे मेरा आशय कोई मत या आग्रह नहीं है। वेदान्त से मेरा मतलब बस खुली जिज्ञासा है।

वेदान्त के प्रमुख सूत्र

1. अहं ब्रह्मास्मि — "मैं ब्रह्म हूँ" (बृहदारण्यक उपनिषद्, प्रथम अध्याय, चतुर्थ ब्राह्मण, श्लोक क्रमांक १०)

2. तत्त्वमसि — "वह ब्रह्म तू है" (छान्दोग्य उपनिषद्, अध्याय ६, अष्टम खण्ड, श्लोक क्रमांक ७)

3. अयं आत्मा ब्रह्म — "यह आत्मा ब्रह्म है" (माण्डूक्य उपनिषद्, अध्याय १, श्लोक २)

4. प्रज्ञानं ब्रह्म — "प्रज्ञान ही ब्रह्म है" (ऐतरेय उपनिषद् १/२)

5. सर्वं खल्विदं ब्रह्म — "सब ब्रह्म ही है" (छान्दोग्य उपनिषद्, अध्याय ३, चतुर्दश खण्ड, श्लोक १)

6. सत्यमेव जयते नानृतं सत्येन — "सत्य की ही जीत होती है, असत्य की नहीं" (मुण्डक उपनिषद्, तृतीय मुण्डक, प्रथम खण्ड, श्लोक ६)

7. एकमेवाद्वितीयं (एकम् एवम् अद्वितीयं) — "ब्रह्म ही एकमात्र सत्ता है। उसके अतिरिक्त कोई अन्य दूसरी सत्ता नहीं है।" (छान्दोग्य उपनिषद्, अध्याय ६, द्वितीय खण्ड, श्लोक १)

8. असतो मा सद्गमय तमसो मा ज्योतिर्गमय। मृत्योर्मामृतं गमय — "मुझे असत्य से सत्य की ओर ले चलो, मुझे अंधकार से प्रकाश की ओर ले चलो, मुझे मृत्यु से मुझे अमरत्व की ओर ले चलो।" (बृहदारण्यक उपनिषद्, अध्याय १, तृतीय ब्राह्मण, श्लोक २८)

9. तत्त्वमेव त्वमेव तत् — "वह तुम ही हो, तुम वही हो" (कैवल्योपनिषद्, श्लोक १६)

10. न सम्द्रसे तिस्थति रूपम् अस्य, न कक्सुसा पश्यति कस कनैनम् — "उसे कोई देख नहीं सकता, उसको किसी की भी आँखों से देखा नहीं जा सकता" (श्वेताश्वतर उपनिषद्, अध्याय ४, श्लोक २०)

11. नायमात्मा बलहीनेन लभ्यो — "यह आत्मा बलहीनों के द्वारा प्राप्त नहीं की जा सकती।" (मुण्डक उपनिषद्, तृतीय मुण्डक, द्वितीय खण्ड, श्लोक ४)

12. ॐ क्रतो स्मर कृतं स्मर क्रतो स्मर कृतं स्मर — "ओ३म। हे दिव्य संकल्पशक्ति! स्मरण कर, जो किया था उसे स्मरण कर! हे दिव्य संकल्पशक्ति, स्मरण कर, किये हुए कर्म का स्मरण कर।" (ईशोपनिषद्, श्लोक १७)

13. विद्यया विन्दतेऽमृतम् — आत्मा स्वयं अमर है, और मनुष्य को अमर बनने के लिए केवल उसे जान लेने की आवश्यकता है। (श्लोक अनुसार अर्थ - विद्या से अमृतत्व की प्राप्ति होती है।) (केनोपनिषद्, द्वितीय अध्याय, श्लोक ४)

14. नाल्पे सुखमस्ति भूमैव सुखं भूमा त्वेव विजिज्ञासितव्य — "छोटे और सीमित रहने में कोई सुख नहीं, विशाल होने में ही सुख है। विशाल बनो!" (छान्दोग्योपनिषद्, अध्याय ७, खण्ड २३, श्लोक १)

15. मन एव मनुष्याणां कारणं बन्धमोक्षयोः — 'मन' ही मनुष्यों के बन्धन और मोक्ष का कारण है (ब्रह्मबिंदूपनिषद्, श्लोक २)

16. ॐ पूर्णमदः पूर्णमिदं पूर्णात् पूर्णमुदच्यते — "वह (अज्ञात ब्रह्म) पूर्ण है, यह (प्रतीत ब्रह्मांड) पूर्ण है; यह पूर्णता उस पूर्णता से उद्भूत हुई है" (शांतिपाठ, ईशावास्य उपनिषद्)

17. उत्तिष्ठत जाग्रत प्राप्य वरान्निबोधत। क्षुरस्य धारा निशिता दुरत्यया दुर्गं पथस्तत्कवयो वदन्ति — "उठो, जागो, और श्रेष्ठ जनों के पास जाकर बोध ग्रहण करो। विद्वान् मनीषी जनों का कहना है कि ज्ञान प्राप्ति का मार्ग उसी प्रकार दुर्गम है जिस प्रकार छुरे के पैना किये गये धार पर चलना" (कठ उपनिषद्, अध्याय १, वल्ली ३, श्लोक १४)

18. रसो वै सः। रसं ह्येवायं लब्ध्वानन्दी भवति — "यह (अस्तित्व) जो बहुत अच्छी तरह तथा सुन्दरता से रचा गया है यह वस्तुतः अन्य कुछ नहीं, इस अस्तित्व के पीछे छिपा हुआ आनन्द, रस ही है। जब प्राणी इस आनन्द को, इस रस को प्राप्त कर लेता है तो वह स्वयं आनन्दमय बन जाता है (तैत्तिरीयोपनिषद्, ब्रह्मानन्दवल्ली अथवा द्वितीय खण्ड, अनुवाक ७, श्लोक १)

19. तत्सत्यं स आत्मा — "वही सत्य है, वही आत्मा है" (छांदोग्य उपनिषद्, अध्याय ६, खण्ड ८, श्लोक ७)

20. नाहं कालस्य, अहमेव कालम् — "मैं समय में नहीं हूँ, समय मुझमें है" (महानारायण उपनिषद्, अध्याय ११, श्लोक १४)

१०८ उपनिषदों की सूची

1. ईशावास्य उपनिषद्	2. केन उपनिषद्
3. कठ उपनिषद्	4. प्रश्न उपनिषद्
5. मुण्डक उपनिषद्	6. माण्डूक्य उपनिषद्
7. तैत्तिरीय उपनिषद्	8. ऐतरेय उपनिषद्
9. छान्दोग्य उपनिषद्	10. बृहदारण्यक उपनिषद्
11. ब्रह्म उपनिषद्	12. कैवल्य उपनिषद्
13. जाबाल उपनिषद्	14. श्वेताश्वतर उपनिषद्
15. हंस उपनिषद्	16. आरुणेय उपनिषद्
17. गर्भ उपनिषद्	18. नारायण उपनिषद्
19. परमहंस उपनिषद्	20. अमृतबिन्दु उपनिषद्
21. अमृत-नाद उपनिषद्	22. अथर्व-शिर उपनिषद्
23. अथर्व-शिख उपनिषद्	24. मैत्रायणि उपनिषद्
25. कौषीताकि उपनिषद्	26. बृहज्जाबाल उपनिषद्
27. नृसिंहतापनीउपनिषद्	28. कालाग्निरुद्र उपनिषद्
29. मैत्रेयि उपनिषद्	30. सुबाल उपनिषद्
31. क्षुरिक उपनिषद्	32. मान्त्रिक उपनिषद्
33. सर्वसार उपनिषद्	34. निरालम्ब उपनिषद्
35. शुक-रहस्य उपनिषद्	36. वज्रसूचि उपनिषद्
37. तेजो-बिन्दु उपनिषद्	38. नाद-बिन्दु उपनिषद्
39. ध्यानबिन्दु उपनिषद्	40. ब्रह्मविद्या उपनिषद्
41. योगतत्त्व उपनिषद्	42. आत्मबोध उपनिषद्

43. परिव्रात् उपनिषद्	44. त्रि-षिखि उपनिषद्
45. सीता उपनिषद्	46. योगचूडामणि उपनिषद्
47. निर्वाण उपनिषद्	48. मण्डलब्राह्मण उपनिषद्
49. दक्षिणामूर्ति उपनिषद्	50. शरभ उपनिषद्
51. स्कन्द उपनिषद्	52. महानारायण उपनिषद्
53. अद्वयतारक उपनिषद्	54. रामरहस्य उपनिषद्
55. रामतापणि उपनिषद्	56. वासुदेव उपनिषद्
57. मुद्गल उपनिषद्	58. शाण्डिल्य उपनिषद्
59. पैंगल उपनिषद्	60. भिक्षुक उपनिषद्
61. महत् उपनिषद्	62. शारीरक उपनिषद्
63. योगशिखा उपनिषद्	64. तुरीयातीत उपनिषद्
65. संन्यास उपनिषद्	66 परमहंस-परिव्राजक उपनिषद्
67. अक्षमालिक उपनिषद्	68. अव्यक्त उपनिषद्
69. एकाक्षर उपनिषद्	70. अन्नपूर्ण उपनिषद्
71. सूर्य उपनिषद्	72. अक्षि उपनिषद्
73. अध्यात्म उपनिषद्	74. कुण्डिक उपनिषद्
75. सावित्रि उपनिषद्	76. आत्मा उपनिषद्
77. पाशुपत उपनिषद्	78. परब्रह्म उपनिषद्
79. अवधूत उपनिषद्	80. त्रिपुरातपनि उपनिषद्
81. देवी उपनिषद्	82. त्रिपुर उपनिषद्
83. कठरुद्र उपनिषद्	84. भावन उपनिषद्
85. रुद्र-हृदय उपनिषद्	86. योग-कुण्डलिनि उपनिषद्
87. भस्म उपनिषद्	88. रुद्राक्ष उपनिषद्

89. गणपति उपनिषद्	90. दर्शन उपनिषद्
91. तारसार उपनिषद्	92. महावाक्य उपनिषद्
93. पञ्च-ब्रह्म उपनिषद्	94. प्राणाग्नि-होत्र उपनिषद्
95. गोपाल-तपणि उपनिषद्	96. कृष्ण उपनिषद्
97. याज्ञवल्क्य उपनिषद्	98. वराह उपनिषद्
99. शात्यायनि उपनिषद्	100. हयग्रीव उपनिषद्
101. दत्तात्रेय उपनिषद्	102. गरुड उपनिषद्
103. कलि-सण्टारण उपनिषद्	104. जाबाल(सामवेद) उपनिषद्
105. सौभाग्य उपनिषद्	106. सरस्वती-रहस्य उपनिषद्
107. बह्वृच उपनिषद्	108. मुक्तिका उपनिषद्

वेदान्त के मूल सिद्धांत

1.

मन क्या?

- मन: हज़ार जुनून, एक सुकून
- दस जगहों पर भटक रहा है मन?
- जैसे आप, वैसा आपका संसार

मन: हज़ार जुनून, एक सुकून

(अद्वैत बोधस्थल, २०२१)

प्रश्नकर्ता: आचार्य जी, समझाने वालों से हमेशा सुना है कि मन के विरुद्ध सावधान रहना चाहिए। लोग हमें कहते हैं कि मन के मते न चालिए, लेकिन इच्छाओं, भावनाओं, और मन की लहरों से ऊपर उठने की कोई संभावना होती भी है? मन के पार जाना या मन से ऊपर उठना, अर्थ क्या है इसका?

आचार्य प्रशांत: पहले, जिसको आप मन कहते हो उसको समझना पड़ेगा, फिर समझ में आएगा कि मन के पार जाना या मन से ऊपर उठना ये बात क्या है, इसमें दम कितना है। ये जो कहा न इच्छाएँ हैं, भावनाएँ हैं, मन की लहरें हैं, यही मन है। और इसमें ये जो इच्छाएँ उठती हैं, ये विचार आते हैं, भावनाएँ आती हैं, ये आपसे पूछ कर नहीं आतीं, आपकी सहमति से भी नहीं आतीं। मन अपनेआप में एक व्यवस्था है जो आपने बनायी नहीं है और जो आपके नियंत्रण में नहीं है। इसमें जो हो रहा है स्वयं ही हो रहा है, आपकी सहमति से नहीं हो रहा, आपकी अनुमति से नहीं हो रहा। मन आपसे पूछ कर नहीं चल रहा। हाँ आप ज़रूर मन के गुलाम बन जाते हैं, जो भी भावना-विचार वगैरह उठ रहे हैं आप उनके पीछे-पीछे चलने लग जाते हैं।

अब ये जो व्यवस्था है जिसको मन बोलते हैं ये बहुत पुरानी है, और इसका अपना एक उद्देश्य है। इसका उद्देश्य बस इतना ही है कि चलते रहो, ये एक चलती हुई व्यवस्था है जो बस चलते रहना चाहती है, उसको वास्तव में कहीं पहुँचना नहीं है, इसको बस चलते रहना है, बस गोल-गोल चक्कर में घूमते रहना है। वो चक्र में न घूम रही होती तो शायद कहीं पहुँच भी जाती, पर उसके पास बस एक चक्र है। इच्छा करना, पाना, भोगना, फिर असंतुष्ट हो जाना, फिर इच्छा करना, फिर पाना, फिर भोगना, फिर असंतुष्ट हो जाना, जैसे अब एक चक्र हो गया न? तो ये एक मानसिक व्यवस्था है। इसी तरह से जन्म लेना, तमाम तरह के बंधनों में बंधे रह कर जीना, और फिर मर जाना और मरने से पहले अपने ही जैसा जीवन जीने के लिए कुछ और लोगों को पैदा करके छोड़ जाना — ये एक मानसिक चक्र है, ये चल रहा है।

इसी से आपके विचार आते हैं, इसी से आपकी भावनाएँ आती हैं, इसी से आपकी चंचलताएँ आती हैं, इसीलिए आपको पता नहीं चलता और आप भावुक हो जाते हो, या क्रोधित हो जाते हो, बहक जाते हो, फिसल जाते हो, सो जाते हो। फिर बाद में कई बार सोचते भी हो कि अरे! उस समय मैंने ऐसी बात कैसे कह दी! वो इसीलिए कह दी क्योंकि जो बात कही गई आपसे पूछकर नहीं कही गई।

आपके सामने कोई चीज़ आती है, तुरंत आपको विचार आ जाता है कि इस चीज़ को चुन लेते हैं या इस चीज़ को उठा लेते हैं। अब विचार तो आपको बता रहा है कि क्या चुनो, लेकिन इस विचार को आपने नहीं चुना था। आपके सामने कुछ खाने का रखा है और तुरंत आपको विचार आ गया कि चलो इसे खा लेते हैं। तो विचार ने क्या कह दिया है कि क्या चुनाव करो? खाने का चुनाव करो, विचार आपको बता रहा है कि खाने का चुनाव करो। लेकिन क्या आपने चुना था कि ये आपको विचार आए? देख रहे हो विचार पर आपका चुनाव नहीं चल रहा, लेकिन आपके चुनाव पर विचार का पूरा नियंत्रण, पूरा अधिकार हो गया है।

तो ये गुलामी की हालत है, इसीलिए समझाने वालों ने कहा है कि विचार से सतर्क रहो। वो तुमसे पूछ कर नहीं चलता, उसके अपने चक्कर हैं, आने जाने हैं, उसकी अपनी व्यवस्था है। तुम क्यों उसकी व्यवस्था का शिकार हो जाते हो? क्योंकि जहाँ तक तुम्हारी बात है, तुम अपने लिए एक अलग प्रयोजन रखते हो जीवन का। तुम्हारा प्रयोजन है आज़ाद जियूँ, भरपूर जियूँ। और जहाँ तक मन की बात है, उसका प्रयोजन बस ये है कि जैसी आज तक जीवन की व्यवस्था चलती रही है वो तुम भी जी लो।

तुमसे पूछा जाए तो शायद तुम कह दोगे कि भले ही कम जियूँ लेकिन ऊँचा जियूँ या गहरा जियूँ। मन की जो प्राकृतिक व्यवस्था है उसमें ऊँचाई या गहराई के लिए कोई जगह नहीं है, वहाँ बस ये है कि जिये, जाओ जिये जाओ।

समझ में आ रही है बात?

“जितना ज़्यादा तुम प्रकृति की व्यवस्था से लिप्त रहोगे, उतना ज़्यादा अपूर्ण इच्छाओं के शिकार रहोगे।”

तो ये दो अलग इकाइयाँ हो गईं — एक मन और एक तुम। इसी को थोड़ा और शास्त्रीय भाषा में कह सकते हो ‘प्रकृति और पुरुष’ या संसार और ‘मैं', माने अहम्। समझ में आ रही है बात? किसी भी नाम से इन दोनों को पुकार लो, एक बात पक्की है ये दोनों अलग-अलग हैं भाई। और ये जितना अलग रखे जाएँ उतना ज़्यादा अच्छा है। किसके लिए? तुम्हारे लिए, माने अहम् के लिए उतना ज़्यादा अच्छा है कि जितने अलग रहेंगे। और जितना ज़्यादा तुम प्रकृति की व्यवस्था से लिप्त रहोगे, उतना ज़्यादा अपूर्ण इच्छाओं के शिकार रहोगे।

लावारिस होती हैं वो इच्छाएँ, तुम्हें कुछ पता नहीं होगा कहाँ से आ रही हैं, और गुमनाम होती हैं, अपना पता ठिकाना नहीं बतातीं, बस आ जाती हैं। तुम्हें पता है तुम्हारी इच्छाएँ कहाँ से आती हैं? तुम्हें पता है तुम्हारी इच्छाओं का स्रोत कौन है? तो इच्छाएँ क्या हुईं फिर? लावारिस! बस इच्छा कहीं से आ जाती है एक गुमनाम अजनबी की तरह और हम पर कब्ज़ा करके चली जाती है। और फिर हमारा क्या काम

है? एक गुलाम की तरह उस इच्छा को पूरी करने की पूरी कोशिश करते रहना, और उसमें अपनी ऊर्जा लगा देना, समय लगा देना, ज़िन्दगी लगा देना।

गुलामी तो गुलामी, ये एक ऐसी गुलामी है जिसमें तुम्हें अपने मालिक का नाम तक नहीं पता। गुलामी तो गुलामी, ये एक ऐसी गुलामी है जिसमें तुम्हें पता भी नहीं होता कि तुम कितने बड़े गुलाम हो। इसलिए समझाने वाले कह गए हैं न कि मन के मते न चालिये। मन के मते चलने का मतलब है बहुत-बहुत गहरी गुलामी।

अब दूसरी बात तुमने पूछी है कि मन के पार या मन के आगे भी कुछ है क्या। देखो, वो बस एक मुहावरा है। समझाने के लिए एक बात कह दी गई है कि मन के आगे निकलो, मन के पार जाओ। मन के आगे की ज़्यादा बात करोगी तो यही पता चलेगा कि मन के आगे और भी मन है, मन-ही-मन है। जिस चीज़ की बात कर सको वो मन ही है। जिस भी चीज़ की बात कर सको, कल्पना कर सको, वो सब मन है। तो मुद्दा ये नहीं है कि मन के आगे क्या है, या पार क्या है, मुद्दा ये है कि तुम्हें सीमाओं का पता होना चाहिए। मन के आगे की जब तुम बात करते हो तो तुम ये कह रहे हो कि मन की सीमा से आगे जाना है। मन की सीमा से आगे जाना कोई ज़रूरी नहीं है, लेकिन इतना तो तुम्हें पता हो न कि अभी जो कुछ चल रहा है वो मन की सीमा के अंदर ही चल रहा है, माने मानसिक ही है — ये पता होना ज़रूरी है। क्या हमें ये पता नहीं होता अक्सर? हाँ, हमें ये पता नहीं होता। जो कुछ मानसिक होता है, हम उसको असली समझ बैठते हैं।

एक उदाहरण दिये देता हूँ छोटा-सा, आपको कोई भावना आ रही है, कोई फ़ीलिंग — और हम सबको आती है, ऐसा तो कोई है नहीं जिसे नहीं आती — और जिस क्षण में आपको वो भावना अनुभव हो रही है, उस क्षण में वो भावना आपके लिए सच है। सच है कि नहीं है? समझाने वालों ने बहुत कहा है, मैं भी आपसे अभी कहना चाहता हूँ, 'आपके अनुभव में वो निश्चित रूप से सच है पर वो सच है नहीं, आपको प्रतीत हो रही है, आपको अनुभव हो रही है कि सच है, पर वो वास्तव में सच है नहीं।' समझ रहे हैं?

अब वो चीज़ है मन की सीमा के भीतर की, लेकिन हमने उसको मान लिया है सत्य, अब हम फँसेंगे। हम बहुत फँसेंगे, जैसे कोई धुएँ को पहाड़ मान ले, जैसे कोई आइने में देखी छवि को या किसी तस्वीर को इंसान मान ले। फँसेगा न? वैसे ही मन की सीमाओं के भीतर जो कुछ भी चल रहा होता है उसको तुमने अगर सच मान लिया तो बहुत बुरा फँसोगे। तो सवाल उठता है, उसको क्या मानें? झूठ मानें? नहीं, बड़ा मुश्किल हो जाएगा उसको झूठ मानना, तो बस ये मान लो कि मानसिक है, जो हो रहा है मानसिक है।

भीतर से बड़ी बेचारगी उठ रही है, हाँ, उठ तो रही है, अनुभव हो रही है, हम ये नहीं कहेंगे कि नहीं, हमें ऐसी कोई बेचारगी अनुभव नहीं हो रही, हो तो रही है। तो वो

सच है बेचारगी या झूठ है, जो भावना अनुभव हो रही है? देखो, सच तो है नहीं, और झूठ उसे कह नहीं सकते। क्यों नहीं कह सकते झूठ? क्योंकि अनुभव तो हो ही रही है। बस इतना कह देंगे कि मानसिक है। समझ में आ रही है बात?

एक बार तुमने कह दी कोई चीज़ मानसिक है, तो तुमने उसे मन की सीमा के भीतर रख दिया। बस यही करना बहुत ज़रूरी है, मन है, मन है, मन है। और होता ये है कि जो व्यक्ति जानने लग जाता है कि क्या-क्या है और कितना कुछ है मन की सीमा के भीतर, वो सीमा तक पहुँच जाता है। सीमा के पार क्या है, ये सब मत पूछना। सीमा तक पहुँच जाओ, ये ही बड़ी बात है।

क्योंकि मन के पार अगर कुछ है भी तो उसकी ऐसे चर्चा नहीं की जा सकती। क्यों नहीं की जा सकती? क्योंकि मन के भीतर क्या है? मन के भीतर सारा संसार है, और मन के भीतर तुम भी तो बैठे हुए हो जो संसार का अनुभव लेते रहते हो वहीं बैठकर के। तुम पर भी बिलकुल छाप और छाया पड़ी हुई है पूरे संसार की क्योंकि तुमने उम्र भर किया क्या है? संसार के प्रभावों को ही तो सोखा है। अब अगर मन के पार की बात करोगे तो ज़ाहिर-सी बात है वहाँ संसार तो नहीं, क्योंकि संसार कहाँ है? मन के भीतर।

"अध्यात्म मन के पार की बातें करने का नाम नहीं है। मन के भीतर जो कुछ है उसको साफ़-साफ़ समझ लेने का नाम है।"

संसार भी नहीं और तुम भी नहीं, क्योंकि मन के भीतर तुम दोनों ही थे — संसार और मैं। ये जो 'मैं' है न, ये भी मन के भीतर ही घूमता रहता है। मन के बाहर तो 'मैं' भी नहीं, जब 'मैं' भी नहीं तो मन के बाहर अगर कुछ है भी तो उसकी बात ही कौन करेगा। इसीलिए मन के पार वगैरह की बात बेईमानी जैसी हो जाती है। लोग कहते हैं, 'मन के पार निकल आए 'मैं' को बचाए-बचाए' — कैसे संभव है? मन के पार तो पार की बात करने वाला 'मैं' भी तो नहीं बचेगा न। तो बात कौन करेगा? तो वो बातचीत हम करना नहीं चाहते।

अध्यात्म का बिलकुल कोई उद्देश्य नहीं है मन के पार के किस्से बनाने में। ऐसा प्रकाश होता है, ऐसा अनुभव होता है, ऐसा आनंद होता है, ऐसा रस होता है, ऐसा नाद बजता है मन के पार। इस तरह की बातें अगर कहीं हो रही हों तो इतना तो जान लेना कि वो बातें आध्यात्मिक नहीं, वो बातें भी मानसिक ही हैं।

अध्यात्म मन के पार की बातें करने का नाम नहीं है, मन के भीतर जो कुछ है उसको साफ़-साफ़ समझ लेने का नाम है। छोड़ो मन के पार क्या है, मन के भीतर जो कुछ है, बस तुम उसको सच का नाम मत दो। दोहरा रहा हूँ, जो कुछ भी है — तुम, तुम्हारी भावनाएँ, तुम्हारे विचार, ये पूरा संसार, ये दिखे, ये अनुभव हो, ये ज़ोर डाले, ये बार-बार अपना एहसास दिलाए — तुम हामी भरो, तुम सिर हिलाकर कहो, 'हाँ,

तुम प्रतीत तो हो रहे हो, अनुभव तो तुम खूब होते हो', मुस्कुरा दो, 'लेकिन फिर भी मैं ये नहीं बोलूँगा कि तुम वास्तविक हो, तुम वास्तविक कैसे हो सकते हो!' कोई चीज़ अगर वास्तव में है तो उस चीज़ से बिलकुल भिन्न कोई इकाई चाहिए न जो उसको सत्यापित कर देगी!

अब ये खम्बा है, हम इसीलिए कह पाते हैं न कि ये खम्बा है क्योंकि यहाँ पर पाँच लोग बैठे हैं और पाँचों उस खम्बे से बिलकुल भिन्न हैं, अलग हैं, और पाँचों कह पाते हैं, सर्टीफ़ाइ कर पाते हैं कि खम्बा है। तो किसी चीज़ के होने के लिए ज़रूरी है कि उससे बिलकुल भिन्न कोई दूसरी चीज़, कोई दूसरी इकाई आकर के उसका सत्यापन, वेरिफ़िकेशन कर दे, फिर ठीक है।

लेकिन अगर मामला कुछ ऐसा हो कि एक जगह है जहाँ पाँच लोग हैं, और पाँचों एक-दूसरे के रिश्तेदार ही हैं, और पाँचों एक-दूसरे को सत्यापित करते हुए, सर्टिफ़ाइ करते हुए कह रहे हैं कि साहब, हम तो पाँचों बहुत ईमानदार हैं, तो क्या हम मान सकते हैं कि पाँचों ईमानदार हैं? क्यों नहीं मान सकते? क्योंकि वो सब एक-दूसरे के रिश्तेदार हैं, वो एक-दूसरे से बिलकुल भिन्न नहीं हैं, उनमें आपस में रिश्ता है।

जिन दो में आपस में रिश्ता हो वो एक-दूसरे को कभी भी सच्चाई से जान नहीं सकते, क्योंकि वो एक-दूसरे से ही बने हैं, उनमें से एक के पास ये शक्ति नहीं है कि वो दूसरे को बिलकुल विरक्त होकर के, निरपेक्ष होकर के देख सके। जब देख ही नहीं सकता तो उसकी सच्चाई कैसे पता चलेगी, या पता चल सकती है? नहीं चल सकती न। अब देखो कि संसार में और अहम् में क्या रिश्ता है। ये जो 'हम' हैं, ये बने ही किससे हैं? संसार से। जब हम बने ही संसार से हैं तो हम ये कैसे कह पाएँगे कि संसार झूठ है, नहीं कह सकते न?

सामने गेहूँ रखा है, तुम कह सकते हो कि गेहूँ झूठा है? जो ज़बान तुम चलाओगे ये कहने के लिए कि गेहूँ झूठा है, वो ज़बान भी किससे बनी है? गेहूँ से ही बनी है। तो रिश्ता है जैसे उन पाँच लोगों में आपस में रिश्ता था और इसलिए उन पाँचों की एक-दूसरे के बारे में कही गई बात मानी नहीं जा सकती। उस बात की कोई वैलिडिटी (वैधता), ऑथेंटिसिटी (प्रामाणिकता) नहीं मानी जाएगी न। ठीक इसी तरीके से इंसान संसार के बारे में जो कुछ कहता है, उसमें कोई दम नहीं होगा। क्योंकि हमने अपनी सारी पहचानें ही कहाँ से ली हैं? दुनिया से ली हैं। वो पहचानें हमें दुख देती हों, दर्द देती हों, जो भी देती हैं, लेकिन अब दुनिया से ले तो ली हैं, और उन्हीं से हम अपनी हस्ती मानते हैं। समझ में आ रही है बात?

इसी चीज़ के खिलाफ़ सतर्क रहना है, कि जी हम दुनिया में रहे हैं — हम, जिसने ये सवाल पूछा है, जो सब लोग हम अनुभव लेते हैं — जी हम दुनिया में रहे हैं, लेकिन दुनिया चीज़ क्या है ये पता करने का हमारे पास कोई स्वतंत्र माध्यम नहीं है। हमारे पास कोई रिलाएबल एजेंसी नहीं है जिससे हम दुनिया की सच्चाई पता कर

सकें, क्योंकि हम बने ही किससे हैं? दुनिया से। तो दुनिया की सच्चाई पता करना बड़ा मुश्किल हो जाएगा, बहुत मुश्किल है।

दुनिया की सच्चाई इसीलिए कभी भी किसको पता चल सकती है? जो दुनिया से न बना हो। तुम्हारे भीतर अगर कुछ ऐसा हो जो दुनिया से नहीं बना, सिर्फ़ वही इकाई, वही बिंदु, वही एजेंसी भीतर की दुनिया की सच्चाई का पता भी कर पाएगा, अन्यथा कुछ नहीं।

तो अब देखो, इतना कुछ मन के भीतर ही गड़बड़ चल रहा, और आप पूछ रहे हो कि मन के पार, मन के ऊपर कैसे जाना है — ये कोई पूछने की बात है? मन के भीतर ही इतने खेल चल रहे हैं, गड़बड़ियाँ चल रही हैं, बहुत कुछ ऐसा चल रहा है जो बहुत घातक है हमारे लिए, उसका तो पता करें।

समझ गए बात को?

दस जगहों पर भटक रहा है मन?

(अद्वैत बोधस्थल, २०२०)

प्रश्नकर्ता: आचार्य जी प्रणाम, मन सही समय पर सही निर्णय ले पाने में अक्षम है और तरह-तरह के लक्ष्यों में भटकता रहता है।

आचार्य प्रशांत: मन बाहर तरह-तरह के लक्ष्यों में इसीलिए भटकता रहता है क्योंकि मन को भीतर यह नहीं पता कि कौनसी एक चीज़ है जो उसको चाहिए। बाहर जितने भी लक्ष्य बनाते हो, बाहर जितनी भी चीज़ें आकर्षित करती हैं वह भीतर बैठे किसी चीज़ का प्रतिबिंब होती हैं। अगर भीतरी तौर पर यह नहीं पता है कि कौनसी चीज़ जीवन में कीमती है तो बाहर भी कौनसी चीज़ कीमती है, क्या पाना चाहिए, किस लक्ष्य के पीछे समय, जीवन, ऊर्जा लगानी चाहिए यह स्पष्ट नहीं होगा। पर कुछ-न-कुछ तो करना ही है। मन, शरीर, ज़िन्दगी यह सब गति के ही नाम हैं, तो फिर ऊल-जलूल और अस्थायी लक्ष्यों के पीछे आदमी भागने लग जाता है। समझ में आ रही है बात?

पता नहीं है कि बाहर क्या चाहिए, किसकी तरफ़ बढ़ें और चूँकि जीवन है तो एक जगह खड़े भी नहीं रह सकते, तो फिर व्यक्ति किसी भी ऊटपटांग दिशा में बढ़ने लग जाता है। और दिशा चूँकि मूल्यहीन है, व्यर्थ है तो उसकी तरफ़ बहुत देर तक चल भी नहीं पाता है। थोड़ी देर में रास्ते बदलकर, लक्ष्य बदलकर, मन बदलकर किसी और तरफ़ देखने लग जाता है, उधर को बढ़ लेता है। और सवाल हम यही पूछते हैं कि हमें अपना लक्ष्य बाहर का पता नहीं चल रहा।

> "बाहर तुम क्या लक्ष्य बनाते हो यह इस पर निर्भर करता है कि भीतर तुम किस चीज़ को मूल्य देते हो।"

इसमें जो मूल सिद्धांत है उस पर ध्यान दो। बाहर तुम क्या लक्ष्य बनाते हो यह इसपर निर्भर करता है कि भीतर तुम किस चीज़ को मूल्य देते हो — सीधी-सपाट बात है। और बाहर अगर तुम्हारे पास तीस-चालीस-पचास लक्ष्य हैं जो बनते-बिगड़ते रहते हैं तो इसका अर्थ यह है कि भीतर भी तुम पचास चीज़ों को मूल्य देते हो और उन पचासों चीज़ों में से किसी भी एक चीज़ को बहुत मूल्य नहीं देते, पूरा मूल्य नहीं देते।

ज़िन्दगी में कोई भी ऐसी बात नहीं है जो तुम्हें प्राणों से ज़्यादा प्यारी हो, जो तुम्हारे लिए इतनी कीमती हो कि उसके पीछे तुम सबकुछ छोड़ सकते हो। जिसकी ऐसी हालत होती है वह थाली का बैंगन हो जाता है, जिधर को थोड़ा सा लालच दिखा

उधर को बढ़ लिये, जिधर गये थोड़ा घाटा हुआ, थोड़ी तकलीफ़, थोड़ी चुनौती मिली उधर से भाग लिये। और ऐसे ही ज़िन्दगी उसकी चलती रहती है।

उसके पास कुछ नहीं होता जीने के लिए केंद्रीय आधार। उसके पास कुछ नहीं होता जो उसे लगातार ही याद बना रहता हो। फिर उसका मन बिलकुल सड़क के यातायात जैसा होता है, गाड़ियाँ आ रही हैं जा रही हैं, किसी भी गाड़ी का किसी दूसरी गाड़ी से कोई विशेष सम्बन्ध नहीं है। कभी यातायात ट्रैफ़िक बहुत बढ़ गया, कभी कम हो गया, रात के वक्त थोड़ा कम हो गया, सो लिये। और सब जो गाड़ियाँ हैं वह एक-दूसरे से भिन्न होते हुए भी जा एक ही दिशा में रही हैं, आ भी एक ही दिशा से रही हैं। ऐसा होता है आम व्यक्ति का मन, कि जैसे कोई यह न जानता हो कि उसको चाहिए क्या और किसी रास्ता में पहुँच जाए और वहाँ जो कुछ भी है वही उसको कभी इधर खींचता है, कभी उधर खींचता है।

आंतरिक स्पष्टता ज़रूरी है। आंतरिक रूप से अगर तुम्हारे पास कुछ ऐसा नहीं है जो तुम्हारे ज़ेहन पर लगातार छाया रहता हो, जिसकी याद तुम कभी भूल न पाते हो तो ज़िन्दगी में बड़ी दुर्गति रहेगी क्योंकि मन में कुछ-न-कुछ तो चलते ही रहना है। फिर कुछ ही चलता रहेगा, कुछ भी चलता रहेगा।

कोई एक मूल सशक्त केंद्रीय भाव तो है नहीं, तो फिर क्या है मन में? टूटे-छितराए फुटकर विचार। और जिस वक्त जो विचार है, ऐसा लग रहा है कि उस वक्त वही सबसे बड़ी चीज़ है। जैसे कोई बच्चा हो नासमझ, उसको बैठा दिया गया है सिनेमा के पर्दे के सामने, और दृश्य आ रहे हैं एक-के-बाद-एक। और बहुत परिवर्तनशील होते हैं उसमें दृश्य। सिनेमा में भी एक सेकंड में तुम्हारे सामने कुछ नहीं तो बीस दृश्य आ जाते हैं। तभी तो लगता है जो हो रहा है वह लगातार हो रहा है। तो जो भी दृश्य आ रहे हों उस बच्चे के सामने, उसको वही दृश्य बिलकुल पकड़ ले रहे हैं। उसको लग रहा है यही तो असली चीज़ है। अभी सामने से घोड़ा दौड़ रहा है पर्दे पर, बच्चा उसी में बिलकुल खो गया, लिप्त हो गया, और खट से दृश्य बदल जाता है जैसे संसार में दृश्य बदलते हैं। एक नदी दिखाई देने लगती है, एक पहाड़ दिखाई देने लगता है, कहीं गोलियाँ चलने लगती हैं, कहीं कुछ नाचने-गाने का, हँसने का कार्यक्रम होने लगता है। कहीं कोई बीमार हो जाता है, कहीं कोई बिछड़ जाता है, मर जाता है।

> “अगर भीतरी तौर पर यह नहीं पता है कि कौन सी चीज़ जीवन में कीमती है तो बाहर भी कौन सी चीज़ कीमती है, क्या पाना चाहिए, किस लक्ष्य के पीछे समय, जीवन, ऊर्जा लगानी चाहिए यह स्पष्ट नहीं होगा।”

और सामने जो भी दृश्य आ रहा है, बच्चा उसी में पूरे तरीके से घिर जा रहा है। उसके पास जैसे कोई आंतरिकता नहीं है कुछ, अपना नहीं है, कुछ ऐसा नहीं है जो पर्दे से आते दृश्यों से बिलकुल बड़ा हो, इतना बड़ा हो कि परदे से जो कुछ भी उसके

पास आ रहा है उससे वह बड़ी चीज़ अस्पर्शित रहे। वह इतना बड़ा मुद्दा, इतना बड़ा मुद्दा कि सिनेमा पर जो भी चल रहा है वो मुद्दा एकदम छोटा, महत्वहीन पता चले।

तो जब वह इतनी बड़ी और महत्वपूर्ण चीज़ जो सदा याद रहे, जो सदा ज़ेहन पर छायी रहे, जो ज़िन्दगी का एक सतत और केंद्रीय मुद्दा हो, वह नहीं है आपके पास तो फिर यही होगा — जब जो चीज़ सामने होगी, वही चीज़ आपके लिए सबकुछ हो जाएगी। कुल मिला-जुलाकर लेकिन ज़िन्दगी का निष्कर्ष निकलेगा एक बर्बादी, व्यर्थता।

तो बाहर के लक्ष्यों में से किसको चुनें यह मत पूछिए, या बाद में पूछिएगा, पहले यह पूछिए कि भीतर जो कुछ चल रहा है उसमें से कितना महत्वपूर्ण है, मूल्य देने लायक है, और कितना है जो कचरा है।

शुरू में ही हमने कहा था कि बाहर आपको जो भी कुछ आकर्षित करता है, वह भीतर का ही प्रतिबिम्ब है। भीतर की सफ़ाई कर ली तो बाहर की पचास चीज़ें आपको खींचना ही बंद कर देंगी।

और भीतर कैसे पता चले कि क्या महत्वपूर्ण है? उसके लिए विशेष कोशिश करनी पड़ती है, क्योंकि आदमी और आदमी के मन की संरचना ऐसी है ही नहीं कि वह प्राकृतिक तौर पर योग्य हो या ज़रूरत अनुभव करे खुद को देखने की, भीतर जाने की, अंतर्गमन की।

आदमी में प्राकृतिक तौर पर वह योग्यता विकसित है ही नहीं, तो इसीलिए बाहर की कोई चीज़ हो, उसको हम आसानी से देख लेते हैं, उसके बारे में चर्चा कर लेते हैं, अनुसंधान भी कर लेते हैं, खोजबीन कर लेते हैं लेकिन मन क्या चीज़ है, कहाँ से आता है, कहाँ को जाता है, क्यों उसको कुछ कीमती लगता है, क्यों किसी चीज़ को वो भूल जाता है, यह जानने-समझने की हमको कोई पैदाइशी, प्राकृतिक या सामाजिक शक्ति उपलब्ध नहीं है। इस मामले में इंसान बड़ा लाचार, बेसहारा है।

उसका निर्माण कुछ इस तरह से हुआ है कि बाहर-बाहर जो चीज़ें दिखवानी हों दिखवा लो। बुद्धि खूब चलती है बाहर की तरफ़। विज्ञान है, टेक्नोलॉजी है, बताओ बाहर का क्या पता करना है, मन लग जाएगा उधर को देखने में और उधर को देखने में कोई विशेष उपलब्धि नहीं हो गई क्योंकि प्रकृति ने आपको रचा ही ऐसा है कि आप बाहर देख ही लोगे।

तो कोई बाहर देख रहा है, कोई दूसरा है जो बाहर उससे और दूर तक देख ले रहा है। इसमें यह दूसरा व्यक्ति पहले व्यक्ति से बेहतर तो है, पर है उसी के तल का। जैसे कि एक सड़क हो, एक सड़क पर दो व्यक्ति खड़े हैं, एक आदमी उस सड़क पर देख ले रहा है आगे पाँच-सौ मीटर तक, दूसरा देख ले रहा है पाँच किलोमीटर तक। दूसरा पहले से बेहतर तो है, लेकिन ले-देकर देख तो वह भी उसी सड़क पर रहा है, थोड़ा और आगे तक। उसका रास्ता अलग नहीं हो गया, उसकी दृष्टि अलग नहीं हो गई।

अलग वह व्यक्ति है जो कुछ ऐसा कर ले जाए जिसके लिए हमें शारीरिक-प्राकृतिक तौर पर, जन्मगत तौर पर तैयार किया ही नहीं गया है। सोचने को आप ऐसे भी सोच सकते हैं कि आदमी के निर्माण में ही कुछ खोट है।

असली आदमी वह है जो अपनी शरीरगत और मानसिक दुर्बलताओं को चुनौती देकर के वह कर डाले जो उससे उसका शरीर कभी करवाना चाहता ही नहीं था। अब यह बात सुनने में ही अजीब लगती है न, 'यह कैसे हो जाएगा!' भाई एक मशीन है वह, वो काम कैसे करना शुरू कर देगी जिस काम के लिए उसको रचा ही नहीं गया है? उसका डिज़ाइन, उसकी अभिकल्पना ही ऐसी नहीं है कि मशीन वह काम करे। वह कैसे वह काम शुरू कर देगी?

और नहीं कर सकती, कोई मशीन ऐसी नहीं है जो अपने उद्देश्य से अलग हटकर, बल्कि अपने उद्देश्य के विपरीत, अपने उद्देश्य से ऊँचे किसी तल में कोई और काम करना शुरू कर दे। कोई मशीन ऐसा नहीं कर सकती। वह तो वही करती है जिस चीज़ के लिए उसका निर्माण हुआ है। पर आदमी चैतन्य जीव है न। अजीब-सी उसकी चेतना है, आधा चैतन्य है, आधा वह जड़ है, यांत्रिक है। और हम जब अभी बात कर रहे हैं तो इस बातचीत का पूरा उद्देश्य चेतना को राहत और शांति पहुँचाना है।

जिस हद तक हम मशीनें हैं, उस हद तक यह बातचीत आपके किसी काम नहीं आ सकती। उदाहरण के लिए, अगर आपके शरीर की कोई हड्डी छोटी है तो बिलकुल ऐसा नहीं होने वाला कि आप यह चर्चा सुनेंगे और उस हड्डी की लंबाई बढ़ जाएगी। लेकिन अपने शरीर की किसी छोटी हड्डी को लेकर के आपकी चेतना अगर परेशान रहती है तो ज़रूर इस बातचीत से कुछ लाभ हो सकता है।

तो यह सारी बातचीत आदमी के उस हिस्से के लिए की जा रही है जो मशीन नहीं है, जो चैतन्य है। और उस हिस्से को संबोधित करके अभी कहा जा रहा है कि जब तक तुम मशीन के क्रियाकलापों को चुनौती नहीं दोगे, हिम्मत नहीं दिखाओगे, कुछ ताकत नहीं बढ़ाओगे अपनी, तब तक तुम परेशान रहोगे ही। यह बातचीत इसीलिए हो रही है न।

> "अध्यात्म इसीलिए ईश्वर की प्राप्ति वगैरह का काम नहीं है, अध्यात्म सीधे-सीधे एक कमज़ोर आदमी को ताकतवर बनाने का काम है।"

किसी को राहत देने की ज़रूरत तब पड़ती है न जब वह परेशान हो? यह सारी बातचीत अगर इसलिए है, सारा अध्यात्म अगर इसलिए है कि लोगों को शांति मिले, राहत मिले तो प्रकट बात है कि लोग परेशान हैं। परेशान इसीलिए हैं क्योंकि हमें जैसे रचा गया है तो हम पर ज़िम्मेदारी आ गई है कि हम वह कर डालें जो करने के लिए शायद हमें रचा ही नहीं गया है। मुश्किल लग रहा है न? पर करना पड़ेगा।

अध्यात्म इसीलिए ईश्वर की प्राप्ति वगैरह का काम नहीं है, अध्यात्म सीधे-सीधे एक कमज़ोर आदमी को ताकतवर बनाने का काम है। और हम कुछ ऐसे अजीब लोग हैं कि हमें यह लक्ष्य दे दिया जाए कि सात आसमानों पार जो ईश्वर बैठा है उसे हासिल करना है तो हम तैयार हो जाएँगे, कहेंगे, 'बढ़िया है!' हमें ऐसा लक्ष्य दे दिया जाए कि तुम्हें अपने शरीर से ही बाहर छलाँग मारकर के तीन लोकों का भ्रमण करना है तो हम कहेंगे, 'बिलकुल हम ये काम करना चाहते हैं।'

लेकिन अगर हमसे कह दिया जाए कि तुम भीतर से कमज़ोर हो, बीमार हो, तुम्हें ताकतवर बनना है, तो हम कहेंगे, 'नहीं, यह काम नहीं करना है हमको!' यह काम मुश्किल तो है ही, और चूँकि यह काम मुश्किल है इसीलिए इसमें अधिकांश लोगों को सहारा चाहिए, उसी सहारे का नाम है आध्यात्मिक ग्रंथ।

मैं इसलिए बार-बार कहता हूँ कि ज़िन्दगी आप नहीं जी पाओगे सशक्त तौर पर अगर आप आध्यात्मिक ग्रंथों के पास नहीं हो। बहुत लोगों को बात समझ में नहीं आ रही है मेरी। वह कहते हैं, 'नहीं साहब, क्या ज़रूरत है, हमें तो कोई खास तकलीफ़ नहीं है।' जिन्हें कोई खास तकलीफ़ नहीं है उनसे मैं कहता हूँ, 'मौज मारो, बाद में बात करेंगे।' और एक फिर दूसरी कोटि के आते हैं, वह कहते हैं, 'तकलीफ़ तो है, लेकिन हम इलाज खुद ही कर लेंगे।' या वह कहते हैं कि हाँ, तकलीफ़ तो है, पर हमें बहुत ज़्यादा भी इस बात पर भरोसा नहीं है कि तकलीफ़ दूर करने के लिए ग्रंथ पढ़ना ज़रूरी है। उनको समझा रहा हूँ।

काम बहुत मुश्किल है, अकेले नहीं कर पाओगे इसलिए ग्रंथ चाहिए भाई! इस मशीन को अपने खिलाफ़ जाना है, नहीं हो पाएगा। और कभी किसी ने कर लिया होगा तो करोड़ों-अरबों में एक होगा न। किसी ऐतिहासिक व्यक्तित्व का या किसी विशेष संत या ऋषि का नाम लेकर के तुम सिद्ध करोगे कि उन्होंने तो कर लिया था, वह तो अपने भीतर प्रवेश कर गए थे, अपने मन को समझ गए थे, अपने मन का कूड़ा-कचरा साफ़ कर लिया था।

'जो चीज़ आप कह रहे हैं कि जीवन में एक केंद्रीय मूल्य होना चाहिए, उन्होंने उस केंद्रीय मूल्य की पहचान कर ली थी और वो उसी में लगातार डूबे रहते थे, वही चीज़ उनके मानस पर हमेशा छायी रहती थी, तो उन्होंने तो कर लिया था बिना ग्रंथों के।'

वो कोई करोड़ों-अरबों में एक होता है न। आपको यह विनम्रता के साथ स्वीकार करना चाहिए कि करोड़ों-अरबों में आप शायद नहीं हैं। और फिर जो आदमी परेशान है उसको तो जो भी सहारा मिल रहा हो उसे स्वीकार करना चाहिए, कम-से-कम आज़माना चाहिए। प्रयोग ही करके देख लो, मानो नहीं, पर जाँच तो सकते हो।

इतनी तुम किताबें पढ़ते हो दुनिया भर की, उनकी भी किताबें पढ़ते हो जो कहते हैं कि कोई किताब नहीं पढ़नी चाहिए। तो कम-से-कम उन किताबों को भी पढ़कर

देख लो जिसमें वह बात कही गई है, वह माहौल रचा गया है जो इस मिट्टी की मशीन को मिट्टी से आगे देखने की दृष्टि देता है। वह जब करोगे तभी भीतर सफ़ाई आएगी। और भीतर जब सफ़ाई आ गई तो फिर बाहर कौनसा लक्ष्य ठीक है, कौनसा नहीं है ये बात अपनेआप स्पष्ट हो जाएगी।

जितने भी लोग इस सवाल से जूझ रहे हैं कि ज़िन्दगी में किधर को चलें, क्या लक्ष्य बनाएँ, क्या पाने लायक है क्या नहीं, तीन-चार तरह के विकल्प हैं, कौनसा चुनें — इस तरह के सवाल सब लोगों के पास होते हैं, चाहे वो जवान हों, प्रौढ़ हों, वृद्ध हों, बल्कि बच्चों तक के पास अब ऐसे सवाल होते हैं कि निर्णय कैसे लें, डिसीज़न मेकिंग — उन सभी से मैं कह रहा हूँ, 'बाहर तुम नहीं उलझे हुए हो। ये भ्रम मत पाल लेना कि तुम्हें बाहर क्या निर्णय लें ये बात नहीं समझ में आ रही। तुम भीतर उलझे हुए हो, तुम भीतर फँसे हुए हो।'

तुम्हें ये नहीं पता है कि भीतर कौनसी चीज़ महत्वपूर्ण है। यह ललचाता है, ये लुभाता है, ये चीज़ आकर्षित करती है, वो चीज़ वादा करती है, इसमें से क्या है जो असली है, तुम्हें ये नहीं पता भीतरी तौर पर।

और भीतरी तौर पर वो पता करने के लिए तुम्हें उनकी संगति करनी ही पड़ेगी जिन्होंने अपना पूरा जीवन यही जानने में निकाल दिया। जिन्होंने खुद भी जाना, जिन्होंने दूसरे जानकारों से, ज्ञानियों से भी जाना-सुना, सीखा और जिन्होंने फिर आपके लिए पीछे अपने शब्दों की विरासत छोड़ दी, उनकी संगत करनी पड़ेगी। उनकी संगति किये बिना अगर तुम सोच रहे हो कि भ्रमजाल से खुद ही तुम निपट लोगे, बाहर आ जाओगे तो मुझे यही कहना होगा कि इसकी संभावना लगभग शून्य है, नहीं हो पाएगा।

जैसे आप, वैसा आपका संसार

(अद्वैत बोधस्थल, २०२४)

आचार्य प्रशांत: एक स्कूल था बच्चों का, छोटे बच्चे आते थे वहाँ एकदम। छोटे बच्चे आए वहाँ, खड़े हों और बड़े अपनेपन से और बड़े नाज़ से बोले, 'ये हमारा स्कूल है।' एक दिन वहाँ कुछ जंगली जानवर आ गए। उनको खबर मिल गई थी कि यहाँ छोटे-छोटे बच्चे रहते हैं, छोटे, माँसल और असुरक्षित, तो उन हिंसक जानवरों ने कहा कि ये भोजनालय है। यहाँ बढ़िया खाने-पीने का माल परोसा जाता है, स्वादिष्ट माँस, नर्म माँस बच्चों का।

वो जो स्कूल था उसकी इमारत एक ठेकेदार ने बनवायी थी और इमारत को आगे और बड़ा करने का, खड़ा करने का ठेका भी उसी ठेकेदार को मिला हुआ था। तो वो जब भी उस स्कूल के सामने से निकले तो बोले कि ये जो है न, ये मेरा क्लाइंट है। क्या है? क्लाइंट।

सरकारी आँकड़ों के अनुसार वो उस जिले में छोटे बच्चों के लिए खुलने वाला बयालीसवाँ स्कूल था। तो शिक्षा विभाग के अधिकारी, कर्मचारी उस स्कूल को कहा करें,'ये नम्बर बयालीस है, नम्बर बयालीस।' क्या है? नम्बर बयालीस है।

वो स्कूल क्या है? क्या वो स्कूल ही है जैसे छोटे बच्चे उसको देख रहे थे? या वो दावत का अड्डा है जहाँ नर्म माँस मिलने की सम्भावना है अगर हिंसक जानवर सही दाँव लगाकर, घात लगाकर, हमला कर पाएँ? या वो एक इमारत है? या वो एक क्लाइंट है? या वो नम्बर बयालीस है? वो क्या है? आप और भी तरीके से अनुमान लगा सकते हैं कि उस स्कूल को कैसे और लोग अलग-अलग तरीकों से देखते होंगे।

उस स्कूल में बिजली और पानी की भी आपूर्ति होती होगी तो बिजली विभाग और जल विभाग के रिकॉर्ड्स में, उनकी फ़ाइलों में ये जो स्कूल है, ये एक नम्बर के तौर पर दर्ज होगा, ठीक वैसे जैसे शिक्षा विभाग के लिए ये नम्बर बयालीस है। उनके लिए भी ये कोई नम्बर होगा। ये सरकारी है स्कूल, इसके पास ही एक निजी, प्राइवेट स्कूल खुला। उनके लिए ये क्या है स्कूल? वो कहते हैं ये हमारे लिए एक प्रतिद्वन्द्वी है, कॉम्पिटिटर है।

और सैकड़ों-हज़ारों लोग थे जो उस स्कूल के सामने की सड़क से रोज़ गुज़र जाते थे लेकिन उन्हें उस स्कूल से कोई मतलब नहीं होता था — न वो बच्चे थे न उनके बच्चे थे, न वो ठेकेदार थे न सरकार थे, न उनका बिजली से कोई लेना-देना था न पानी से — उनके लिए वो स्कूल क्या था? उनके लिए वो स्कूल था ही नहीं, गैर-मौजूद था, अनुपस्थित था। उन लोगों से आप पूछते, 'आप आते हो रास्ते में एक स्कूल पड़ता है?'

वो कहते, 'हमें नहीं पता, हमने देखा नहीं।' वो उस स्कूल के सामने से रोज़ गुज़रते थे। उस स्कूल के सामने से शायद सैकड़ों बार गुज़रे होंगे, उन्होंने उस स्कूल को कभी देखा ही नहीं। उनके लिए वो स्कूल था ही नहीं।

एक जगह, जो उन बच्चों के माँ-बाप के लिए नन्हें पौधों की क्यारी जैसी है, वो जंगली, हिंस्र जानवरों के लिए नर्म माँस का अड्डा है। उन बच्चों के माँ-बाप और उन बच्चों के अन्य जो शुभेच्छु लोग हैं, वो देख रहे हैं कि यहाँ बच्चे बड़े होंगे, वो देख रहे हैं कि यहाँ बच्चों को जीवन मिलेगा। और जंगली जानवर के लिए वो जगह है जहाँ बच्चों का जीवन समाप्त होगा।

उसी जगह की ओर इशारा करके आप किसी भेड़िये से पूछें, 'वो जगह क्या है?' तो भेड़िया कहेगा, 'वो जगह है जहाँ छोटे बच्चों को मौत दी जाती है।' उसी जगह की ओर इशारा करके आप किसी शिक्षक से पूछें, 'वो जगह क्या है?' शिक्षक कहेगा,'वो जगह है जहाँ छोटे बच्चों को ज़िन्दगी दी जाती है।' उसी जगह की इशारा करके आप ईंट के किसी सौदागर से, सीमेंट या बालू वाले से, स्कूल के किसी ठेकेदार से पूछें, 'वो जगह क्या है?' वो कहेगा, 'वो जगह है जहाँ से मेरे घर की रोज़ी-रोटी आती है। न वहाँ ज़िन्दगी दी जाती है, न ली जाती है, वहाँ से तो बस मेरी रोज़ी-रोटी आती है।'

> "आपके ही अपने विकार आपके सामने संसार बनकर प्रकट हो जाते हैं; प्रकट लेकिन विकार ही होते हैं। आपके विकार ही संसार को आपके लिए अर्थपूर्ण बनाते हैं। अर्थ अगर न हो तो जो कुछ आपके सामने है, वो होकर भी नहीं रहेगा, आपके लिए नहीं रहेगा।"

उस स्कूल के जो अध्यापक और प्रबन्धक हैं, उनसे आप पूछेंगे, 'ये जगह क्या है?' वो कहेंगे, 'ये वो जगह है जिसे हमें और आगे बढ़ाना है।' उसी स्कूल के प्रतिद्वन्द्वियों से आप पूछेंगे, 'ये जगह क्या है', वो कहेंगे, 'ये वो जगह है जिसे हमें जड़ से मिटाना है।' कैसे आप किसी जगह का कोई एक तयशुदा नाम रख सकते हैं? सम्भव नहीं है। कैसे आप कह सकते हैं कि कोई एक जगह बस ऐसी है? सम्भव नहीं है।

आपकी दृष्टि में जैसी कामना बसी है, हर जगह, हर वस्तु, हर चीज़, बस वैसी है। दुनिया के सब विषय विषयेता का प्रक्षेपण मात्र है। आपके ही अपने विकार आपके सामने संसार बनकर प्रकट हो जाते हैं। प्रकट लेकिन विकार ही होते हैं। आपके विकार ही संसार को आपके लिए अर्थपूर्ण बनाते हैं। अर्थ अगर न हो तो जो कुछ आपके सामने है, वो होकर भी नहीं रहेगा, आपके लिए नहीं रहेगा। रहेगा तो, पर चूँकि आपके लिए कोई अर्थ नहीं रखेगा इसीलिए वो आपके मन की सामग्री नहीं बनेगा।

आपने आज सुबह से जो कुछ देखा है, क्या वो आपके मन में मौजूद है? आप आज सुबह से अभी तक जो कुछ देखते आए हैं, वो सब क्या आपके मन में प्रविष्ट

हो गया, अंकित हो गया? नहीं न। पर उसका कुछ हिस्सा है जो आपके मन पर छप गया है। ये वो हिस्सा है जिससे आप कोई सम्बन्ध रखते हैं माने अर्थ रखते हैं। अर्थ माने स्वार्थ।

आपके मन में वही मौजूद रहता है जिससे अहम् कोई रिश्ता बनाता है। और अहम् रिश्ता बनाता है सिर्फ़ एक दृष्टि से, किसी तरीके से मेरी बिगड़ी तबीयत ठीक हो जाए, किसी तरीके से मुझे जो कमी, बेचैनी इत्यादि-इत्यादि तकलीफ़ों का भाव है, वो भाव मिट जाए। तो वो भाव कैसे मिटेगा, इसके लिए अहम् जो उसके गुलाम हैं ये बुद्धि, ये स्मृति आदि इनका सहारा लेता है।

स्मृति से पूछता है — बताना राहत अतीत में कैसे मिली थी, भले तात्कालिक हो, थोड़ी देर को मिली हो, थोड़ी सी मिली हो पर बताना कैसे मिली थी? तो स्मृति से ये पूछता है। और बुद्धि से कहता है — जैसे अतीत में मिली थी, जिस विषय से अतीत में मिली थी राहत, उसी विषय को या उससे मिलते-जुलते विषय को बताओ आज कैसे हासिल करूँ?

तो जो मस्तिष्क है पूरा, ब्रेन, उसकी जितनी क्षमताएँ हैं, तुलना कर पाना, युक्ति निकाल पाना, तर्क कर पाना, इन सबका इस्तेमाल करता है अहम् आज कोई ऐसा विषय ढूँढने के लिए जिससे अर्थ जोड़ा जा सके, अर्थ। और जिसके साथ अर्थ का टाँका लग जाता है, उसको अहम् कहता है, 'आओ-आओ मेरे घर के द्वार तुम्हारे लिए खुले हैं।' और अहम् के घर का क्या नाम है? मन।

तो अहम् मन में सब विषयों को जगह नहीं देता। इतना दरिया-दिल, इतना उदारमना नहीं है अहम् कि जो दिखे उसी को बैठा ले। सबको बैठा लिया होता तो आज सुबह से आपने जो कुछ देखा है, सबकुछ आपके मन में मौजूद होता। देखा तो सभी कुछ था न? हज़ारों विषय आपने देखे होंगे और देखना माने आँख से ही देखना नहीं होता, जो कान से सुना, वो भी दृष्टव्य विषय ही माना जाएगा।

तो इतना सुना, देखा, स्पर्श किया, चखा, सब याद है क्या? सब याद नहीं है न? क्योंकि सारे विषय अहम् की दृष्टि में पात्र नहीं बन पाये, अपनी अर्हता स्थापित नहीं कर पाये, क्वालीफ़ाई नहीं कर पाये। क्वालीफ़िकेशन क्या होती है, पात्रता? कि भाई, वही अन्दर आएगा जो मेरी तकलीफ़, बेचैनी, अपूर्णता, छटपटाहट, रोग, जो बोल लो, उसको दूर करता हो।

तो अहम् हर विषय को जाँचता है। जाँचता कैसे है? अतीत की कसौटी लगाकर के और उसके पास कोई कसौटी नहीं होती, अतीत। आप कहेंगे, अतीत के अलावा वो दूसरों से सुनकर भी तो चलता है। कुछ उसके अपने अनुभव होते हैं, कुछ दूसरों के अनुभवों से भी तो सुनता न। दूसरों में भी वो किस की बात सुनता है? जिनसे अतीत का रिश्ता होता है। अगर आप किसी की बात सुनते हो आमतौर पर, तो किसकी सुनते हो? जिससे आपने अतीत के माध्यम से ही भरोसा बैठा रखा होता है कि ये आदमी ठीक है तो उसकी बात सुन लेते हो।

तो ले-देकर के रहता तो अतीत है। तो इस तरीके से अहम् अपने आस-पास ऐसी चीज़ों का एक जमावड़ा इकट्ठा करता जाता है जिनसे उसे अपेक्षा होती है कि कुछ राहत, कुछ सुख मिल जाएगा, कुछ पूर्णता मिल जाएगी। जो गड़बड़ चलती रहती है उसमें, वो थोड़ा ठीक हो जाएगी, ऐसी चीज़ों को अपने इर्द-गिर्द इकट्ठा कर लेता है।

और जो कुछ भी उसने इकट्ठा कर रखा है, उससे निश्चित जानिए कि अहम् क्या माँग रहा है। हाँ! कि भाई, ज़रा कुछ हमें अब चीज़ भी तो दो, ऐसे ही थोड़ी तुम्हें घर में बैठा लिया है। कोई प्रेम के नाते तो घर में बैठाया नहीं है। घर में बैठाया है तो कुछ किराया-विराया मिलेगा कि नहीं मिलेगा? ऐसे ही तुम घर में आकर बैठ गए। तो आपके मन में जो कोई बैठा होता है तो आप उससे किराया वसूलते हो।

किराया तरीके तरीके से वसूला जाता है। कई बार जो बैठा होता है, वो आज नहीं किराया दे सकता तो उससे उम्मीद होती है कि भविष्य में दे देगा कुछ किराया। कई बार जो बैठा होता है, वो खुद नहीं दे सकता किराया तो उससे उम्मीद होती है कि ये दो–चार दूसरों की बाँहें मरोड़ कर उनसे निकलवा देगा। ये खुद तो किसी काम का नहीं है पर ये गुंडागर्दी के काम आएगा, दूसरों से कुछ दिलवा देगा। तो ऐसे करके मन की जितनी सामग्री होती है, वो स्वार्थ की सामग्री होती है, ले-देकर बात ये है। मन की जितनी सामग्री होती है, वो स्वार्थ की सामग्री होती है। जिससे कोई स्वार्थ नहीं निकलता, वो मन में घुसता ही नहीं है।

तो हमने सैकड़ों कैसे लोगों की बात की? जो उस स्कूल के सामने से निकला करते थे, एक बार सुबह कहीं को जाएँ, शाम को कहीं से लौटकर के आएँ, निकले उसी स्कूल के सामने से लेकिन उनका चूँकि उस स्कूल से कोई स्वार्थ नहीं था — न उनके बच्चे थे, न वो ठेकेदार थे, न वो जानवर थे, न वो सरकार थे — तो उन्हें उस स्कूल का पता ही नहीं लगा। वो सालों से उस स्कूल के सामने से आ-जा रहे थे, उन्हें पता ही नहीं लगा। क्यों नहीं पता लगा? क्योंकि मन में घुसेगा वही जिससे कुछ मिल रहा हो। जिससे कोई मिल नहीं रहा, वो आँखों के सामने भी हो तो दिखाई नहीं देता।

याद करिए उन क्षणों को जब आप किसी भीड़ में किसी को तलाश रहे थे। हुआ है कि नहीं हुआ है? आपने और आपके दोस्त ने तय किया है कि आप किसी जगह जाकर के मिलोगे, किसी बाज़ार में, किसी लॉन में, किसी पार्क में, कहीं जाकर आप मिलोगे। कोई पब्लिक पार्क है, कोई शॉपिंग मॉल है, आपने तय किया है कि वहाँ मिलेंगे भाई। और आप वहाँ जाते हो तो वहाँ पार्क में या मॉल में भीड़ काफ़ी है, बहुत भीड़ है। आपको क्या सब लोग दिख रहे होते हैं? आपकी आँखें क्या कर रही होती हैं? जिससे आपको लेना-देना नहीं, उसको आप मन में घुसने ही नहीं देते, भले वो आँखों के सामने हो, वो मन में नहीं घुसेगा।

तो ये सोचना कि जो कुछ दिख रहा है, वही मन में आ जाता है, गलत बात है, ऐसा नहीं होता। याद आ रहा है? आप भीड़ को काटते-छाँटते आगे बढ़ते जा रहे है

बस अपने उस दोस्त की तलाश में, बाकी सब लोग दिख रहे हैं पर फिर भी दिख नहीं रहे।

आपको कोई व्यक्ति दिख जाए, कोई बोले कि एक बहुत लम्बा व्यक्ति था और उसने लाल रंग की कमीज़ पहन रखी थी, और एक उसने काले रंग की टोपी लगा रखी थी, आपने उसको देखा क्या? बोले, 'वो व्यक्ति ऐसा इतना लम्बा है और उसने एक भारी तिलक भी लगा रखा था माथे पर। जो उसे एक बार देख ले, वो उसको भूल नहीं सकता क्योंकि उसका चेहरा और उसका कद असाधारण है।' आप कहोगे, 'हमने नहीं देखा, नहीं देखा।' क्योंकि मन ने अर्थ किसके साथ लगा रखा है? वो दोस्त के साथ। तो बाकी सब जितने हैं, उन्हें मन प्रवेश देगा ही नहीं। तो मन में कुछ भी यूँही नहीं होता, उससे कुछ पाने की आशा होती है। मैं नहीं कह रहा हूँ उससे कुछ मिल रहा होता है, उससे कुछ मिलने की उम्मीद होती है। मिलता तो किसी से कुछ नहीं है। कुछ मिल ही जाए तो मन ही न मिट जाए। मिल कुछ नहीं रहा पर उम्मीद है।

तो जिससे उम्मीद होती है, वो मन में मौजूद होता है। इनको हम कहते हैं न मन का मीत, मन का मीत, अरे! मीत-वीत नहीं, उम्मीद। उम्मीद है इसलिए वो मन में मौजूद है। जिस दिन उम्मीद मिट गई, उस दिन वो मन से भी बिलकुल दफ़ा हो जाएगा, नहीं दिखाई देगा। आप कहेंगे, 'नहीं, ऐसा नहीं है, ऐसा नहीं है।' अगर ऐसा नहीं है तो जो कुछ आप देखा करिए, सबको मन में बैठाया करिए। क्यों नहीं सबको मन में बैठाते? जैसे आप सबको मन में बैठाते नहीं, वैसे ही आप सबको मन में बैठाए रहेंगे नहीं।

मन में भी बैठाया उसी को जाता है, नियम है ये स्वार्थ का, जिससे कुछ पाने की उम्मीद होती है। और उसे सिर्फ़ तब तक बैठाए रखा जाता है जब तक उम्मीद शेष रहती है। जिस दिन एकदम स्पष्ट हो गया कि इससे कुछ नहीं मिल सकता, वो आदमी मन से गायब हो जाता है। जीवन से गायब हो जाएगा, मन से गया तो अब जीवन में भी क्या रहेगा। और जीवन में अगर किसी तरह वो टँगा भी हुआ है किसी वजह से, तो जीवन में रहते हुए भी मन में नहीं रहेगा।

> "मन में कुछ भी यूँही नहीं होता, उससे कुछ पाने की आशा होती है। मैं नहीं कह रहा हूँ उससे कुछ मिल रहा होता है, उससे कुछ मिलने की उम्मीद होती है।"

तो इसलिए ज्ञानियों ने कहा कि ये जो हमारा पूरा संसार है, हमारा पूरा संसार, हमारा, हमारा पूरा संसार है, वो हमारे स्वार्थ का ही विस्तार है। जो आपके स्वार्थ में नहीं है, वो आपको न दिखाई देगा, न सुनाई देगा। आप उसको देखेंगे और देख कर अनदेखा कर देंगे। आप उसको सुनेंगे और सुनकर अनसुना कर देंगे। वो आपके लिए होते हुए भी नहीं होगा। तो आपके लिए होगा कौन? सिर्फ़ वही जिससे कुछ उम्मीद है स्वार्थ की। समझ रहे हो?

आपकी ही जो वासनाएँ हैं, वो आपका संसार बन जाती है। आपकी वासनाएँ ही आपका संसार बन जाती हैं। स्पष्ट हो रही यहाँ तक बात? अब वासनाएँ दो दिशा में जा सकती हैं। जो वासनाओं की प्राकृतिक दिशा है, वो तो यही है कि संसार से और-और विषयों की माँग करते रहो, उनसे नाता जोड़ते रहो, उनको आज़माते रहो, उम्मीद बैठाए रखो।

तो जो प्राकृतिक दिशा है वासनाओं की, वो तो यही है कि बढ़ते रहो, बढ़ते रहो। अनन्त ब्रह्मांड है, अनन्त विषय हैं, एक के बाद एक प्रयोग करते रहो, आज़माते रहो, कोई तो मिल ही जाएगा जो राहत दे जाएगा। ये प्राकृतिक दिशा है इच्छा की, कामना की, स्वार्थ की। ये प्राकृतिक दिशा है।

एक प्रेम की दिशा होती है। प्रेम की दिशा कहती है कि मिटना है, सचमुच अपनी तकलीफ़ का असली इलाज चाहिए। ये बड़ी मुश्किल दिशा होती है। इसमें हज़ार विषयों के लिए जगह नहीं होती। "प्रेम गली अति साँकरी", इसमें ये नहीं होता कि पचास, साठ, सौ, पचास, कितने भी विषय लेकर के बैठ गए। इसमें वो विरल विषय पकड़ा जाता है जो हमारी तकलीफ़ है अस्तित्वगत, हमारा होना, उसको सचमुच हटा सकता है और फिर उसी को मन में जगह दी जाती है। पर ऐसा होता नहीं है। ऐसा हज़ारों-लाखों में किसी एक किस्से में होता है कि मन में उन विषयों को नहीं रखा गया जो वासना को और फैलाते और फुलाते थे, बल्कि उस एक विषय को रखा गया जो वासना को मिटाता है। वो हो पाये इसकी सम्भावना एकदम न्यून होती है।

> "प्रेम की दिशा कहती है कि मिटना है, सचमुच अपनी तकलीफ़ का असली इलाज चाहिए। ये बड़ी मुश्किल दिशा होती है, इसमें हज़ार विषयों के लिए जगह नहीं होती।"

इसी को जो हमारे सन्त थे गाने वाले, वो चुटकी लेकर के, विनोद में, ऐसे भी कहते हैं कि वो जो है न जो आकर के सचमुच तुम्हारी तकलीफ़ मिटा देगा, वो इतना ज़बरदस्त है कि जब उसको तुम मन में नहीं रखते तो इतना भारी एक रिक्त स्थान पैदा हो जाता है, ऐसी एक ज़बरदस्त रिक्तता, खालीपन, एक वैक्यूम (निर्वात) पैदा हो जाता है कि उसको भरने के लिए तुम पूरा ब्रह्मांड ले आते हो मन में, तो भी मन और की माँग करता रहता है। कहता है, उसका दम इतना होता है कि या तो उस एक अकेले को रख लो मन में या पूरे ब्रह्मांड को रख लो मन में। पूरे ब्रह्मांड को रख लोगे तो भी मन अभी रिक्त ही रह जाएगा और 'और-और-और' की रटन लगाता रहेगा।

अरे! तुमने अपने मन में ये जो इतने सारे विषय भर लिये हैं, ये भर ही इसलिए लिये हैं क्योंकि उस एक को न रखने की भारी कीमत चुका रहे हो तुम। उसको रख लिया होता तो इतने सारों की ज़रूरत नहीं पड़ती और उसको रख नहीं रहे तो इतने सारे रख कर भी काम बन नहीं रहा है। उस एक को रख लिया होता तो इतनों की

ज़रूरत पड़ती नहीं और वो एक नहीं है इतने सारे हैं तो भी उस एक की भरपाई नहीं हो पा रही है।

नुकसान इतना ज़्यादा है कि क्षतिपूर्ति नहीं हो सकती, चाहे पूरी दुनिया मिल जाए मुआवज़े के तौर पर। ये जो हमारी ज़िन्दगी है, उस ज़िन्दगी में जितने सब विषय मौजूद हैं, ये मुआवज़ा है। क्या है? मुआवज़ा। यार, तुम्हारे पास असली चीज़ तो है नहीं तो एक काम करो तुम, एक प्लॉट ले लो बढ़िया।

अब क्या है! कोई हो अपना बहुत जिगरी और वो न रहे, और उसके न रहने पर आपको सरकार कहे कि ये ले लो, दस लाख रुपये ले लो और नौकरी ले लो, तो जो चला गया है उसकी कमी पूरी हो जाती है? हो जाती है क्या? और कोई चला जाए तो उसके जाने पर कुछ-न-कुछ तो मिलता ही है। इंश्योरेंस वाले आ जाते हैं, 'इंश्योरेंस कराकर गया था, लो, इंश्योरेंस का पैसा ले लो।'

कहीं वो नौकरी करता था, वो लोग आ जाते हैं। कहते हैं, 'अरे, बड़ा बुरा हुआ वो चला गया। लो, हमारी ओर से कुछ मदद ले लो।' दोस्त-यार, गली-मोहल्ले वाले भी, सब लोग कुछ-न-कुछ आ ही जाते हैं कि वो अब नहीं रहा तो उसके बदले में लो, हमसे कुछ ले लो। पर उसके बदले में कोई कितना भी दे दे, वो जो नहीं है, उसकी कमी मिट जाती है क्या?

तो जो असली चीज़ है, जब वो ज़िन्दगी में नहीं होती तो बहुत सारी चीज़ें भरनी पड़ती हैं।

अब कैसे पता लगायें कि किसकी ज़िन्दगी में कमी कितनी भारी है? कैसे पता लगायें कि किसकी ज़िन्दगी में असली चीज़ की कमी कितनी ज़बरदस्त है? जिसकी ज़िन्दगी में दूसरी चीज़ें जितनी ज़्यादा हों, समझ लो उसकी ज़िन्दगी में असली चीज़ की कमी उतनी ज़बरदस्त है। क्यों भई?

दो-तीन उदाहरण समझ लो। दो लोग थे, दोनों की ज़मीनें सरकार ने ले ली। और दोनों को ज़मीनों से अपनी प्यार बहुत था। दोनों को अपनी ज़मीनों से प्यार बहुत था। उनकी दोनों की ज़मीनें सरकार ने आकर ले लीं। सरकार को हक होता है। एक को मुआवज़ा मिला दस लाख और एक को मिला पचास लाख। बताओ, ज़्यादा रो कौन रहा होगा?

श्रोतागण: दस लाख वाला।

आचार्य: ज़िन्दगी समझ ही नहीं रहे हो फिर तुम। कह रहे हो, दस लाख वाला ज़्यादा रो रहा होगा। ज़्यादा ज़मीन किसकी छिनी होगी? वो ज़्यादा रो रहा है। जिसको ये संसार जितना ज़्यादा मुआवज़ा दे रहा है, समझ लो वो उतना ज़्यादा रो रहा है; क्योंकि उसका उतना भारी नुकसान हुआ है बाबा। तो इस दुनिया में जिसके पास जितना ज़्यादा है, जिसको जितना ज़्यादा इकट्ठा करना पड़ रहा है, वो उतना ज़्यादा रो रहा

है न। क्योंकि वो उतना भारी नुकसान झेले हुए है। तभी तो उसको मुआवज़े के तौर पर उतना ज़्यादा मिल रहा है। और मुआवज़ा जो मिलता है, वो जो नुकसान हुआ है, उसके अंश बराबर होता है।

एक बात बताओ, अगर मैं आपसे कहूँ एक साधारण तौर पर कि जो मुआवज़ा मिलता है, वो नुकसान के मात्र बीस प्रतिशत बराबर होता है। ठीक है? जितना नुकसान हुआ है उसके बीस प्रतिशत का मुआवज़ा मिल पाता है। बीस प्रतिशत भी ज़्यादा मान ले रहे हैं, क्योंकि जो असली चीज़ है, उसका मूल्य अनन्त कहा गया है। और जो संसार मुआवज़ा देता है, वो कितना भी बड़ा हो, वो अनन्त का बीस प्रतिशत भी नहीं हो पाएगा, क्योंकि अनन्त का बीस प्रतिशत भी अनन्त हो जाता है। लेकिन हम बीस प्रतिशत मान ले रहे हैं उदाहरण से समझाने के लिए।

हम कह रहे हैं कि जो नुकसान होता है, मुआवज़े के तौर पर उसका बीस प्रतिशत मिलता है। तो अगर आपको 'एक्स' राशि मिल रही है मुआवज़े के तौर पर तो आपका नुकसान कितना हुआ होगा? अगर आपको 'एक्स' राशि मुआवज़े के तौर पर मिल रही है तो आपका नुकसान कितना हुआ होगा? फ़ाइव एक्स हुआ होगा। तो जितनी ज़्यादा आपको राशि मिली हुई है मुआवज़े के तौर पर, आपका नुकसान उतना ज़्यादा है। ये इस दुनिया का नियम है, समझ लो।

जो जितना इकट्ठा किये बैठा है, वो उतना ज़्यादा उस नुकसान को महसूस कर रहा है। उसके पास होता तो उसे इतना इकट्ठा करने की ज़रूरत नहीं पड़ती। नहीं है तभी तो इतना करके इकट्ठा बैठे हो। और जितना इकट्ठा करके बैठे हो, यही प्रमाणित कर रहे हो कि उससे पाँच गुना ज़्यादा गँवा चुके हो।

तो आपके संसार में दो चीज़ें होती हैं, एक वो जिससे आपका भुक्ति का रिश्ता है और एक वो जिससे आपका मुक्ति का रिश्ता है। इन्हीं दो से अर्थ बैठता है, इन्हीं दो से कुछ लेना-देना बैठेगा। या तो उससे आप कुछ लेना-देना बैठाओगे, उसे मन में जगह दोगे जिसको आप भोग सकते हो। या उसको मन में बैठाओगे जो आपको भोग से मुक्त कर सकता है। और किसी तीसरे को आप मन में जगह दोगे ही नहीं।

तो जो हमें मुक्त कर सकते हैं, उनसे भी हमारा स्वार्थ ही होता है। बिना स्वार्थ के हम उन्हें मन में जगह देते नहीं। उनसे भी हमारा स्वार्थ ही होता है। पर एक विशेष किस्म का स्वार्थ होता है। उनसे हमारा स्वार्थ होता है मुक्ति का। और जिससे मुक्ति का स्वार्थ होता है, उसे परमार्थ कहते हैं।

मुक्त पुरुष कैसा हो जाता है? इसके विषय में अष्टावक्र आज के श्लोक में थोड़ा इशारा देते हैं। वो कहते हैं कि संसार, शरीर और मन अपनी ही हस्ती के ये तीन कोष हैं, तीन परतें हैं। सबसे भीतर वाली हो गई मन। उसके आगे वाली हो गई तन। और उसके आगे वाला हो गया संसार। और ये तीनों किसके इर्द-गिर्द होते हैं? अहम् के। और अहम् किसके इर्द-गिर्द होता है? आत्मा के। आत्मा को किसने घेर रखा होता है?

अहम् ने। और अहम् अपने ज़िन्दा रहने के लिए अपने आसपास क्या तैयार करता है? एक के बाद एक लोक।

अहम् से बिलकुल निकट जो लोक होता है, वो कौनसा होता है? मन। मन के आगे जो लोक है? तन। और तन के आगे जो लोक है? संसार। तो मुक्त पुरुष के बारे में कह रहे हैं कि उसे फिर इनसे किसी अर्थ का सम्बन्ध बनाने की ज़रूरत नहीं पड़ती है। अब वो इनसे रिश्ता इसलिए नहीं बनाता कि कुछ मिल जाएगा।

तो अगर साधारण भाषा में कहें तो कह सकते हैं कि वो रिश्ता बनता ही नहीं है; क्योंकि हमारे लिए तो सम्बन्ध का अर्थ ही स्वार्थ होता है न, और जो मुक्त हो गया उसके लिए स्वार्थ बचता नहीं। तो उस अर्थ में उसके लिए फिर कोई सम्बन्ध भी नहीं बचता। वो असम्बद्ध हो जाता है। और ये जो असम्बद्धता है, ये ज़बरदस्त करुणा होती है।

आपका अभी जिससे स्वार्थ है, आप उसके लिए कल्याण और करुणा के वाहक नहीं हो सकते। जिससे अभी कुछ चाह रहे हो, उसका भला नहीं कर सकते। ये अच्छे से समझ लीजिए। जिससे आपको कोई चाहत है, उम्मीद है, जिससे आपका स्वार्थ का सम्बन्ध है, आप उसके लिए किसी भी हालत में शुभ नहीं हो सकते। तो ये जो मुक्त पुरुष होता है, ये पूरे संसार के लिए शुभ हो जाता है। ये स्वयं के लिए शुभ हो जाता है। हम अपने लिए भी बड़े अशुभ होते हैं, क्योंकि हमारा स्वयं से भी क्या रिश्ता होता है? स्वार्थ का।

तो मुक्त पुरुष होता है, वो अपने लिए भी कल्याणकारी हो जाता है और संसार के लिए भी मुक्तिप्रद हो जाता है। जो मुक्त हो गया, वो सबके लिए भला हो जाता है। और जो बन्धन में है, वो सबके लिए बुरा है। दूसरों की भलाई करना चाहते हो तो सबसे पहले अपने बन्धन काटो।

> “आपका अभी जिससे स्वार्थ है, आप उसके लिए कल्याण और करुणा के वाहक नहीं हो सकते।”

वासना एव संसार इति सर्वा विमुञ्चता:।
तत्त्यागो वासनात्यागात्स्थितिरद्य यथा तथा।।

वासना ही संसार है, इसलिए इन सबका परित्याग कर दो। वासना-त्याग से ही संसार का त्याग होता है अब शरीर अंतरण और संसार की चाहे जैसी स्थिति हो उससे कोई सम्बन्ध नहीं रहता।

~ अष्टावक्र गीता, श्लोक ९.८

“वासना एव संसार इति सर्वा विमुञ्चता:।” वासना ही संसार है। और सारी वासनाओं को त्यागना ही ठीक है। “तत्त्यागो वासनात्यागात्स्थितिरद्य यथा तथा।”

'जैसा है वैसा, मुझे उससे कुछ नहीं चाहिए।' आपको जिससे कुछ चाहिए न, आप उसे वैसा नहीं छोड़ सकते जैसा वो है। विचार करिएगा।

आपको एक जंगल से कुछ चाहिए। आप उसे वैसा छोड़ सकते हो जैसा वो है? आपको एक मुर्गे से कुछ चाहिए, आप उसे वैसा छोड़ दोगे जैसा वो है? आपको एक साधारण वस्त्र से भी कुछ चाहिए, आप उसे वैसा नहीं छोड़ पाओगे जैसा वो है। इस दुनिया की समस्या है — स्वार्थ, जो चीज़ों को विकृत करता है अपनी विकृति को मिटाने के लिए।

इतिहास में ऐसे प्रसंग आते हैं जब राजा हुए थे। जिन्हें कोई भाषा नहीं आती थी। कोई विशेष भाषा तो उन्होंने जितने भी राजकीय दस्तावेज़ थे पुराने, उन सबको हटवा दिया और कहा कि जो भाषा मुझे आती है, उसमें लिखो। ऐसा कोई राजा अगर गाड़ी चलाता हो राइट हैंड ड्राइव वाली और किसी ऐसे देश का राजा बन जाए जहाँ पूरी व्यवस्था लेफ़्ट हैंड ड्राइव की है। तो वो क्या करेगा?

> "इस दुनिया की समस्या है स्वार्थ, जो चीज़ों को विकृत करता है अपनी विकृति को मिटाने के लिए।"

श्रोतागण: नियम बदलेगा।

आचार्य: नियम भर बदलने से नहीं होगा न, उसे सबकुछ बदलना पड़ेगा भाई! सारी गाड़ियाँ बदलवा देगा वो। नियम से क्या होगा? वो सारी गाड़ियाँ बदलवाएगा और जिस तरीके से पूरा यातायात संचालित होता है। कहाँ पर बत्तियाँ लगी हुई हैं, इस तरफ़ कि उस तरफ़, वो सबकुछ बदला देगा।

अहम् चूँकि स्वयं एक विकृति है, ऐसी विकृति जिसे उससे बचाकर भी रखना है तो वो संसार को अपने अनुरूप बनाता है। और इस कारण वो संसार में विकार ला देता है। आपमें विकृति हो, उसको आपको बचाना है तो आप संसार के साथ क्या करोगे? आप संसार को ही बदल दोगे, तोड़-मरोड़ दोगे, विकृत कर दोगे। यही मनुष्य संसार के साथ करता रहा है और यही कारण है कि आज प्रकृति और पर्यावरण की इतनी दयनीय दशा हो गई है।

जो व्यक्ति अपूर्ण है, वो सबके लिए महा अशुभ हो जाता है, विशेषकर तब जब उसकी अपूर्णता को तरह-तरह की ताकतें मिल जाएँ। मनुष्य अपूर्ण भी है और भौतिक रूप से ताकतवर भी। तो हमारी अपूर्णता माने हमारी मूर्खता, हमारे अज्ञान को बड़ी ताकत मिल गई है। और इस ताकत ने पूरी दुनिया का नाश कर दिया है। इसलिए बहुत ज़रूरी है कि बल किसी ऐसे के हाथ में न रहे जो बहुत अपूर्ण हैं, बहुत अज्ञानी है।

अपूर्णता की निशानी क्या होती है? कामना। उसी कामना को आप कह सकते हो महत्वाकांक्षा, एम्बिशन। बहुत ज़रूरी है कि ताकत किसी भी तरह की ऐसे आदमी

के हाथ में न पहुँचे जो एम्बिशियस, महत्वाकांक्षी है। उसको अगर ताकत मिल गई, वो पूरी दुनिया का नाश कर देगा। क्योंकि उसके भीतर एक घोर रिक्तता है। उस रिक्तता में तुम पूरा ब्रह्मांड भी झोंक दोगे। तो वो रिक्तता मिटने वाली नहीं है। वो सबकुछ खा जाएगा। वो सबकुछ खा जाएगा और फिर भी कहेगा, 'अभी और चाहिए।'

ताकत किसको मिलनी चाहिए? उसको जिसको ताकत चाहिए ही नहीं। जिसको ताकत की आकांक्षा है, उसे किसी हालत में ताकत नहीं मिलनी चाहिए। जो डेस्परेट (व्याकुल) है, जो पागलों की तरह बल और सत्ता तलाश रहा है और बल और सत्ता मिल जाए तो उसे चिपक कर बैठ रहा है, उस व्यक्ति के हाथ में अगर किसी भी तरह की ताकत पहुँच गई तो ये पूरे जगत के लिए बहुत अशुभ है।

(आचार्य जी फ़िलोसॉफ़र किंग के निम्नलिखित अवधारणा की चर्चा करते हुए) द फ़िलोसॉफ़र किंग इज़ अ हाइपोथेटिकल रूलर इन हुम पॉलिटिकल स्किल इज़ कम्बाइंड विद फ़िलोसॉफ़िकल नॉलेज़। द कॉन्सेप्ट ऑफ़ ए सिटी-स्टेट रुल्ड बाय फ़िलोसॉफ़र्स इज़ फ़र्स्ट एक्सप्लोर्ड इन प्लेटोज़ 'रिपब्लिक' रिटन अराउंड ३७५ बीसी।

प्लेटों ने जो फ़िलोसॉफ़र किंग की अवधारणा रखी थी वो बहुत रोचक है। आप लोग आज उसको पढ़िएगा। वही आज का आपका गृहकार्य है। लिखिए जाकर अभी कम्युनिटी पर।

तो उसमें जो राजा बनेगा, उसके चयन की जो पूरी प्रक्रिया है और जो चरण हैं, वो क्या हैं, वो आपको पढ़ने हैं और लिखने हैं। वो मुझे ठीक-ठीक अभी स्मरण नहीं है। पर जितना स्मृति से आ रहा है बता देता हूँ। वो कुछ ऐसा है कि जो भी बच्चे पैदा होंगे राज्य में, उन सबके लिए अनिवार्य रूप से बीस साल शिक्षण होगा और शिक्षण कड़ा होगा। शिक्षण कड़ा होगा।

और चूँकि शिक्षण कड़ा होगा इसीलिए बीस साल में बहुत सारे होंगे। जो आगे और बढ़ने-पढ़ने से इनकार कर देंगे या फिर वो असफल हो जाएँगे। जो परीक्षा इत्यादि होगी, उसमें वो खरे नहीं उतरेंगे। तो इनको फिर शिक्षा की प्रक्रिया से मुक्त कर दिया जाएगा और इनको कहा जाएगा कि अब आप जाकर के जो बहुत साधारण स्तर के काम होते हैं, ज़्यादातर जो हाथ के काम होते हैं, आप वो करिए। 'आप दर्ज़ी बनें, आप बढ़ई बनें, ये सब आपके लिए काम होंगे। आप सेना में जाकर जो बिलकुल पैदल सैनिक होते हैं, आप वो बनें, आप लोहार बनें।' उनको ये सब काम दे दिया जाएगा।

अब जो उसमें बच्चे, जो जवान हो चुके हैं बचे रहेंगे, उनको और आगे पढ़ाया जाएगा। और ये मैं जो बोल रहा हूँ, अनुमान से बोल रहा हूँ। ये चीज़ ऐसी नहीं है कि मैंने रट रखा हो। आप लोग जाकर देखिएगा। मैं आपको एक इशारा सा दे रहा हूँ। तो ये आगे पढ़ेंगे। और लगभग दस साल की और प्रक्रिया रहेगी और वो भी प्रक्रिया और कठिन हो जाएगी।

और उससे फिर जो निकालेंगे उनको कहा जाएगा कि अब आप जाकर के जो थोड़े पढ़े-लिखे लोगों के काम इत्यादि हैं, वो करिए। तो उनको राज्य में अधिकारी इत्यादि के पद दे दिये जाएँगे। और उसके बाद की प्रक्रिया और कठिन हो जानी है, और कठिन। और दस वर्ष के बाद फिर जो निकलेंगे, वो शासन के उच्च पदों के लायक होंगे लोग, उन्हें मन्त्री इत्यादि का दर्जा दिया जाएगा।

और इसके बाद इस पूरी प्रक्रिया में बस चन्द लोग बचेंगे। और इन चन्द लोगों के साथ प्रक्रिया आगे बढ़ेगी। और पैंतालीस-पचास साल की उम्र में पहुँचकर के फिर इन्हीं लोगों में से कोई एक चुना जाएगा या शायद ये था कि वो आपस में ही निर्धारित कर लेंगे जो राजा बनेगा। और ये जो एक है जो अब राजा बनेगा, ये वो होगा जो हर तरीके से अपनेआप को स्थापित कर चुका होगा, जो इतनी आग से गुज़र चुका होगा, शिक्षण की, प्रशिक्षण की, कि उसके भीतर अपने लिए कोई कामना नहीं शेष रह गई होगी।

तो वो था फिर प्लेटो का फ़िलोसॉफ़र किंग। कि वो राज्य का अग्रणी फ़िलोसॉफ़र भी होगा और वही राजा बनेगा। और उसके पास अपनी कोई सम्पत्ति वगैरह नहीं होगी क्योंकि अगर सम्पत्ति वगैरह में उसका रस होता तो वो पैंतालीस साल तक एक के बाद एक जो बाधाएँ थीं, परीक्षाएँ थीं, उनको पार नहीं कर पाता।

तो क्यों कहा था प्लेटो ने ऐसा? इसीलिए कहा था क्योंकि जिसके पास सत्ता जा रही हो, उसके पास किसी तरह का स्वार्थ नहीं होना चाहिए। अगर वो ऐसा है जिसके भीतर अभी अपनेआप को लेकर के कुछ कामनाएँ हैं, तो वो पूरा जगत बर्बाद करके छोड़ेगा। समझ में आ रही है बात?

"जिसका ज्ञान पूरा नहीं है, जो दर्शन में खरा नहीं है, जिसकी आध्यात्मिक, दार्शनिक शिक्षा पूरी नहीं हुई है, जिसके अहम् का समूल नाश नहीं हुआ है, ऐसे व्यक्ति को अगर बल मिल गया तो वही होगा जो आज आप पृथ्वी पर चारों ओर होता देख रहे हैं।"

जिसका ज्ञान पूरा नहीं है, जो दर्शन में खरा नहीं है, जिसकी आध्यात्मिक, दार्शनिक, शिक्षा पूरी नहीं हुई है, जिसके अहम् का समूल नाश नहीं हुआ है, ऐसे व्यक्ति को अगर बल मिल गया तो वही होगा जो आज आप पृथ्वी पर चारों ओर होता देख रहे हैं।

हमें भ्रम हो जाता है कि हम चिकित्सक हैं। जब इस संसार की बात आती है न, हमें भ्रम हो जाता है कि हम चिकित्सक हैं। अहम् अपनेआप को छोटा थोड़े ही मानता है, वो तो बड़ा भारी मानता है। अगर वो मरीज़ भी होता है तो वो मान अपनेआप को डॉक्टर रहा होता है।

अब दुनिया की हालत हमने कर दी है खराब। नदियाँ गन्दी हो गई हैं, जंगल काट दिये हैं, वो सब कर दिया है। उसके बाद हम बैठकर बड़ी-बड़ी गोष्ठियाँ करते हैं कि ये सब ठीक कैसे किया जाए। ठीक कैसे किया जाए ये तो बाद में आता है, पहले बताओ खराब करने एलियन्स (दूसरे ग्रह के प्राणी) आये थे क्या? खराब किसने किया?

तो तुम्हें ठीक नहीं करना है, तुम्हें हटना है। तुम हट जाओ, सब ठीक है ही। जब ठीक चल रहा था तो क्या तुम आये थे उस ठीक व्यवस्था को स्थापित करने? वो व्यवस्था ठीक इसलिए थी क्योंकि तुम नहीं थे।

वो सारी व्यवस्था खराब इसलिए हुई है क्योंकि तुम हो। लेकिन तुर्रा ये है कि तुम हटने की बात नहीं कर रहे हो। तुम कह रहे हो, 'अरे, किसी और ने आकर के, कहीं से आए होंगे भाई, किसी आकाश गंगा से, किसी दूसरे अन्तरिक्ष से लोग आए होंगे, वो आकर के सब खराब कर गए हैं। अब हम आये हैं, हम बड़े भारी चिकित्सक हैं, हम सबकुछ ठीक करेंगे।'

तुम जितना ठीक करने का प्रयास करोगे, सबकुछ उतना खराब होता जाएगा। तुम हट जाओ, तुम्हारा हटना ही समाधान है। हमारा ठीक करने का प्रयास ऐसा ही होगा कि आप नशे में थे और आप गाड़ी चला रहे थे। आपने सड़क पर ठोक दिया किसी को। आपका स्पर्श पाने से पहले, आपका प्यार भरा, स्नेह भरा स्पर्श पाने से पहले वो व्यक्ति कैसा था? बिलकुल ठीक था। उसके बाद आपने अपने अज्ञान, अपनी बेहोशी, अपनी मूर्छा में जाकर के उस पर गाड़ी चढ़ा दी। ये आपने पहला काम किया।

> "बात ये नहीं कि आपका भाव क्या है, बात ये है कि आप क्या हो। बात ये नहीं है कि आपका इरादा क्या है, बात ये है कि आप क्या हो।"

अब वो पड़ा हुआ है वहीं सड़क किनारे, उसका सिर फट गया है और खून बह रहा है। तो आपने कहा, 'अरे, अरे, अरे, मैं सब ठीक कर देता हूँ, मैं सब ठीक कर देता हूँ।' और आप हो कौन? आप हो एक नशे में धुत्त बेहोश आदमी। आप कह रहे हो, 'मैं सब ठीक कर देता हूँ।'

और ठीक करने के नाम पर आप क्या कर रहे हो? आप कह रहे हो, 'अरे, इसका जो खून बह रहा है, इसको ज़रा टिंचर से धोना ज़रूरी है न, कुछ एंटीसेप्टिक किया जाए, नहीं तो खून बहुत बह रहा है, कहीं इसको इन्फ़ेक्शन (संक्रमण) न हो जाए। तो लाकर के इंजन का कूलेंट डाल दिया उसके खोपड़े में।

फिर बोल रहे हैं, 'इसको कुछ दवा तो पिला दें नहीं तो मर जाएगा, इतना इसको खून बह रहा है।' तो लाकर उसके मुँह में इंजन-ऑयल डाल दिया। और अपनेआप को खूब शाबाशी दे रहे हैं कि हमने कुछ तो किया। देखो, मैं ठीक कर रहा हूँ, देखो, मैं ठीक कर रहा हूँ।

बात ये नहीं है कि आपकी मंशा क्या है, बात ये है कि आप कौन हो। आप मूर्छित हो। आप तब भी मूर्छित थे जब आपने उस व्यक्ति को गाड़ी से मारा था। आप तब भी मूर्छित हो जब आप उस व्यक्ति की सहायता करना चाह रहे हो। और जो मूर्छित होगा, वो दूसरे का नाश ही करेगा। वो सहायता भी करना चाहेगा तो नाश ही करेगा।

इसी तरीके से हम अब जब प्रकृति, पर्यावरण या समाज या राष्ट्र या विश्व का भला भी करना चाहते हैं या अपने परिवार का या अपने प्रियजनों का भला भी करना चाहते हैं तो हम उनका नाश ही करते हैं।

आपका भाव क्या है, इससे थोड़े ही कोई फ़र्क पड़ता है? विशेषकर भारत में हम भावना को बहुत महत्व देते हैं। हम कहते हैं, 'मेरा भाव तो अच्छा है न, मेरा भाव तो अच्छा है न।' भाव से क्या होता है? होश से होता है न। आपका भाव है कि वो पड़ा हुआ है और उसका सिर फट गया, मैं उसकी मदद कर दूँ पर आपको होश ही नहीं है, तो आपका भाव किस काम आएगा? भाव के नाम पर आप उसकी हत्या और कर दोगे और हमने यही किया है। हमने भाव और भावना के नाम पर बड़ा खून बहाया है। सबको बड़ा कष्ट दिया है। खुद को भी बहुत सताया है। समझ में आ रही है बात?

बात ये नहीं कि आपका भाव क्या है, बात ये है कि आप क्या हो। बात ये नहीं है कि आपका इरादा क्या है, बात ये है कि आप क्या हो।

और अहम् जब तक है, वो मूर्छित ही है। तो सबके लिए यही अच्छा है कि आप न रहो क्योंकि आप अगर हो तो आप मूर्छित हो। आपका होना माने आपकी मूर्छावस्था का होना। और एक मूर्छित आदमी किसके लिए अच्छा हो सकता है बताओ तो?

तो आप हटें, इसी में सबकी भलाई है, दुनिया की भी, आपकी भी। आप क्यों सोच रहे हो आप किसी के लिए भी? आप क्यों सोच रहे हो अपने लिए भी अच्छे हो? आप अपने लिए भी बहुत बुरे हो। और आपके लिए अच्छे-से-अच्छा वो है जो आपको हटाने में आपकी मदद कर दे।

स्पष्ट हो रही है बात कुछ?

आपके लिए भी अच्छे-से-अच्छा वो है जो आपको हटाने में आपकी मदद कर दे। जो आपको हटाने में आपकी मदद करेगा, वो आमतौर पर आपके संसार का हिस्सा नहीं होगा क्योंकि आपका संसार कौन निर्धारित करता है? स्वार्थ। और आपके स्वार्थ में ये नहीं सम्मिलित होता कि आप हटें कि मिटें। वो परमार्थ है, स्वार्थ नहीं है। और हम अपना परमार्थ नहीं चाहते। हम तो अपना स्वार्थ ही ढूँढते हैं।

विरल है वो व्यक्ति जो अपना मित्र होता है। समस्या ये है कि हम सब अपने ही शत्रु होते है। और इसीलिए हमारा पूरा मन, हमारा पूरा संसार, हमारी स्वयं के प्रति शत्रुता का बड़ा भारी एक प्रमाण भर होता है।

आपके मन में और आपके संसार में जो कुछ है, उस एक-एक विषय पर उँगली रखकर के ये साबित किया जा सकता है कि आप अपने कितने भारी दुश्मन हो। आप अपने दुश्मन नहीं होते तो वो विषय आपके कमरे में नहीं मौजूद होता, आपकी अलमारी में नहीं मौजूद होता, आपके दिल में नहीं मौजूद होता, आपकी दुनिया में नहीं मौजूद होता।

आपकी ज़िन्दगी में जो कुछ भी है, वो इसी बात का प्रमाण है कि आप अपने कितने बड़े दुश्मन हो। तो हम कह रहे हैं, 'बिरला होता है वो इंसान जो अपना दुश्मन नहीं होता।' और उसको बहुत श्रम से, बहुत होश से, बहुत साहस से, बहुत प्रेम से अपने जीवन में उसको लाना पड़ता है जो उसको (अहम् को) मिटा देगा।

बड़े प्रेम की बात है, बड़े प्रेम की बात है। बड़ी ईमानदारी की बात है और बड़े हौसले की बात है क्योंकि किसी ऐसे को ला रहे हो जो तुम्हें ही खत्म करने वाला है। साधारण, डरपोक, कायर आदमी के लिए कहाँ सम्भव है? ये आज थोड़ा सा जाकर के ये करिएगा अपने साथ, एक क्रिया है कि अपने मन को देखिए, अपने घर को देखिए, अपने कमरे को देखिए, जीवन को देखिए और देखिए कि उसमें क्या-क्या मौजूद है जो यही सिद्ध करता है कि आप शत्रु हैं अपने।

बहुत लोगों को तो बहुत दूर जाना ही नहीं पड़ेगा। उन्हें बस अपना फ़्रिज खोलना पड़ेगा। बहुतों को बस अपनी जेब में हाथ डालना पड़ेगा। बहुतों को इतना भी नहीं करना पड़ेगा, उन्हें ज़रा सा अपना मन टटोलना पड़ेगा और एक के बाद एक सामग्री मिल जाएगी जो यही साबित करेगी कि हम अपने ही बड़े भारी दुश्मन हैं।

2.

चेतना क्या?

- चेतना के चार तल
- समझो तो कि चाहिए क्या
- अपनी सच्चाई जानने के तरीके

चेतना के चार तल

(अद्वैत बोधस्थल, २०२०)

प्रश्नकर्ता: जाग्रत, स्वप्न, सुषुप्ति, और तुरीय — ये चार अवस्थाएँ क्या हैं?

आचार्य प्रशांत: इसका जो शास्त्रीय तरीका है बताने का, शुरुआत वहाँ से करेंगे।

दस तो मानी गई हैं इंद्रियाँ — पाँच कर्मेन्द्रियाँ और पाँच ज्ञानेंद्रियाँ। और उसके अलावा होता है अन्तःकरण। अन्तःकरण क्या? अन्तःकरण चतुष्टय, जिसमें चार आते हैं। कौनसे चार? जो अंदर के हैं। इंद्रियाँ वो जो सीधे-सीधे बाह्य जगत से संपर्क रखती हैं, और अन्तःकरण चतुष्टय में वो आते हैं चार, जो अंदर-अंदर बैठे हैं, जो सीधा संबंध नहीं रखते बाहरी जगत से। वो चार क्या हैं? मन, बुद्धि, चित्त और अहंकार।

ठीक है?

तो इनको आधार बनाकर के चेतना की इन तीन अवस्थाओं की विवेचना की जाती है।

जाग्रत अवस्था वो है चेतना की जिसमें ये चौदहों सक्रिय हैं; जहाँ ये चौदहों सक्रिय हैं वो अवस्था मानी गई जाग्रति की। चौदहों सक्रिय माने; आँखें कुछ भीतर ला रही हैं, जो भीतर आ रहा है वो स्मृति के द्वारा एक नाम पा रहा है, चित्त उसको पुराने अनुभवों से जोड़कर देख रहा है, अहंकार उसके साथ संबंध बना रहा है, और मन उसका उपयोग करके विचार और कल्पनाएँ कर रहा है; चौदहों सक्रिय हैं जाग्रत अवस्था में।

कुछ आया तुम्हारे भीतर तुम्हारी त्वचा के स्पर्श से, तुम्हारे कानों में पड़े शब्द से — रंग, रूप, रस, गंध, शब्द, इंद्रियों के ये सब जो विषय होते हैं — तो ये सब विषय इंद्रियों के द्वारा भीतर प्रवेश कर रहे हैं। और भीतर जो यंत्र काम कर रहा है वो इस भीतर आई जानकारी पर, इस भीतर आए डेटा (आँकड़े) पर कुछ कार्यवाही करके किसी तरीके का कोई उत्पाद तैयार कर रहा है, जिसके द्वारा फिर जीव कुछ अनुभव करता है और कर्म करता है। ये जाग्रत अवस्था हुई।

ये जो जीव है इसका अहंकार अगर अनुभवों से बहुत लिप्त है और अनुभवों के फल का बड़ा लोभी है, तो फिर ये जो अहंकार है ये इस बात की भी प्रतीक्षा भी नहीं करता कि बाहर से कुछ माल-सामग्री आए तो मैं उसके साथ संबंध बनाऊँ, तो मैं उस पर कुछ प्रक्रिया करूँ, वो अहंकार फिर कहता है, 'बाहर से सामग्री नहीं भी आ रही, हम तो भी कल्पना का इस्तेमाल करके कुछ-न-कुछ माल तैयार कर लेंगें।' इस अवस्था को कहते हैं स्वप्नावस्था।

जाग्रति में तो अनुभव लेने के लिए आवयश्क है कि तुम्हारे सामने कोई खड़ा हो। मान लो तुम पैसे के पुजारी हो, तो जाग्रति में पैसे से संबंधित अनुभव तुम्हें कब होगा? जब आँखें कम-से-कम पैसे को देखें, हाथ पैसे को छुएँ, कानों में पैसों से संबंधित कुछ बातचीत पड़े। जाग्रति में अनुभव लेने के लिए इंद्रियों का सक्रिय सहयोग आवश्यक है, इंद्रियों की सक्रियता आवश्यक है, है न? स्वप्न में? स्वप्न में तो तुम्हें इंद्रियों की ज़रूरत ही नहीं पड़ती। तुम्हारा अहंकार इतना लिप्त हो चुका है भोग से कि वो कहता है कि आँखों से मुझे धन दिखाई पड़ रहा हो चाहे न दिखाई पड़ रहा हो, मैं तो साहब कल्पना कर लूँगा, और कल्पना कर-करके ही अनुभव के मज़े लूट लूँगा। जो कि आपके साथ नींद में होता है।

नींद में आपको दिखाई तो कुछ नहीं पड़ रहा, लेकिन आप प्रतीक्षा भी नहीं करते कि दिखाई पड़े तो भोगूँ, आप कहते हैं, 'नहीं भी दिखाई पड़ रहा मैं तब भी भोग लूँगा, मैं तो बड़ा चालाक हूँ, मैं तो स्मृति का सहारा लूँगा।' चित्त क्या होता है? स्मृति का घर। 'मैं तो स्मृति का सहारा लूँगा, और मैं मन का सहारा लूँगा।' मन क्या होता है? कल्पना का घर। स्मृति के आधार पर कल्पना की जा सकती है।

आपको किसी चीज़ का पूर्व अनुभव हो, वो क्या बन जाता है? स्मृति। और उस पूर्व अनुभव को ही आप नया रूप, रंग, कलेवर, आकार देकर के क्या बना लेते हैं? कल्पना। ये स्वप्नावस्था है, जिसमें आप चित्त में संगृहीत सामग्री का इस्तेमाल करके अपनेआप को सुख देने वाली या किसी तरह के अनुभव देने वाली कल्पनाओं का निर्माण कर लेते हैं, उन कल्पनाओं को ही कहा जाता है स्वप्न।

समझ में आ रही है बात?

तो आप जो स्वप्न ले रहे हैं वो वास्तव में आपकी अनुभव-लोलुपता के प्रदर्शक हैं। हम अनुभव के ऐसे भूखे हैं कि दिन के जगते हुए सोलह घंटों में हमें जो अनुभव हुए वो हमें पूरे नहीं पड़े, हम कहते हैं, 'अभी और अनुभव चाहिए।' वो अनुभव कुछ भी हो सकते हैं, ज़रूरी नहीं है कि वो सीधे-सीधे, प्रत्यक्ष तौर पर सुख के ही अनुभव हों; लोग सपनों में डरते भी हैं। लोगों को सपनों में ये भी दिखाई दे जाता है कि उनकी मौत हो गई, या कोई नुकसान हो गया, या वो किसी ऊपर इमारत से गिर पड़े हैं नीचे। लेकिन आपको भले ही सपनों में डर का अनुभव हो रहा हो, अनुभव तो हो रहा है न? तो सपने लेना यही दिखाता है कि आपमें अनुभव-लोलुपता बहुत है। आपके भीतर जो अनुभोक्ता बैठा हुआ है, अहम्, वो मानकर ही नहीं दे रहा; वो कह रहा है, 'अभी और चाहिए, मुझे अनुभव कराओ, एक्सपीरिएंस कराओ।'

देखा है न, लोग पागल रहते हैं, कोई पूछता है कि जीवन किसलिए है तो कहते हैं, 'जीवन अनुभव लेने के लिए है। अभी मुझे पाँच-सात और तरीके के अनुभव लेने हैं।' अब मान लो ये जो तुम्हें अनुभव लेने हैं, जाग्रत अवस्था में इनको पाने की कीमत चुकाने का तुम में सामर्थ्य ही न हो तो तुम क्या करोगे?

भई, आप अनुभव लेना चाहते हो कि आपने जाकर के चाँद पर छलाँग लगा दी है; आप एस्ट्रोनॉट (अंतरिक्ष-यात्री) हो, आप रॉकेट में बैठकर गये हो और आप चाँद पर कूद रहे हो। आपकी बड़ी इच्छा है कि आप ये अनुभव लो, पर न आपकी रॉकेट पर बैठने की योग्यता है, न चाँद पर छलाँग लगाने की पात्रता है; तो वो मौका तो आपको ज़िन्दगी में मिलने से रहा। तो फिर आप एक चतुर तरीका क्या निकालोगे? सपना ले लोगे, कहोगे, 'अनुभव ही तो लेना था, लंबा-चौड़ा पैसा खर्च करके और मेहनत करके कौन अनुभव ले! आँख बंद करो, सो जाओ और, 'आलालाला', चाँद पर पहुँच गए लाला।' तो सपने एक तरह की चतुराई हैं — उसको चतुराई भी कह सकते हो, और विवशता भी कह सकते हो, और नादानी और अज्ञान भी कह सकते हो, जो कहना चाहो।

अब आते हैं तीसरी अवस्था पर, जिसको क्या बोलते हैं? सुषुप्ति। सुषुप्ति भी अवस्था तो निद्रा की ही है पर इस अवस्था में कुछ और होता है, इसमें तुम्हें सपने भी नहीं आ रहे होते। और कहा गया है कि सुषुप्ति का जो आनंद होता है वो तो सपनों से भी आगे का होता है। जाग्रत में आप सुख ढूँढ रहे होते हो संसार में, स्वप्न में आप सुख का निर्माण कर रहे होते हो कल्पनाओं से, और सुषुप्ति में सुख का निर्माण भी नहीं करना पड़ता; आप बिना किसी विषय का उपयोग किये ही सुख भोग रहे होते हो।

तो सुषुप्ति क्या है? सुषुप्ति वो अवस्था है जिसमें अहम् को आनंद अपने होने से ही आ जाता है; अहम् को अब किसी विषय की ज़रूरत नहीं है, वो अपना ही आनंद ले रहा है। उसे कोई कल्पना भी नहीं करनी है, वो अपनी ही बेहोशी में डूब गया है, अब वो विषयों से रिक्त हो गया है। एक तरीके से ये समाधि के पास की अवस्था है और दूसरी दृष्टि से देखो तो ये गहरा और मूल अंधकार और अज्ञान है; ये दोनों ही बातें सुषुप्ति पर लागू होती हैं।

जब व्यक्ति के, मनुष्य के अस्तित्व को कोशों के द्वारा निरूपित किया जाता है तो उन कोशों के बिलकुल केंद्र पर जो बैठी होती है उसे कहते हैं आत्मा, और उस आत्मा के जो निकटतम है उसको कहते हैं आनंदमय-कोश, उसी आनंदमय-कोश का संबंध सुषुप्ति से है। तो एक तरफ़ तो ये जो सुषुप्ति है ये आत्मा के निकटतम है, दूसरी ओर, ये जो सुषुप्ति है वो सबसे बड़ा झूठ भी है और सबसे बड़ा नशा भी है; क्योंकि आपको आनंद की प्राप्ति हो गई है बिना मुक्ति के ही, बिना साधना के ही। ये आनंद तो है पर झूठा आनंद है, और झूठा इसलिए है क्योंकि इसमें नित्यता नहीं है, ये टूटेगा। ये आपको थोड़ी देर के लिए सब दुखों से तो मुक्त कर देता है, पर अभी कोई आएगा, आप सो रहे हो, गाल पर चपत लगाएगा, या हो सकता है बस ज़ोर से आपका नाम लेकर आपको आवाज़ दे दे, और ये आनंद छू-मंतर हो जाना है।

तो आनंद मिला तो, पर बड़ा अनित्य था, बड़ा झूठा था। कुछ इस आनंद ने बताया तो, कुछ इशारा तो किया, पर चला नहीं, टिका नहीं। और जो अनंत न हो, उसको सच्चा कैसे मानें? जो आया ही इसलिए हो कि छोड़कर चला जाए, उसका

भरोसा क्या करें? दूसरी ओर, वो छोड़कर भले चला गया पर थोड़ी देर के लिए ही सही, स्वाद तो दे गया; ये तो बता गया कि रोज़मर्रा के, जाग्रति के और स्वप्न के, सुख-दुख और तनाव के आगे गहरी राहत की भी कोई अवस्था की संभावना है।

तो सुषुप्ति में आपको जो गहरे आनंद का अनुभव होता है; और अनुभव तो होता ही है, गहरी नींद लेकर के आप उठते हो तो कहते नहीं हो, 'बड़ी गहरी नींद आयी, आहाहा, बड़ा ताज़ा अनुभव हो रहा है', कहते हो कि नहीं? तो सुषुप्ति में आपको जो गहरे आनंद का अनुभव होता है, वो आपके लिए अच्छा भी हो सकता है और बुरा भी हो सकता है। अच्छा ऐसे है कि उसने आपको बता दिया कि तनाव ज़रूरी नहीं है, उसने आपको तरो-ताज़ा कर दिया है। वो आपको बता गया है कि आप जैसे दिन भर जीते हो वो फिज़ूल है, व्यर्थ है, और संभव है एक सहज, तनावमुक्त जीवन जीना।

अगर आप इस इशारे का सदुपयोग कर लें तो सुषुप्ति बड़े सौभाग्य की चीज़ है, आपको सहारा देने आयी है, इशारा देने आयी है। और अगर आप सुषुप्ति का उपयोग सिर्फ़ इसलिए कर रहे हैं कि आपको एक तात्कालिक राहत मिल जाए, दो-तीन घंटे आपको गहरी नींद मिल जाए — आठ घंटे सोए, उसमें से सुषुप्ति के बस दो ही तीन घंटे होते हैं — वो दो-तीन घंटे में आपको गहरी नींद मिल जाए ताकि आप पुनः ताज़े होकर के अपने पुराने ही ढर्रों में लौट जाएँ, तो सुषुप्ति फिर आपके लिए बड़े दुर्भाग्य की बात है; क्योंकि सुषुप्ति आपको तरो-ताज़ा तो कर रही है, पर सिर्फ़ इसलिए ताकि आप अपने पुराने बंधनों में बने रह जाएँ।

तो सुषुप्ति चेतना की एक बड़ी विशिष्ट अवस्था है।

बात आ रही है समझ में?

फिर सुषुप्ति के आगे जो होता है उसे चेतना की अवस्था नहीं मानते, वो चेतना का आधार कहलाता है; उसे आत्मा कहते हैं। और वो चूँकि इन तीनों अवस्थाओं से आगे होता है तो इसीलिए उसे तुरीय भी कहते हैं। चूँकि वो चेतना की कोई अवस्था ही नहीं होती, बल्कि अवस्थाओं के प्रति निरपेक्षता होती है, अवस्थाओं के प्रति एक तरह की अरुचि होती है; तो उसको कहते हैं 'साक्षी'।

तुरीय ही आत्मा है, तुरीय ही साक्षी है।

दि फ़ोर्थ, चौथा, तुरीय। तीन से आगे, चौथा; चौथा भी इसलिए कहना पड़ रहा है कि तीन से आगे है, नहीं तो बस ये कहना काफ़ी होता कि तीन से आगे है। असल में जब चौथा बोल दिया तो ऐसा लगता है कि जैसे तीन अवस्थाएँ हैं तो ऐसी ही कोई चौथी अवस्था भी होती होगी। ये बात समझ में आ रही है? तुरीय चेतना की कोई अवस्था होती ही नहीं है, तुरीय विशुद्ध चेतना मात्र है।

तो इससे ये भी स्पष्ट हो गया होगा कि ये जो चेतना की तीन अवस्थाएँ हैं जिनकी हमने बात की, ये वास्तव में तीन अशुद्ध अवस्थाएँ हैं। ये चेतना की तीन अशुद्धताओं

के नाम हैं; जाग्रत, स्वप्न, सुषुप्ति। ये चेतना में तीन तरह के विकारों और विकृतियों के नाम हैं, जाग्रत, स्वप्न, सुषुप्ति।

जब चेतना बिलकुल स्वच्छ और शुद्ध हो जाती है, विशुद्ध-चेतन, चैतन्य मात्र हो जाती है, तो वो तुरीय कहलाती है।

अब उसमें कोई अवस्था नहीं है, अब वो अवस्थातीत हो गया। इसी को ऐसे भी कह सकते हो कि तुरीय चेतनातीत है; एक तरफ़ तो ये भी कह रहे हो कि विशुद्ध चेतना है, और दूसरी दृष्टि से ये भी कह सकते हो कि चेतना से आगे है। जब कहते हो कि चेतना से आगे है, तो वास्तव में तुम कह रहे हो, 'चेतना की अशुद्धियों से आगे है, शुद्ध है।'

स्पष्ट है, चेतना की तीनों अवस्थाएँ और तुरीय?

प्र: अन्नमय, प्राणमय, मनोमय, विज्ञानमय, और आनंदमय कोशों का परिचय क्या है? ये कोश किसके हैं?

आचार्य: ये सब कोश जीव के हैं; शुरुआत हमेशा यहाँ से करो, ये अध्यात्म का सूत्र है। उपनिषदों को पढ़ना भी अपनेआप में एक कला है, लगातार पूछते रहना पड़ता है कि ये जो बात कही जा रही है, किससे कही जा रही है, किसके लिए कही जा रही है। जिनको आध्यात्मिक ग्रंथों को पढ़ना नहीं आता, या जिनको आध्यात्मिक वार्ता को सुनना नहीं आता, वो पढ़ने और सुनने से पहले तो पढ़ने, सुनने की कला विकसित करें। एक खास तरीका होता है इन ग्रंथों को पढ़ने का या इन वार्ताओं को सुनने का; जिनको वो तरीका नहीं आता वो अर्थ का अनर्थ कर लेते हैं, उन्हें लाभ नहीं होता, उन्हें क्रोध-वगैरह ज़्यादा आ जाता है। उन्हें लगता है, 'ये क्या बात हो रही है ऐसी-वैसी।'

तो ये जो जीव है, इसमें जो चीज़ सबसे बाहर है उसको कहते हैं अन्नमय-कोश। अन्नमय-कोश माने वो सबकुछ जो बाहर से लेकर के बना है; बाहर से अन्न लेकर के, जल लेकर के, हवा लेकर के, धूप लेकर के जिसका निर्माण हुआ है उसको कहते हैं अन्नमय-कोश। तो शरीर का रेशा-रेशा कहलाता है अन्नमय-कोश। इस अन्नमय-कोश में; अगर हम अस्तित्व की ही बात कर रहे हैं, तो अन्नमय-कोश से भी बाहर का एक कोश तुम और जोड़ सकते हो।

> "उपनिषदों को पढ़ना भी अपनेआप में एक कला है, लगातार पूछते रहना पड़ता है कि ये जो बात कही जा रही है किससे कही जा रही है, किसके लिए कही जा रही है।"

अगर पाँच कोश हैं तो एक छठा कोश भी जोड़ा जा सकता है, छठा कोश बताओ क्या होगा? भीतर से बाहर की ओर आते-आते जो तुम्हें सबसे बाहरी कोश मिला वो है अन्नमय-कोश, ये (हथेली की ओर इशारा करते हुए)। इससे भी बाहर एक कोश और तुम कह सकते हो कि होता है, हालाँकि शास्त्रीय तौर पर उसका कोई उल्लेख

नहीं है लेकिन फिर भी कह सकते हो, क्या? संसार। तो सबसे बाहरी कोश तो संसार है; मैं उसको इसलिए जोड़ना चाहता हूँ क्योंकि संसार भी है तो हमारे ही अस्तित्व का हिस्सा न।

विशुद्ध-अद्वैत का अर्थ क्या होता है? 'जो कुछ भी है, मेरा ही प्रक्षेपण है, और मेरा प्रक्षेपण है झूठा ही।' तो दो हैं, मात्र दो, मैं और संसार, 'मैं' माने आत्मा। मात्र दो हैं — आत्मा और संसार। और इन दो में भी एक प्रक्षेपण मात्र है, मिथ्या है, तो ले-देकर के बचा कौन? एक आत्मा। और आत्मा एक भी नहीं है, क्योंकि एक अकेला हो नहीं सकता, तो उसको एक कहना भी ठीक नहीं है, तो बस 'अद्वैत' बोल दो। ठीक है?

तो इसीलिए हम ये कहें कि आत्मा है और फिर आत्मा के अलावा पाँच कोश हैं और फिर संसार है, तो हमने तीन बना दिये न। नहीं समझे? हमने कह दिया, 'आत्मा है, फिर पाँच कोश हैं, और फिर बाहर संसार है', तो ये तो हमने तीन बना दिये न? तीन न बनाओ, दो ही रहने दो — आत्मा और पाँच कोश। और छठा कोश संसार को मान लो, क्योंकि संसार भी हमारा ही विस्तार है।

तो संसार से दाना-पानी लेकर के हमने जिस कोश का निर्माण किया, उसको क्या कहते हैं? अन्नमय-कोश। ये है अन्नमय-कोश (हथेली की ओर इशारा करते हुए)। अन्नमय-कोश में जो कुछ है, वो या तो ठोस है या तरल है।

उसके अलावा जो अगला कोश है, उसे कहते हैं प्राणमय-कोश, जिसमें तमाम तरह की वायु हैं। चौदह तरह की वायु मानी गई हैं, बहुत सारी वायु है, उन्हीं वायुओं को कहते हैं प्राण। तो ऐसे कहा जाता था कि प्राण नहीं हैं तो श्वास का चलना बंद हो जाता है, है न? और शरीर में जितनी भी गतियाँ होती हैं, वो सब बंद हो जाती हैं न? वो सब जितनी गतियाँ होती हैं शरीर में, उनकी प्रतिनिधि है वायु, क्योंकि वायु गति करती है। गति तो तरल पदार्थ भी करते हैं, लेकिन जीवन का प्रतिनिधि माना गया वायु को, इसीलिए जो वायु का कोश है उसे नाम दिया गया प्राणमय-कोश। आखिरी बात ये कि जब ये वायु (साँस का इशारा करते हुए) चलनी बंद हो जाती है, तो प्राण नहीं हैं; तो उसको नाम दिया गया प्राणमय-कोश। ठीक है?

उसके बाद कौनसा कोश आता है? मनोमय-कोश। मनोमय-कोश क्या है?

अभी हम स्थूल से सूक्ष्म की ओर जा रहे हैं, भीतर, अंदर की ओर। मनोमय-कोश आपके अस्तित्व का वो तल है जहाँ अव्यवस्थित मानसिक गतिविधि चलती ही रहती है लगातार। मन है, और मन वृतियों द्वारा संचालित है, मन उच्छृंखल है। मन पूरे तरीके से मात्र प्राकृतिक गति कर रहा है, उसको प्रकृति के आगे जाने की कोई अभीप्सा नहीं है। ये कोश कहलाता है मनोमय-कोश।

मनोमय-कोश पशुओं में भी सक्रिय होता है। मनोमय-कोश को सक्रिय करने के लिए ठीक वैसे आपको कोई साधना नहीं करनी पड़ती, जैसे कि अन्नमय-कोश और

प्राणमय-कोश को सक्रिय करने के लिए आपको कोई साधना नहीं करनी है। मनोमय-कोश स्वयं ही सक्रिय रहता है, एक छोटे बच्चे में भी सक्रिय रहता है।

उसके बाद आपके अस्तित्व का वो तल आता है जिसपर बहुत कम लोग पहुँचते हैं, वो है विज्ञानमय-कोश। विज्ञानमय-कोश विचारणा का वो विरल तल है जिसमें विचार पहली बात तो व्यवस्थित हो जाता है, और दूसरी बात, अपनी ओर मुड़ जाता है। विचार व्यवस्थित हो गया है, विचार जैसे किसी ज़बरदस्त ताकत के प्रभाव-क्षेत्र में आ गया है, अब विचार की पूरी शक्ति एकाग्र होकर के कुछ पाना चाहती है; विचार की इस अवस्था को कहते हैं विज्ञान।

मनोमय-कोश और विज्ञानमय-कोश में अंतर समझना। बिखरा हुआ विचार, वृत्तियों द्वारा शासित विचार, ये आएगा मनोमय-कोश में। और एकाग्र विचार, अनुशासित विचार, व्यवस्थित विचार, योजनाबद्ध विचार, ये आएगा विज्ञानमय-कोश में। और अगर विज्ञानमय-कोश में जो साधना कर रहा है विचार, जो आत्म-जिज्ञासा कर रहा है विचार, तो विचार फिर कटने लगता है, विचार अपनी ही आँच में पिघलने लगता है, और रह जाता है एक निर्विचार आनंद; उसको कहते हैं आनंदमय-कोश। आनंद है, पर उस आनंद का कारण कोई विचार या विषय नहीं है, एक विषयहीन आनंद है; ये आनंदमय-कोश है, इसमें अहम् विषयहीन हो गया है।

आनंदमय-कोश बहुत तात्कालिक होता है, अहम् आनंदमय-कोश में बहुत समय तक नहीं रह सकता; या तो वो किसी निचले तल पर गिर जाएगा या उठकर के आत्मा में समाहित हो जाएगा, जबकि बाकी सब कोशों से अहम् लंबे समय तक सुविधापूर्वक संबंधित रह सकता है। उदाहरण के लिए, जो लोग देह से तादात्म्य रखते हैं, देह भाव में जीते हैं, वो बड़े मज़े से जीवन भर अन्नमय-कोश में रह सकते हैं। ये सब आपकी हस्ती के तल हैं न, और जो अहम् है, वो किसी भी तल पर निवास कर सकता है।

अब पशुओं को ले लो, उनका पूरा जीवन ही कहाँ बीत रहा है? अन्नमय-कोश में बीत रहा है। उनको किसी भी हाल में तीसरे कोश से ऊपर की यात्रा तो करनी ही नहीं है; अन्नमय में हैं, प्राणमय में हैं, कभी मनोमय-कोश में, और ऊपर की यात्रा उन्हें करनी नहीं है। ऐसे ही बहुत-सारे मनुष्य भी होते हैं, जिनका अधिकांश जीवन बीत रहा है अन्नमय-कोश में या मनोमय-कोश में। जो बुद्धिजीवी हो गए, उनका जीवन कहाँ बीतने लग जाता है? विज्ञानमय-कोश में। और जो आध्यात्मिक साधक हो गए, उन्हें किसका स्वाद मिलने लग जाता है? आनंदमय-कोश का।

लेकिन आनंदमय-कोश का स्वाद आप लगातार नहीं ले सकते, चिर-काल तक नहीं ले सकते। आनंदमय-कोश का स्वाद, उदाहरण के लिए, आपको दिलवा देंगी ज्ञान की विधियाँ, या भक्ति में भजन या कीर्तन। आप आधे-घंटे के लिए कहाँ स्थापित हो गए? आनंदमय-कोश में; आप एक अकारण-आनंद में विश्राम करने लग गए। आपको पता भी नहीं है कि इतना चैन, इतनी अनूठी शांति क्यों मिल रही है। आप सब

भूल गए, बिलकुल खो गए, विचार ही लुप्त हो गया। लेकिन भजन क्या चौबीस-घंटे चलेगा? ध्यान की कोई भी विधि होगी, थोड़ी देर में समाप्त हो जाएगी न।

यही वजह है कि मैं बार-बार कहा करता हूँ कि ध्यान की विधियाँ भी आत्मा के खिलाफ़ आखिरकार एक अवरोध बन जाती हैं; आप थोड़ी देर के लिए आनंदमय तक पहुँचते हो, वहाँ पर रस पीते हो आनंद का, और उसी रस से, उतने से ही तृप्त होकर के फिर आप वापस नीचे कहीं गिर जाते हो; मनोमय-कोश में आ गए, कहीं और आ गए।

बिरले होते हैं वो, जो आनंदमय-कोश को साधन-मात्र, मार्ग-मात्र समझते हैं आत्मा तक प्रवेश का।

जो आनंदमय-कोश का भी अतिक्रमण कर गया, वो आत्मा में प्रवेश कर जाता है; आनंदमय-कोश आखिरी अवरोध है। आनंदमय-कोश अपनेआप में एक भारी प्रलोभन है।

आनंदमय-कोश आपको क्या लालच दे देता है? वो आपसे कहता है, 'ज़िदगी चल रही है न, तुम्हें नीचे के सुख तो मिल ही रहे हैं? शरीर के सुख मिल रहे हैं, मन के सुख मिल रहे हैं, ज्ञान के सुख मिल रहे हैं।'

शरीर का सुख कहाँ मिल रहा है? अन्नमय-कोश में। जिसे तुम कहते हो जीवन का सुख, वो तुम्हें कहाँ मिल रहा है? प्राणमय-कोश में। इच्छाओं को पूरा करने का सुख मनोमय-कोश में है। ज्ञान से जितने तरह की उपलब्धियाँ और सुविधाएँ हासिल की जाती हैं, उनके सुख विज्ञानमय-कोश में हैं।

'ये सब तो तुमको सुख मिल ही रहे हैं, साथ-ही-साथ रोज़ तुम थोड़ी देर के लिए समाधि का भी सुख ले लिया करो, किस कोश में? आनंदमय-कोश में।'

कैसे ले लिया समाधि का सुख? ध्यान पर बैठ गए, कुछ गा लिये, कोई और विधि आज़मा ली। तो थोड़ी देर के लिए आनंदमय-कोश का भी सुख ले लिया, पाँचों कोशों का अनुभव ले लिया, 'क्या बात है, क्या बात है!' बस किस से चूक गए? आत्मा से; जो सब कोशों के पार है, जो पाँचवें कोश का उल्लंघन करने के बाद मिलती है, उस पर चूक गए।

तो ये जो हमें एक तरीका दिया गया है, ये एक आदर्श है, ये एक मॉडल (प्रतिरूप) है, ये एक नमूना है। पाँच कोश कहीं होते नहीं हैं, ये एक तरीके की व्यवस्था बनायी गई है अपने अस्तित्व को समझने के लिए कि हम हैं कौन।

ऋषि से किसी ने पूछा होगा, 'हम हैं कौन?' तो ऋषि ने ऐसे करके जवाब दिया कि देखो, हम पाँच तलों पर जीने वाले लोग हैं, और ये पाँच तल हो सकते हैं। और ये जो पाँचों तल हैं ये पाँचों अनात्मा के तल हैं, इन पाँचों तलों पर अहंकार जीवित रह जाता है, इन पाँचों तलों पर अहंकार ही वास करता है। इसीलिए ये पाँचों तल वो हैं

जिनका तुमको कभी-न-कभी त्याग करना है या उल्लंघन करना है। वास्तव में तुम हो आत्मा, जो पाँचों कोशों से विलग है और अतीत है।

लेकिन जी तो तुम इन कोशों में ही रहे हो न, तो फिर इन कोशों का करना क्या है? जीवन क्यों है? जीवन का तो मतलब ही यही है कि तुम कोशों में जी रहे हो। फिर ये कोश इसलिए हैं ताकि इन कोशों का तुम सही इस्तेमाल करके इन्हीं कोशों से आगे निकल जाओ। इन कोशों को भोगने की नज़र से नहीं देखना है, संसाधन की दृष्टि से देखना है; ये दो बहुत अलग-अलग बात है।

इन कोशों को ऐसे नहीं देखना है कि इन्हीं कोशों को भोग-भोगकर इन्हीं से सुख ले लें। इन कोशों को ऐसे देखना है कि ये जो कोश हैं, ये मेरे लिए ऊर्जा हैं, ईंधन हैं, अवसर हैं, संसाधन हैं। मुझे इनका समुचित प्रयोग करना है ताकि मैं इन्हीं का इस्तेमाल करूँगा और इन्हीं से आगे निकल जाऊँगा।

इन कोशों में सब आ गया है न, शरीर आ गया, मन आ गया, बुद्धि आ गई, और तुमने शरीर, मन, बुद्धि का प्रयोग करके जो कुछ भी अर्जित किया है, ज्ञान, सम्पदा, धन, वो सब भी आ गया। तो पाँच कोशों में तुम्हारा पूरा संसार आ गया। इस तुम्हारे पूरे संसार का तुम्हें करना क्या है? प्रयोग करना है, समुचित प्रयोग; इसका प्रयोग करके लाँघ जाना है। तो ये है पंचकोशीय व्यवस्था।

समझो तो कि चाहिए क्या

(अद्वैत बोधस्थल, २०२०)

प्रश्नकर्ता: आचार्य जी, जब सत्य या चेतना चुनाव करते हैं, तो विवेक क्या है? चेतना और सत्य क्या भिन्न हैं? जब हम अध्यात्म की पहली सीढ़ी चढ़ते हैं, तो क्या विवेक ही नहीं है जो बढ़ता है? जहाँ तक अभी समझ में आया है तो ऐसा प्रतीत होता है कि विवेक या बुद्धि तो प्रकृति है, तो विवेक बढ़ने से सत्य का चुनाव कैसे प्रभावित होता है? कृपया समझाएँ।

आचार्य प्रशांत: हमारी चेतना अशुद्ध चेतना होती है, उसका लक्ष्य होता है 'सत्य'। तो हम जैसे हैं, जीव की जो स्थिति होती है, उसमें चेतना और सत्य बिलकुल भी एक-दूसरे के पर्याय नहीं हैं। सत्य अद्वैत होता है, चेतना लगातार द्वैत में काम करती है; सत्य में पूर्णता होती है, चेतना हमेशा आधी-अधूरी होती है; सत्य निष्काम है, चेतना में हमेशा इच्छा है, कामना है। लेकिन चेतना पहुँचना सत्य तक ही चाहती है, क्योंकि उसमें जो दोष है, अशुद्धि है, उसमें जो विकार मिला हुआ है, उसके कारण वो कष्ट में रहती है; वो कष्ट ही उसको फिर प्रेरित कर सकता है सत्य तक जाने के लिए।

ठीक है?

तो पहली बात तो चेतना और सत्य को एक न समझा जाए। हाँ, विशुद्ध चैतन्य और सत्य एक होते हैं। लेकिन ये बड़े अहंकार की बात हो जाएगी कि हम जैसे हैं, हमारा जैसा मन है, और हमारी जैसी चेतना है, हम उसी को सत्य बोल डालें। चेतना क्या है? ये भाव, 'मैं हूँ, और संसार है, और मैं संसार का द्रष्टा हूँ, मैं संसार का अनुभोक्ता हूँ, मैं हूँ संसार में', यही चेतना है; कोई उसमें लंबी-चौड़ी जटिलता नहीं। संसार है, मैं हूँ, ये मेज़ है, मैं बैठा हुआ हूँ, ये मेरा शरीर है, शरीर पर मैंने कपड़े पहन रखे हैं। ठीक है? मेज़ मंच पर रखी है, मंच ज़मीन पर बना हुआ है, यहाँ लोग बैठे हैं; ये सब क्या है?

श्रोतागण: चेतना।

आचार्य: ठीक है?

दरवाज़ा खुला, कोई अंदर आ गया; ये क्या हुआ? चेतना में किसी का प्रवेश हो गया। ऐसा नहीं है कि इस कमरे में ही किसी का प्रवेश हुआ है; चेतना में प्रवेश हो गया, क्योंकि उस व्यक्ति का आपने संज्ञान लिया, उस व्यक्ति का आपने अनुभव लिया, तो वो बस इस कमरे में ही नहीं आया, वो आपकी चेतना में भी आ गया। ठीक है? आपकी आँखें बंद होतीं और वो कमरे में आता तो क्या होता? फिर वो सिर्फ़ कमरे

में आता, आपकी चेतना में नहीं आता। आप सो रहे होते और वो कमरे में आता तो क्या होता? कमरे में आता, आपकी चेतना में नहीं आता। तो ये है चेतना।

पूरा संसार ही चेतना है, और उस संसार के केंद्र पर कौन बैठा होता है? जिसको संसार दिख रहा है, जो संसार को छू रहा है, सुन रहा है, अनुभव ले रहा है; वो है अहम्। तो इसलिए मैंने आरंभ में ही कहा कि हमारी चेतना अशुद्ध चेतना है, क्योंकि उसके केंद्र में बैठा हुआ है अहम्। अहम् बैठा है और अहम् हर वस्तु को, विषय को देख रहा है, उसको नाम दे रहा है, उससे संबंध बना रहा है, उसे अच्छा-बुरा घोषित कर रहा है, उसमें गुण-दोष देख रहा है; ये सब काम अहम् कर रहा है।

ये पूरी दुनियादारी का खेल कहाँ चल रहा है? चेतना में। ठीक है? तो इसको हम ऐसे कह देते हैं कई बार, कि चेतना का बड़ा समुद्र है जिसमें तमाम छोटे-बड़े विषयों की छोटी-बड़ी लहरें उठती-गिरती रहती हैं; कभी-कभी उसमें बड़े तूफ़ान भी आ जाते हैं, कभी सुनामी भी आ सकती है और कभी वो सतह पर बहुत शांत, स्थिर भी हो सकता है। तो ये चेतना है।

इस चेतना में लगातार गति होती रहती है, कंपन होते रहते हैं। सत्य में तो कोई गति, कोई कंपन होता नहीं है, वो तो अचल है, स्थिर; उसको तो हिलने के लिए कोई जगह ही नहीं, तो कहाँ हिलेगा? लेकिन ये जो पूरी गतिशीलता है चेतना की, ये गतिशीलता अंततः विश्राम पाने के लिए है; तो इसलिए हमने कहा कि चेतना का लक्ष्य है 'सत्य'।

गतिशीलता माने चेतना, विश्राम माने सत्य।

ठीक है?

अब प्रश्न उठता है, 'विवेक क्या है?' विवेक चेतना को उपलब्ध एक वैकल्पिक शक्ति है; आप उसका प्रयोग चाहे तो करें, चाहे तो न करें। आप उसका प्रयोग करें तो विवेकी कहलाते हैं। विवेक को अगर आप चुनें, विवेक का प्रयोग करें तो आप कहलाएँगे विवेकपूर्ण या विवेकी। और नहीं चुनें विवेक को, ऐसा अधिकार भी आपके पास है, तब आप अविवेकी हो जाएँगे; विकल्प है।

विकल्प किसके पास है? उसी के पास होगा जो चेतना के केंद्र पर बैठा है, क्या नाम है उसका? अहम्। तो अहम् को पहुँचना तो सत्य तक ही है लेकिन सत्य तक पहुँचने के लिए सीधा रास्ता वो चुन भी सकता है, नहीं भी चुन सकता है। सीधा रास्ता सत्य तक पहुँचने का चुन लिया तो वो क्या कहलाएगा? विवेकी। नहीं चुना तो? अविवेकी।

सीधा रास्ता न चुनने के पीछे तर्क क्या होता है अहम् के पास? क्योंकि पहुँचना तो उसे सत्य तक ही है, सीधा रास्ता नहीं चुन रहा तो कुछ तो उसने अपनेआप को तर्क, कुछ बहाना बताया होगा न, क्या तर्क बताता है? वो कहता है, 'सीधा रास्ता

कुछ ठीक नहीं है, सीधे रास्ते पर अड़चन ज़्यादा होगी। ये लोग जो सीधा रास्ता चुनते हैं, बहुत होशियार नहीं मालूम पड़ते। मैं ज़रा ज़्यादा बढ़िया रास्ता चुनूँगा।' ऐसा कहकर वो टेढ़ा-टपरा रास्ता चुनता है; इधर से कुछ करेगा, उधर से कुछ करेगा। वो ज़्यादा होशियारी बताता है। ये सहज बुद्धि के ऊपर जटिल मार्ग को वरीयता देना, यही अविवेक है।

विवेक क्या है? जो चाहिए उसको सीधे ही माँग लिया, कि जब सत्य तक जाना है तो घूम-फिरकर के क्या जाएँ! शांति ही तो चाहिए न, पचास माध्यमों को अपनाकर शांति तक क्यों पहुँचें!

ठीक है?

प्र: आचार्य जी, क्या विवेक और बुद्धि प्रकृति के ही हैं, और क्या विवेक बढ़ने से सत्य का चुनाव भी प्रभावित होता है?

आचार्य: बिलकुल, विवेक के बढ़ने का मतलब ही यही है कि जीवन की दिन-प्रतिदिन की घटनाओं में जो निरंतर आपके निर्णय होते हैं, उनमें आप और ज़्यादा तीव्रता से सत्य का ही चुनाव कर रहे हैं; क्योंकि चुनना तो बार-बार पड़ता है। तो पहली बात, कितनी तीव्रता है, कितनी इंटेंसिटी है आपके चुनाव में। दूसरी बात, कितनी आवृत्ति है, कितनी फ्रीक्वेंसी है सत्य के चुनाव में। ये दोनों बातें देखनी होती हैं। इन्हीं दोनों बातों से विवेक तय होता है, और इन दोनों में ही घपले का काम हम कर देते हैं।

> "विवेक के बढ़ने का मतलब ही यही है कि जीवन की दिन-प्रतिदिन की घटनाओं में जो निरंतर आपके निर्णय होते हैं, उनमें आप और ज़्यादा तीव्रता से सत्य का ही चुनाव कर रहे हैं"

संभावना पूरी है कि हम कुछ-न-कुछ गड़बड़ कर देंगे। कैसे? सत्य चुना, लेकिन चले सत्य के रास्ते पर — सत्य माने सच्चाई, सीधी बात — चले सच के रास्ते पर, सही रास्ते पर, कुछ अड़चन आ गई, जल्दी से हार मान ली। यहाँ किस चीज़ की कमी थी? आपके चुनाव में क्या नहीं थी? तीव्रता नहीं थी, जान नहीं था, प्राण नहीं था, एक आवेग नहीं था, सच का चयन आप पर छा नहीं पाया। सच को आपने चुना तो, पर ऐसे ही जैसे कोई इस तौलिए को चुन ले (अपने हाथ में तौलिया उठाते हुए), कि अभी हाथ में चुन लिया है, पकड़ लिया है, और अभी छोड़ भी दिया। ऐसा नहीं हुआ कि सच ने आप पर पूरे तरीके से अधिकार कर लिया, आप आविष्ट हो गए, आप पज़ेस्ड (अधीन) हो गए, आप चार्ज्ड (आवेशित) हो गए ऊपर से लेकर नीचे तक; वो नहीं हो पाया है। तो एक तो ये कमी हो सकती है।

> "आप खुद से ही पूछेंगे, हृदय की गहराई में झाँकेंगे, तो आप पाएँगे कि सच्चे काम के पीछे कोई वजह होती नहीं है, सच अपनी वजह आप होता है।"

दूसरी कमी ये हो सकती है कि काम चलाने के लिए, औपचारिकता निभाने के लिए दिन में जब पाँच-दस निर्णय के मौके आए, उसमें से एक-दो बार सही निर्णय कर लिया; यहाँ पर क्या गड़बड़ है? आवृत्ति; और आप अपनेआप को ये दिलासा भी दे रहे हो कि मैं तो दिन में देखो कम-से-कम एक-दो बार तो सच्चा काम करता हूँ न। ये दोनों ही चीज़ें नहीं चलेंगी।

हाँ, बुद्धि प्रकृति की होती है। ठीक है? अहम् भी प्रकृति का ही होता है। और अहम् के पास जो ताकत है, अधिकार है कि वो अपने लिए कष्ट चुन सकता है या मुक्ति, आनंद, सहजता, ये भी समझ लो कि प्रकृति के पास ही होता है। सत्य के पास कोई अधिकार नहीं होते; सत्य के पास न अधिकार है, न आधार है। अधिकार किस पर चलाएगा सत्य? हालाँकि हम प्रचलित मुहावरे में ऐसा बहुधा कह देते हैं कि सच का अधिकार तो सब पर चलता है, पूरी दुनिया पर चलता है, लेकिन वो बस ऐसे ही कहने-सुनने की, कामचलाऊ बात है। सच्चाई तो ये है कि सच के पास कोई अधिकार नहीं है, वो अधिकार का प्रयोग किस पर करेगा, वहाँ तो कोई दूसरा है ही नहीं।

इसी तरीके से सच वास्तव में निराधार होता है। हालाँकि 'निराधार' शब्द का इस्तेमाल हम प्रचलित बोलचाल में थोड़ा निंदा जताने के लिए करते हैं, है न? हमें किसी की कोई बात में दम नहीं लगेगा तो उसको हम कह देंगे कि आपकी बात निराधार है; निराधार नहीं होती है, मूर्खता से भरी हुई बात भी आधार रखती है। आधार क्या होता है मूर्खता का? आदमी की वृत्तियाँ; तो वहाँ आधार होता है।

एक आदमी कोई बहुत ही घटिया हरकत कर रहा है या बहुत ही व्यर्थ बात बोल रहा है, वो बात निराधार नहीं है, उसका आधार है। क्या आधार है? भाई, उसे अपना अहंकार बचाना है, या कोई अपना स्वार्थ पूरा करना है, तभी तो वो ऐसी हरकत कर रहा है; तो आधार है वहाँ मौजूद। निराधार तो वास्तव में सिर्फ़ सच्चाई होती है। सच्चाई का न आगा न पीछा, उसका कोई आधार नहीं होता, वो बस है, ऐसे ही है। क्यों है? नहीं, ऐसे ही है बस।

सच्चाई के पीछे भी अगर कुछ 'क्यों' है, तो वो सच्चाई नहीं, स्वार्थ हो गई न फिर। सच्चे काम की यही पहचान होगी — उसके पीछे कोई बहुत ठोस कारण आप बता नहीं पाएँगे। हाँ, बातचीत में यूँही किसी को थमाने के लिए कोई सस्ता आपको कारण बताना हो तो आप बता सकते हैं; पर आप खुद से ही पूछेंगे, हृदय की गहराई में झाँकेंगे, तो आप पाएँगे कि सच्चे काम के पीछे कोई वजह होती नहीं है, सच अपनी वजह आप होता है।

> "बुद्धि, तर्क, स्मृति, बल, समय, स्थान; ये सब अहं को उपलब्ध संसाधन हैं। अब अहं पर निर्भर करता है कि वो इनका उपयोग कैसे करता है।"

तो अहम् मुक्ति के लिए लालायित रहता है। बुद्धि को भी संचालित करने वाला कौन है? अहम्। ये सब शक्तियाँ हैं, संसाधन हैं, जो अहम् को उपलब्ध हैं — बुद्धि, तर्क, स्मृति, बल, समय, स्थान — ये सब अहम् को उपलब्ध संसाधन हैं। अबं अहम् पर निर्भर करता है कि वो इनका उपयोग कैसे करता है।

अपनी सच्चाई जानने के तरीके

(ऋषिकेश, २०२०)

प्रश्नकर्ता: आचार्य जी, सत्र से पहले आपसे जो बात हुई थी, उसमें आपने कहा था कि जो उपनिषदों के श्लोक हैं, उपनिषदों में जो बात कही जाती है, आप उसको तथ्य की तरह देख पाते हैं; मगर हमारे लिए तो ये एक सिद्धांत की तरह है। और वैसे ही, हमारी बात जब चेतना के ऊपर हुई थी, कि हमारा वास्तविक स्वरूप जो है वो चेतना है, तो उसमें आपने ये कहा था कि निरंतर अभ्यास से ही ये बात अपने अंदर बैठ जाती है कि आपका स्वरूप जो है, वास्तव में चेतना ही है। तो ये एक तरीके से एफ़र्मेशन (अभिपुष्टि) से कैसे अलग है ये? वैसा ही कुछ तो नहीं है?

आचार्य प्रशांत: नहीं एफ़र्मेशन नहीं है, प्रयोग है।

एफ़र्मेशन तो होता है कि तुमने कोई निष्कर्ष बस मान लिया है और तुम उसे बार-बार दोहरा रहे हो, वो तो कंडीशनिंग (अनुकूलन) हो गई। ये प्रयोग है, कि बार-बार, बार-बार कोई प्रयोग किया, भले ही वो प्रयोग तुम्हारी वृत्तियों के कितना भी विरुद्ध हो, भले ही वो काउंटर इंट्यूटिव (वृत्तियों के विरुद्ध) क्यों न हो, पर इतनी बार वो प्रयोग किया कि अंततः वो प्रयोग बिलकुल मन में जम गया। तरीके-तरीके से अपनेआप से पूछा, 'शरीर हूँ मैं कि चेतना हूँ मैं?' दिन में सौ-बार पूछा। और ऐसे नहीं पूछा कि पहले ही उत्तर पता है; कि पूछूँगा और फिर कहूँगा, 'मैं तो चेतना हूँ', ऐसे नहीं। बिलकुल पूर्वाग्रह-रहित होकर के पूछा, 'अच्छा! कौन हूँ मैं? चलो एक नया प्रयोग करके देखते हैं।'

चलो अभी एक नया प्रयोग करके देखते हैं, ठीक है? कहीं दर्द हो रहा है शरीर में?

प्र: हाँ, पीठ में।

आचार्य: पीठ में दर्द हो रहा है। बाकी अंगों का ख्याल क्यों नहीं आ रहा? अगर तुम शरीर हो तो तुम्हें शरीर के सारे अंग एकसाथ अनुभव होने चाहिए न? तुम्हें सिर्फ़ पीठ का ही अनुभव क्यों हो रहा है?

प्र: क्योंकि उसमें पीड़ा है।

आचार्य: बात ये नहीं है कि पीठ में क्या है, बात ये है कि पीठ में कौनसी चीज़ है जो अनुभव ले रही है। ये मत बोलो, 'पीठ में पीड़ा है।' मैं कहूँगा, 'पीठ में चेतना है।' तुम्हारी चेतना जाकर के पीठ में चिपक गई है इसलिए पीठ का अनुभव हो रहा है। तो शरीर पहले आ रहा है या चेतना पहले आ रही है?

प्र: चेतना।

आचार्य: चेतना ही तुम्हें शरीर का एहसास करा रही है न? अगर शरीर में ही बहुत सामर्थ्य होती, तो शरीर के जितने हिस्से थे सब तुम्हें अपना एहसास करा रहे होते। शरीर में कोई कुछ नहीं; शरीर तो ऐसा है जैसे ये सबकुछ पड़ा हुआ है (अपने सामने मेज़ पर रखे सामान की तरफ़ इशारा करते हुए) और एकदम अंधेरा है, और फिर इस पर टॉर्च की रोशनी मारी जाए। तुम्हें वही हिस्सा दिखाई देगा न जिस पर टॉर्च की रोशनी पड़ रही है?

चेतना क्या है? टॉर्च की रोशनी। शरीर क्या है? ये सब जो जड़ वस्तुएँ यहाँ पड़ी हुई हैं। वो कहने को तुम्हारी हैं, तुम्हारे ही कमरे में पड़ी हुई हैं, पर तुम्हें उनका कोई अनुभव ही नहीं होगा जब तक उन पर चेतना की रोशनी नहीं पड़ेगी। बंद कमरे में — तुम्हारा ही कमरा है, तुम्हारी ही चीज़ें हैं — बंद कमरे में जब चीज़ें पड़ी हैं तो तुम्हें उनका कोई अनुभव होता है दृष्टि के माध्यम से? कोई होता है अनुभव?

जब उन पर क्या पड़ता है? चेतना का प्रकाश, तो अनुभव होता है। तो पहले क्या आया?

प्र: चेतना।

आचार्य: तो इस तरीके के सवाल दिन भर पूछने होते हैं।

ये एफ़र्मेशन की मैं नहीं बात कर रहा हूँ, कि तुमने अपनेआप को बिलकुल मंदबुद्धि बनाकर के रट लिया है, 'मैं तो चेतना हूँ, मैं तो चेतना हूँ, मैं चेतना हूँ।' ये नहीं करना है; ठोस सवाल पूछने हैं और उनके तर्कयुक्त उत्तर ढूँढने हैं। और वो सारे उत्तर तुम्हें जब एक ही दिशा में जाते दिखेंगे तो तुम्हें मानना ही पड़ेगा, कि साहब, मैं तो चेतना ही हूँ।

और करने हैं प्रयोग?

प्र: जी हाँ।

आचार्य: चलो ठीक है!

एक दिन तुम अपने शरीर से संबंधित जितने भी नाप-जोख ले सकते हो ले लेना; अपना वज़न नाप लेना, अपना ब्लड-प्रेशर (रक्त-चाप) नाप लेना, अपनी हृदय-गति नाप लेना, ठीक है? तुम्हारे रक्त में ग्लूकोज़ कितना है ये नाप लेना, और दो-चार कर लेना। ये ऐसे दिन करना जिस दिन तुम्हारा कुछ काम करने का मन न हो रहा हो, उदास हो, और बिलकुल आलस भी छा रहा है। और कोई दिन तुम पकड़ना जिस दिन मन बिलकुल प्रफुल्लित है, उत्साह से भरा हुआ है; उस दिन भी शरीर से संबंधित जितने आँकड़े हैं वो देख लेना। और तुम्हें ये पता चले कि मन की स्थिति में ज़मीन-आसमान का अंतर है और शरीर की स्थिति में कोई ज़्यादा अंतर नहीं; शरीर की स्थिति में एक प्रतिशत-दो प्रतिशत का ही अंतर है, लेकिन मन की स्थिति में ज़मीन-आसमान का अंतर है; तो तुम्हें क्या पता चला?

प्र: कि हम शरीर नहीं हैं।

आचार्य: तुमसे कोई पूछ रहा है दूसरे दिन, 'कैसे हो?' तुम कह रहे हो, 'बहुत-बहुत मस्त हूँ।' पहले दिन भी पूछ रहा है, 'कैसे हो?' तो कह रहे हो, 'फाँसी का फंदा ढूँढ रहा हूँ।' सबकुछ बदल गया है तुम्हारी हालत में, किसके बदलने के कारण? क्या शरीर बदला?

प्र: नहीं।

आचार्य: तो क्या बदला था? चेतना की स्थिति बदली थी न। चेतना बदली, तुम बदल गए। चेतना के बदलने में उत्साहित होने और आत्महत्या के लिए उत्सुक होने जितना अंतर है; और शरीर? शरीर बिलकुल नहीं बदला था। अब बताओ तुम्हारा पहला संबंध फिर चेतना से है या शरीर से है?

प्र: चेतना से।

आचार्य: एक से एक जवान लोग जिनका शरीर बिलकुल हट्टा-कट्टा है; हट्टा-ही-कट्टा नहीं है, सांड जैसा सशक्त शरीर; वो क्या कर लेते हैं कई बार? आत्महत्या कर लेते हैं। क्यों? शरीर तो अच्छा था, क्या बुरी हो गई थी?

प्र: चेतना की स्थिति।

आचार्य: तो तुम्हारा पहला संबंध किससे है फिर, शरीर से कि चेतना से?

अगर शरीर से तुम्हारा पहला संबंध होता, तो शरीर इतना प्यारा है, सुंदर है, आकर्षक है, बलिष्ठ है, क्यों की आत्महत्या? क्योंकि तुम्हारा पहला संबंध किससे नहीं है? शरीर से नहीं है। शरीर बहुत अच्छा हो तो भी तुम्हारा मन कर सकता है कि जीवन समाप्त कर दो; लेकिन चेतना अगर अच्छी है तो तुम्हारा मन कभी नहीं करेगा कि जीवन समाप्त कर दो।

तो बताओ तुम पहले क्या हो, चेतना या शरीर, क्या हो?

प्र: चेतना।

आचार्य: यही सब सवाल रोज़ पूछने होते हैं।

प्र: इस उदाहरण में हम चेतना और मन को एक जैसा ही मान रहे हैं।

आचार्य: हाँ। तुम्हारा घुटना 'मैं' नहीं बोलता; तुम्हारी पहली पहचान ही घुटने के साथ नहीं है।

तुम कई बार कहते हो, 'मेरा अपमान हो गया।' बताओ शरीर का क्या बिगड़ा है? और बहुत ज़बरदस्त चोट लगती है न, अंदर से बिलकुल मुरझा जाते हो। मेरा क्या हो गया? अपमान हो गया। बताओ शरीर का क्या बिगड़ा है? नाक पर चोट लगी है? जब कहते भी हो, 'मेरी नाक कट गई, मेरा अपमान हो गया', नाक पर वाकई चोट लगती है क्या? नाक तो वैसे ही है, लेकिन तुम भीतर से कुम्हला गए बिलकुल; ये क्या हुआ

है? कहाँ चोट लगी है? शरीर पर तो लगी नहीं। फिर भी तुम्हारी हालत इतनी खराब है कि तुम मुँह छुपाना चाहते हो इधर-उधर। क्या हुआ है, बोलो!

और कई दफ़े तुम शरीर पर खूब घाव खाकर भी बड़े आनंदित रहते हो। शरीर हो तुम क्या? अगर शरीर होते तुम, तो शरीर पर घाव लगने पर तो तुम्हारी हालत निश्चित रूप से खराब होनी चाहिए थी, पर ऐसा नहीं है। कई बार शरीर का घाव बुरा लगता है, और कई बार शरीर के घाव पर गौरव भी होता है, होता है कि नहीं?

प्र: होता है।

आचार्य: तो फिर?

शरीर से तुम्हारा संबंध जरूर है, लेकिन वो तुम्हारी पहली पहचान नहीं है।

बहुत भूख लगी है, कोई फेंक के खाना दे दे; क्यों ठुकरा देते हो? भूख तो बहुत लगी थी। शरीर क्या बोल रहा था? 'खा लो।' तो क्यों ठुकरा दिया? और कई बार बहुत भूख लगी है, चाहे एकदम भूख नहीं लगी है, और एकदम सड़ा-गला खाना है पर किसी ने प्यार से दिया, खा लेते हो। तुम्हें पता भी है कि गंधा रहा है, दो दिन पुराना है, पर वो देने वाला इतने प्यार से दे रहा है, तुम कहते हो, 'अच्छा लाओ।' क्यों? शरीर को तो नुकसान करेगा, क्यों खा गए? शरीर ही होते तुम तो ठुकरा देते न खाना वो, पर क्यों नहीं ठुकरा देते?

इन सब बातों पर रोज़मर्रा की ज़िन्दगी में क्या रखते हैं? नज़र; इसी को मैं बोला करता हूँ, 'पल-प्रतिपल जीवन का अवलोकन करते चलो।' बहुत बातें अपनेआप चलते-फिरते खुलती रहती हैं; चल रहे हो, फिर रहे हो, खा रहे हो, बातें खुल रही हैं।

> "पल-प्रतिपल जीवन का अवलोकन करते चलो। बहुत बातें अपने-आप चलते-फिरते खुलती रहती हैं; चल रहे हो, फिर रहे हो, खा रहे हो, बातें खुल रही हैं।"

प्र: यही प्रयोग अगर कोई जानवर करे अपने पर, तो जो परिणाम आएँगे, नतीजे आएँगे, वो उल्टे आएँगे।

आचार्य: भिन्न आएँगे, एकदम भिन्न हो सकता है न आएँ, पर भिन्न आएँगे।

प्र: ये मुख्य सवाल है; चेतना की जो अवस्था है वो बदलती रहती है, बदलाव ही नियम है। बदलती चेतना की अवस्था में आदमी कैसे सम रहे, या फिर कैसे एक संतुलन बनाए रखे?

आचार्य: वो तभी हो सकता है जब दिखाई दे कि ये सारे बदलाव क्या माँग रहे हैं; देखो वरना पगला जाओगे।

अभी तुम ऊपर गए थे हिमालय पर थोड़ा-सा, और कोई दिशा नहीं होगी, उत्तर-दक्षिण-पूरब-पश्चिम, जिधर को तुम्हारी गाड़ी ने मुँह न किया हो। वो जो पूरी आठ-दस घंटे की यात्रा है उसको याद करो। ठीक है? तुम जब इस एक बिंदु से चले हो और

तुम्हें पहुँचना वहाँ दूसरे बिंदु पर है, तो कायदे से तो गाड़ी को निरंतर सिर्फ़ इसी दिशा में मुँह करके ऐसे बढ़ते रहना चाहिए था। लेकिन जैसे चेतना की अवस्थाएँ, तुम कह रहे हो, बदलती रहती हैं, वैसे ही गाड़ी की दिशा कभी यूँ भी हुई है, कभी यूँ भी हुई है, कभी यूँ हुई है, कभी यूँ हुई है। तो तुम चिल्लाने क्यों नहीं लग गए कि जाना तो मुझे यहाँ है? और गाड़ी कई बार विपरीत दिशा में चलती हुई भी दिखाई दी होगी तुमको; बिलकुल चली है, पहाड़ी रास्ता है, पूरा ऐसे जब गोल-गोल घूमेगा तो तीन सौ साठ डिग्री घूमेगा न। हर दिशा को कभी-न-कभी गाड़ी का मुँह हो रहा है। तुमने कहा क्यों नहीं कि दिशाएँ इतनी बदल क्यों रही हैं? बोलो, क्यों नहीं कहा।

अरे बाबा! प्रश्न समझ रहे हो?

मान लो तुम दक्षिण से चले हो, तुम्हें उत्तर को जाना है तो गाड़ी का मुँह निरंतर किधर को होना चाहिए? उत्तर को होना चाहिए। पर ये जीवन की गाड़ी है, रास्ते घुमावदार हैं; तो जाना भले ही अंततः उत्तर की ओर हो लेकिन मायावी रास्तों पर कभी उसका मुँह किधर को दिखाई पड़ता है? कभी दिखाई दे रहा है पश्चिम की ओर, कभी पूरब की ओर दिखाई दे रहा है, कभी दक्षिण-पूर्व की ओर दिखाई दे रहा है, कभी थोड़ा ऊपर आसमान की ओर भी कर रखा है मुँह, चढ़ाई आ गई है। कभी लग रहा है गोता खाने जा रही है गाड़ी, ढलान में आ गई है। ये सब क्या चल रहा है? और ये सब जो चल रहा था, इसके बीच में भी तुम सम कैसे रह गए?

समता माँगी है न तुमने प्रश्न में अपने? बताओ तुम सम कैसे रह गए?

प्र: क्योंकि मोबाइल में दिशा से दिख रहा था।

आचार्य: मोबाइल नहीं होता तो?

प्र: क्योंकि ये आश्वस्ति थी कि सही जगह ही जा रहे हैं।

आचार्य: हाँ, ये विश्वास कि किधर को भी घूम लूँ, मुझे मालूम है कि हर मोड़ मुझे लेकर 'वहीं' जा रहा है। रास्ता सही चुना है, अपनी पूरी सामर्थ्य से, पूरे बोध से रास्ता सही चुना है। अब इस रास्ते पर भी बहुत घुमाव आते हैं, मैं करूँ क्या, लेकिन जा सही रहा हूँ। बहुत अच्छा होता अगर मुझे मिल जाता सीधे उत्तर की ओर ही जाने वाला रास्ता। पर जीवन ऐसा है नहीं, उत्तर की ओर भी जाना है तो कभी इधर को, कभी उधर को घूम-घूमकर जाना पड़ता है। जैसे तुम पहुँचे थे कौड़ियाला, हज़ार तरीके से घूम-घामकर पहुँचे हो, ऐसे-वैसे।

समझ में आ रही है बात कुछ?

जीवन जियोमेट्रिकल (ज्यामितीय) नहीं है, कि शॉर्टेस्ट डिस्टेंस बिटवीन टू प्वाइंट्स इज़ द स्ट्रेट लाइन (दो बिंदुओं के बीच की न्यूनतम दूरी सीधी रेखा होती है), वहाँ तो चेतना के रंग बदलते रहते हैं; लेकिन समता फिर भी बनी रहेगी, शांत रहोगे बिलकुल, ठंडे, शीतल, अगर जानते हो कि निशाना तुम्हारा सही जगह है और अपनी

सामर्थ्य के अनुसार वो सबकुछ कर रहे हो जो तुम्हें तुम्हारे अंत तक ले जा सकती है चीज़।

समझ में आ रही है बात?

तो चेतना के रंग बदलते रहते हैं, पर ये निश्चित कर लेना बहुत ज़रूरी है कि हर रंग माँग एक ही चीज़ को रहा है।

चेतना की दिशा बदलेगी, रूप-आकार बदलेगा, ये सब होता रहेगा, लेकिन इन सबके बीच ये सुनिश्चित किये रहो कि ये जो कुछ भी हो रहा है, उसी अंत तक पहुँचने के लिए हो रहा है। कभी हल्के पड़ना पड़ेगा, कभी भारी पड़ना पड़ेगा। कभी क्रोधित होना पड़ेगा, कभी शीतल होना पड़ेगा। कभी किसी के गले लगे होओगे, कभी युद्ध की भी नौबत आ सकती है। कभी थोड़ा रुक भी जाना पड़ेगा, कभी ज़ोर से दौड़ना पड़ेगा। ये सब बदलाव बाहर-बाहर चलते रहेंगे, भीतर-ही-भीतर तुम सम रहोगे; क्योंकि तुमको आश्वस्ति है कि जा तो सही ही दिशा रहे हो न। और जो कुछ भी तुम कर रहे हो ये सारा नाच-गाना, राग-रंग, ये सारा कार्यक्रम, ये सारी उथल-पुथल, ये सब उपद्रव, ये हो किसकी खातिर रहा है? ये मंज़िल की खातिर हो रहा है।

कहीं पहाड़ तोड़ रखा है, गाड़ी रोक दी तो उतर के जा रहे हो, और जिन्होंने गाड़ी रोक दी है उनसे कह रहे हो, 'अरे भाई, बहुत देर हो गई, चलो हटाओ मशीन, हमारी गाड़ी निकलेगी।' अब यात्रा में ये सब भी हो रहा है; ये सब होता रहेगा लेकिन भीतर से तुम बेचैन नहीं हो जाओगे, क्योंकि तुमको पता है कि ये बातचीत भी किसलिए कर रहे हो। मनोरंजन के लिए नहीं कर रहे हो बातचीत; क्यों गए थे बातचीत करने? दोस्त बनाना था? चाय पीनी थी? रिश्तेदारी करनी थी? क्या करना था? मंज़िल तक पहुँचना था इसलिए बात करने गए थे; ये हमेशा तय करके रखो बिलकुल, 'जो कुछ भी कर रहा हूँ उसी (परमात्मा) के लिए कर रहा हूँ।' और उसके लिए सबकुछ करना पड़ेगा, "तेरा इश्क नचावे मने थैया, थैया," वो नचाकर रखेगा; सारे रंग जब तक तुम जीवन के देख नहीं लोगे, हर तरीके से वो तुमको परख नहीं लेगा, तब तक मंज़िल आएगी ही नहीं।

छः गियर होते हैं गाड़ी में, और सातवाँ एक और, कौनसा? रिवर्स; वो सारे लगवा देता है, कहता है, 'मेरी तरफ़ आना है तो सारे गियर तुमको लगाने आने चाहिए।' कहीं बहुत धीरे-धीरे चलना पड़ेगा, कहीं बहुत तेज़ चलना पड़ेगा; कई बार जब आगे पहुँचे तो थोड़ा पीछे भी जाना पड़ेगा। और सामने रख दिया है स्टीयरिंग, कि इधर भी काटो, उधर मोड़ो, ये करो, वो करो; तुम्हें सबकुछ करना आना चाहिए। ये गणित का पर्चा नहीं है कि सीधे जाएँगे और घुस जाएँगे परमात्मा के घर में, धड़ाक से, नाक की सीध में जाएँगे बिलकुल; ऐसे नहीं होता है।

कुछ बात समझ में आ रही है?

सब करना पड़ेगा, पर ये नहीं करना है कि रास्ता छोड़ दिया, रास्ता नहीं छोड़ना है। रास्ता सीधा नहीं है, और रास्ता छोड़ना नहीं है — हमें ये दोनों बातें एक साथ समझ में ही नहीं आतीं। इन दोनों में से एक बात कोई भी समझ में आ जाएगी, दोनों एक साथ नहीं समझ में आतीं। ये दोनों जो एक साथ याद रख ले, वो विलक्षण मन होता है। रास्ता सीधा नहीं है, और पता भी चले कि सीधा नहीं है, टेढ़ा-टपरा हो रहा है, तो भी उसे छोड़ना नहीं है, क्योंकि है वही; उसको छोड़ दिया तो फिर ज़िन्दगी के अन्य तमाम भटकाने वाले रास्ते हैं, उन पर भटकते रहो, भटकते रहो।

तो जो कुछ भी कर रहे हो, उसमें ये तय करके रखो कि वो समर्पित है उसी मंज़िल को।

मैं गाड़ी पर चढ़ा क्यों? मंज़िल की खातिर। मैं गाड़ी से उतरा भी क्यों? मंज़िल की खातिर। मैं गाड़ी में ड्राइवर सीट पर क्यों आ गया? मंज़िल की खातिर। मैं गाड़ी पर पिछली सीट पर जाकर सो भी क्यों गया? मंज़िल की खातिर। अब ये सब तुम अलग-अलग काम कर रहे हो, कि नहीं कर रहे हो? कभी तुम गाड़ी चला रहे हो, कभी ड्राइवर के बगल में बैठे हो, कभी पीछे जाकर सो गए; ये सब बदलते हुए रंग हैं न चेतना के, कि नहीं हैं? सुषुप्ति में भी चले गए बीच-बीच में, गाड़ी में ही। स्वप्नावस्था भी देख ली, कहाँ? गाड़ी में ही। पर ये जो कुछ भी तुम करो, इतना तय करके रखो कि तुम कर किसकी खातिर रहे हो? मंज़िल की खातिर; बस, फिर ठीक है।

और ये पक्का रखो कि मंज़िल तुमसे, जैसा अभी कहा, सब करवाकर मानेगी। वो तुमको हर तरीके से जाँचेगी, तुम्हारी एक-एक, छोटी-से-छोटी खोट खोज-खोजकर निकालेगी और तुमको परेशान करेगी; जब तक कि तुममें कोई भी कमी है वो उसी कमी को कोंचती रहेगी।

अब सोचो एक ड्राइवर है, उसको रिवर्स लगाना नहीं आता, पहुँच जाएगा वो मंज़िल तक? लो फँस गया। एक ही कमी थी, क्या कमी थी? रिवर्स लगाना नहीं आता था, फँस गए। एक ड्राइवर हैं, उनको यही नहीं आता कि शीशे पर पानी कैसे मारना है, ये भी फँस जाएँगे। छोटी-से-छोटी भी तुममें कमी है, टायर बदलना नहीं आता, जैक लगाना नहीं आता, कहीं-न-कहीं फँस जाओगे। अंत तक वही पहुँचेगा जो अपनी आखिरी कमी को भी सुधारने के लिए प्रतिबद्ध है कि बताओ और क्या सीखूँ, बताओ और क्या, बताओ कहाँ खोट है, उसको भी हटाएँगे।

और करना सबकुछ पड़ेगा। जो सबसे ज़्यादा अजीब चीज़ हो सकती है वो भी करनी पड़ेगी, क्या? कि कई बार मंज़िल उत्तर की तरफ़ है और तुम अपनेआप को जाता पाओगे दक्षिण की तरफ़; वो भी होता है। और बुरा नहीं लगेगा दक्षिण की ओर जाना, अगर तुम को पता है कि दक्षिण की ओर भी जा रहे हो तुम मंज़िल की ही खातिर; फिर बुरा नहीं लगेगा, समभाव में स्थित रहोगे।

इसका विपरीत भी हो सकता है। हो सकता है कि तुम सही सड़क पर हो किसी वजह से — तुम्हें किसी ने बैठा दिया एक सही गाड़ी पर, तुम्हारा कोई शुभचिंतक है — लेकिन तुममें मंज़िल के प्रति न अनुराग है न बोध, दोनों बातें नहीं हैं। मंज़िल पर पहुँचने की तुम्हारी कोई लालसा भी नहीं है और मंज़िल है कहाँ, ये तुम जानते भी नहीं। तुम सो गए गाड़ी में, और तुम्हारी नींद खुली। नींद खुलने के बाद थोड़ी देर तक आदमी का होश ही नहीं रहता है न। गाड़ी सही जा रही है, लेकिन तुम्हारे भीतर कोई समभाव नहीं रहेगा। तुम इधर-उधर देखोगे बिलकुल भौंचक्के होकर के, 'कौनसी गाड़ी है? मैं कहाँ बैठा हूँ? क्यों जा रही है?' हुआ है कभी ऐसा? कि सोकर उठे हो और दो मिनट तक समझ में ही नहीं आया है कि मैं कौन हूँ, मैं कहाँ बैठा हूँ और ये गाड़ी कहाँ को और क्यों जा रही है? जबकि गाड़ी सही जा रही है, लेकिन तुम्हें अभी निश्चित नहीं है न।

तो तुम्हारे भीतर वो चीज़ निश्चित होना, वो समर्पण का उठना ज़रूरी है कि मैं सोया भी किसके लिए था? मंज़िल के लिए, उठा भी? मंज़िल के लिए।

प्र: जब मैं अपनी चेतना की अवस्थाओं को परिस्थितियों के हिसाब से और माहौल के हिसाब से बदलते हुए देखता हूँ; और पिछले कुछ समय से वो बहुत ही ज़्यादा बदल रही हैं, मतलब घंटों में, और एक कोण से दूसरे कोण, एकदम चरम सीमा तक बदल रही हैं; विचार बदल जाते हैं, भावनाएँ बदल जाती हैं, सबकुछ बदल जाता है। तो मैं किसी भी परिस्थिति के कारण, किसी भी भावना में या किसी भी मनोस्थिति में होता हूँ, तो मैं उसको अनुभव कर रहा होता हूँ, उसी हिसाब से जी भी रहा होता हूँ। लेकिन मुझे ये भाव उठता है कि ये तो कुछ परिस्थितियाँ बनीं उसके कारण ये ऐसा बन गया; परिस्थितियाँ बदलेंगी, ये भी बदल जाएगा।

आचार्य: उस परिस्थिति में तुम हो क्यों?

तुमको किसी की दवाई लाने के लिए बाज़ार भेजा गया है, बाज़ार क्या है तुम्हारी? परिस्थिति। तुम कह रहे हो कि वो परिस्थिति तुम्हारे मन को बदल देती है। तुम दवाई लाने बाज़ार गए थे और बाज़ार तुम्हारे मन को बदल देगी, तुम वहाँ बैठकर बर्गर खाने लगोगे?

हम सब किसी-न-किसी परिस्थितियों में होते हैं, उन परिस्थितियों में तुम किसी वजह से हो न। ये उम्मीद करता हूँ। तुम्हें बाज़ार भेजा गया है दवाई लाने के लिए और तुम कह रहे हो, 'मैं बाज़ार आया, बाज़ार एक परिस्थिति है, उस परिस्थिति ने मेरे मन को बदल दिया। मैं वहाँ बैठकर बर्गर खाने लग गया, क्योंकि मुझे बर्गर की दुकान दिखाई दे गई।' अरे! तुम्हें दवा की दुकान के लिए भेजा गया है, तुम कह रहे हो, 'मुझे परिस्थितियों ने बदल दिया।' तुम्हें कुछ याद भी है कि तुम्हें उस परिस्थिति में डाला क्यों गया है, या तुमने स्वयं ही अपनेआप को उस परिस्थिति में क्यों डाला है? तुम ये बिलकुल भूल जाते हो।

तुम जहाँ भी हो, जो भी तुम्हें अनुभव हो रहा है, क्या वो पूरे तरीके से निष्प्रयोजन है, बेतरतीब है? या कोई प्रयोजन है, कार्यक्रम है, प्रोजेक्ट है, उपक्रम है, तुम जिसके हिस्से हो? और अगर तुम उसके हिस्से हो, तो वो जो प्रयोजन है वो याद रहेगा न हर समय। फिर तुम परिस्थितियों का उपयोग करोगे, फिर तुम परिस्थितियों का शिकार थोड़े ही बन जाओगे! असल में परिस्थितियों का शिकार कोई बनता भी नहीं कभी, जब तुम्हें ये याद नहीं रहता न, कि तुम परिस्थितियों का उपयोग करने के लिए हो, तब तुम परिस्थितियों का उपभोग करना शुरू कर देते हो; यही माया है।

तुम गये थे बाज़ार का उपयोग करने किस चीज़ के लिए? दवाई के लिए, और वहाँ तुम्हें क्या दिख गया? बर्गर, और तुमने बर्गर का क्या शुरू कर दिया? उपभोग। और फिर कह रहे हो, 'वो तो मेरा मन बदल गया बाज़ार को देखकर।' नहीं, नीयत बदल गई, नीयत में खोट है। जिसके लिए दवाई लाने गए हो, उसके लिए मन में कोई प्रेम नहीं, कोई करुणा नहीं, तो फिर परिस्थितियाँ हावी हो गईं, बर्गर हावी हो गया; अब बैठकर बर्गर चबा रहे हो, बहुत रस ले रहे हो। फिर पीछे से एक फ़ोन आया, फ़ोन से जूते बरसे तो फिर कहा, 'अब देखो, अब परिस्थितियाँ बदल गईं, मन बदल गया। अब बड़ी लज्जा लग रही है, मैं बर्गर खा रहा था।'

मूल बात क्या है यहाँ पर? मूल भूल क्या है? जिसको बचाने के लिए बाज़ार भेजा गया था उसके प्रति शायद तुममें प्रेम ही नहीं, नहीं तो परिस्थितियाँ तुम पर हावी कैसे हो जातीं! तुम परिस्थितियों का उपयोग करते न। तुम कहते, 'कहाँ है दवाई की दुकान? ये रही।' बर्गर की दुकान को तुम ऐसे-ऐसे-ऐसे करके क्या करते? ठुकराते चलते; उसको तो तुम गिनते नहीं, वो तुम्हारे लिए नगण्य हो जाती। नगण्य माने जानते हो न? जिसकी गिनती ही नहीं की जा सकती। अब परिस्थितियाँ तुम पर हावी कैसे हो जातीं!

"जब तुम्हें ये याद नहीं रहता न, कि तुम परिस्थितियों का उपयोग करने के लिए हो, तब तुम परिस्थितियों का उपभोग करना शुरू कर देते हो; यही माया है।"

भई इतने तो हम मुक्त कभी होते नहीं है, कि खाली बैठे हैं और बाज़ार में घूम रहे हैं। तुम जहाँ कहीं भी हो, क्या कभी मुक्त हालत में हो? नहीं, चूँकि तुम मुक्त नहीं हो इसीलिए तुम्हारे पास हमेशा क्या होता है एक? उद्देश्य होता है। वो उद्देश्य तुम भूल कैसे जाते हो! बाज़ार तुम पर तब हावी होगा न, जब तुम बाज़ार में तफ़री मारने लगो, 'अच्छा! और क्या-क्या है इस बाज़ार में?' अरे भाई! तुम वहाँ तफ़री मारने नहीं आए हो, तुम वहाँ दवा लेने आए हो।

इससे एक बात अच्छे से समझ लेना — जिसको तुम डिस्ट्रैक्शन (विचलन) बोलते हो, उसमें और लवलेसनेस (प्रेमहीनता) में बहुत सीधा रिश्ता है। तुम डिस्ट्रैक्ट हो ही नहीं सकते जब तक तुम लवलेस न हो।

कोई बोले, 'मैं दिन भर डिस्ट्रैक्ट था', इसका मतलब यही है कि तुम आदमी अंदर से कठोर हो, क्रूर हो, हिंसक हो, प्रेम नहीं है तुम्हारे भीतर। प्रेम नहीं है तुम्हारे भीतर इसीलिए दवा की दुकान में भी बर्गर माँग रहे हो, और बर्गर चबाते-चबाते जब फ़ोन पर गालियाँ पड़ीं तो आँसू झर आए।

जानते हो त्रासदी क्या है? ये आँसू भी तुम्हारे उस मरते हुए आदमी के लिए नहीं आ रहे जिसको तुमने दवाई नहीं लाकर दी; ये आँसू भी तुम्हारे अपने अहंकार के लिए हैं, कि हाय! मुझे डाँट पड़ गई। अभी भी तुम रोकर भी जो वक्त गुज़ार रहे हो, उसमें मरने वाला मौत के और करीब पहुँचता जा रहा है, और तुम रो रहे हो, लेकिन तुम्हारे इन आँसुओं में भी ज़बरदस्त क्रूरता है, क्योंकि तुम अपने लिए रो रहे हो। तुम इसलिए थोड़े ही रो रहे हो कि महापाप हो गया, वो मरने वाला मर गया! क्योंकि अगर तुमको ये पता ही चल रहा होता कि महापाप हो गया, और मरने वाले को दवाई चाहिए, तो तुम्हें रोने की भी फ़ुर्सत नहीं मिलती। तुम कहते, 'मैं रोऊँ कैसे, पहले ही देर कर दी है, अब भागो, दवाई लेकर के जाओ।' ये जो तुम बैठकर के मातम मनाते हो और शोक में छाती पीटते हो, ये भी तो ज़बरदस्त तरीके का अहंकार ही है न, और क्रूर अहंकार, कि नहीं है?

लोग बोलते हैं, 'आचार्य जी, आपकी बातों से हमें चोट लग गई।' मैं कहता हूँ, 'काश! ऐसा हो पाता।' तुम्हें लगी ही नहीं; नहीं तो एक चोट काफ़ी होती है, काम हो जाता है। तुम इतने ढीठ हो कि तुम्हें लगती ही नहीं। कैसे? बताता हूँ; मैं चोट देना चाहता हूँ यहाँ पर (हृदय की ओर इशारा करते हुए), तुम इतने ढीठ हो कि ऐसे-ऐसे करके (हाथों को अपने हृदय के ऊपर रखकर), सबकुछ करके बचा लेते हो। तो तुम्हें चोट लगती भी है तो कहाँ लगती है? कभी यहाँ (दायें हाथ पर) लगी, कभी यहाँ (बायें हाथ पर) लगी; वहाँ तुम लगने ही नहीं देते चोट जहाँ एक चोट लग जाए तो काम हो जाए। बाकी सब जगह तुम चोटें खा लोगे, वो एक जगह बचा लोगे जो तुम्हारे अहंकार का अड्डा है; वहाँ तुमको पक्का पता है कि इस जगह पर चोट नहीं पड़नी चाहिए। तो बाकी सब चोटें खा लोगे और फिर रो लोगे। इसीलिए कह रहा हूँ, 'वो रोना भी अहंकार का ही काम है।'

3.

वृत्ति क्या?

- वृत्तियाँ क्या होती हैं?
- वृत्तियों के ज़ोर को कैसे कम करूँ?

वृत्तियाँ क्या होती हैं?

(भोपाल, २०१८)

प्रश्नकर्ता: आचार्य जी, वृत्ति क्या होती है?

आचार्य प्रशांत: जो तुम्हें गोल-गोल फँसाए रखे सो वृत्ति। (हाथ से गोले का इशारा करते हुए) जो तुम्हें वर्तुल में घुमाए रखे, वृत्त में घुमाए रखे, सो वृत्ति। जिसमें चलते तो लगातार रहो, पर पहुँचो कभी नहीं, सो वृत्ति।

वृत्त समझती हो न?

इंग्लिश मीडियम से पढ़ी हो? वृत्त माने (हाथ से गोल का संकेत करते हुए) ये वृत्त कहलाता है। तो इसपर दौड़ते हैं, दौड़ते हैं और लगातार यही लग रहा है कि मंज़िल मिल ही जाएगी, क्यों? क्योंकि अभी रास्ता शेष दिख रहा है। इसको कहते हैं वृत्ति।

थोड़ी शॉपिंग और कर लें, ये बॉयफ्रेंड नहीं तो कोई और — ये वृत्ति है। चालीस से पचास, पचास से साठ, अस्सी, एक, दो, छः लाख, दस लाख, ये? (गोल-गोल का संकेत करते हुए)

जन्मे, मरे, जन्मे, मरे, जन्मे, मरे — ये (हाथ से गोल का संकेत करते हुए)।

क्रोध, पछतावा, क्रोध, पछतावा, क्रोध, पछतावा — ये? उत्तेजना का उफान और फिर सूखा मैदान, ये वृत्ति।

और वही चीज़ अपनेआप को बार-बार दोहरा रही है, दोहरा रही है, दोहरा रही है, इसी को संतों ने काल-चक्र कहा है, जीवन-मरण का चक्र कहा है, चौरासी का फेरा कहा है। इसी से बार-बार बाहर निकलने की बात की है।

जैसे कोई पागल बना रहा हो तुम्हें (मुस्कुराते हुए), जैसे किसी ने बुद्धू बना दिया हो।

एक पिक्चर देखी थी मैंने (मुस्कुराते हुए)। तुम लोग इस तरह के सवाल करते हो, अब कहाँ मैं उपनिषदों की बात करूँ, तो मैं पिक्चरों की बात करूँगा। तो उसमें था कादर खान और शक्ति कपूर — देखो बात इसी तल पर तुम्हें समझ में आएगी — तो शक्ति कपूर जौनपुर से आया होता है, कहाँ आया है? बम्बई। अब कादर खान एक कोने पर भिखारी बनकर बैठा हुआ है, ठीक? तो शक्ति कपूर जाता है कादर खान के पास, एक जगह का पता पूछता है। बोलता है, 'वहाँ कैसे जाना है?' कादर खान कहता है, 'जौनपुर के हो?' शक्ति कपूर कहता है, 'तुम तो अंधे हो, तुम्हें कैसे पता?' बोलता है, 'वो चमेली का तेल लगाया है तुमने, तो ऐसे पता है मुझे।'

तो ये उससे पूछता है, 'अच्छा वहाँ कैसे जाना है?' तो कादर खान कहता है, 'अच्छा, झुको तो बताता हूँ। पास आओ, गला खराब है', तो जैसे ही झुकता है, तो भिखारी ये खट से चाकू निकालता है, बोलता है, 'जो माल है सब यहीं पर रख दो।'

पूरा उसका सब माल-वाल — ये अपनी अटैची लेकर आ रहे होते हैं उत्तर प्रदेश से — वो सब माल-वाल उसका वो अंधा भिखारी बम्बई का, वहीं रखवा लेता है। और कहता है, 'कपड़े-वपड़े भी उतार दो', सब अपना उतार देता है।

> "एक बार जिसके हाथों लुटे, उसी से दोबारा लुटने की उत्सुकता को कहते हैं वृत्ति। एक बार जो ग़लती करी, उसी ग़लती को दोहराने की आदत को कहते हैं वृत्ति।"

तो शक्ति कपूर फिर कहता है कि अब सब लूट तो लिया ही है, मुझे जहाँ जाना है वहाँ का रास्ता तो बता दो। लुटने के बाद, किससे प्रश्न पूछ रहा है? जिसने लूटा है उसी से, कि जहाँ जाना है वहाँ का रास्ता तो बता दो। तो कादर खान कहता है, 'ऐसा करो, इधर जाओ।' (दाहिनी तरफ़ संकेत करते हुए)

शक्ति कपूर बोलता है 'ठीक है।'

बोलता है, 'फिर वहाँ से दायें मुड़ना।'

कहता है 'ठीक।'

कहता है, 'फिर वहाँ से लाल बत्ती आएगी।'

बोलता है, 'ठीक।'

बोलता है, 'वहाँ से फिर दायें मुड़ना।'

कहता, 'ठीक।'

कहता 'फिर आगे जाना। वहाँ तिराहा आएगा, वहाँ से उधर को जाना, फिर वहाँ से बाएँ मुड़ना।'

कहता 'फिर?'

बोलता है, 'फिर, तुम ठीक फिर वहीं आ जाओगे, मेरे सामने।'

(श्रोतागण हँसते हुए)

तो शक्ति कपूर बोलता है, 'तुम्हारे सामने दोबारा क्यों आऊँगा?' कादर खान बोलता है, — ध्यान देना — 'ताकि मैं तुम्हें दोबारा लूट लूँ।' ये वृत्ति है।

एक बार जिसके हाथों लुटे, उसी से दोबारा लुटने की उत्सुकता को कहते हैं वृत्ति। एक बार जो गलती की, उसी गलती को दोहराने की आदत को कहते हैं वृत्ति।

कादर खान लूट रहा है शक्ति कपूर को, और शक्ति कपूर कादर खान से ही पूछ रहा है कि लूट तो लिया, अब मुझे मेरी मंज़िल का रास्ता भी बता दो।

और वो भी खुलेआम बता रहा है; बोल रहा है, 'इधर जाओ, उधर जाओ, उधर जाओ, उधर जाओ और फिर घूम-फिरकर के मेरे पास वापस आ जाओ।' और वो पूछ रहा है, 'तुम्हारे पास क्यों वापस आ जाऊँ?' तो कह रहा, 'ताकि मैं तुम्हें दोबारा लूट लूँ।'

और वो बात मज़ाक की थी। मैंने कहा, ये बात तो आध्यात्मिक है, आप ऐसे ही समझेंगी।

> "तुम्हारी पुरानी-से-पुरानी आदत का नाम है वृत्ति।"

समझ में आ रही है बात?

जिस दुकान पर एक बार लुटे, उसी दुकान पर बार-बार जाना कहलाती है वृत्ति।

प्र२: आचार्य जी, फिर तो ये आदत हो गई?

आचार्य: वही है, वृत्ति आदत है। तुम्हारी पुरानी-से-पुरानी आदत का नाम है वृत्ति।

वृत्तियों के ज़ोर को कैसे कम करूँ?

(अद्वैत बोधस्थल, २०१७)

प्रश्नकर्ता: आचार्य जी, ये जो वृत्तियाँ बाहर की ओर जा रही हैं, यह एक सतत प्रक्रिया है या उनपर जो हमारी लगाम है वो धीरे-धीरे कम होती जाती है?

आचार्य प्रशांत: देखिए, वृत्तियाँ ऐसी हैं कि जैसे मेरे हाथ में पत्थर हो, और मैं आपको मारूँ। आप सतर्क थे, आपने देख लिया, आप हट गए। तो दो काम होते हैं एक साथ — पहला, आप बच गए, आपको पत्थर लगा नहीं; दूसरा, मेरा पत्थर खर्च हो गया, अब मैं आपको मार नहीं सकता। वृत्तियाँ इसी तरह आक्रमण करती हैं। जब वृत्तियों का आक्रमण हो और अगर आप बच निकले तो अगले आक्रमण की संभावना कम हो जाती है क्योंकि पत्थर खर्च हो गया।

“जब वृत्ति आक्रमण करे तो जितनी बार आप उस आक्रमण से बच निकलो, उतनी बार आपने अगले आक्रमण की संभावना को कम कर दिया – इसी को निर्जरा कहते हैं।”

जब वृत्ति आक्रमण करे तो जितनी बार आप उस आक्रमण से बच निकलो, उतनी बार आपने अगले आक्रमण की संभावना को कम कर दिया — इसी को निर्जरा कहते हैं।

प्र: ये जो अभी बच निकला, वो जो भी एंटिटी हो, वो किस स्रोत से संचालित है? वृत्ति से नहीं संचालित है?

आचार्य: वही तो खोजना है। कुछ है न भीतर जो बच निकलने के लिए तुम्हें लगातार प्रेरित कर ही रहा है।

प्र: शर्त-रहित है कुछ।

आचार्य: कुछ है ऐसा, है कुछ।

दो पहलवान लड़ रहे हैं। पहला पहलवान बहुत ज़ोर लगाकर के दूसरे पर दाँव मारता है, दूसरा बच निकलता है। अब क्या होगा? पहले पहलवान ने अपनी पूरी ताकत लगाकर दाँव मारा था, दूसरा बच निकला। अब क्या होना है?

प्र: पहले की ताकत खर्च हो गई।

आचार्य: अब जब वो दूसरा दाँव लगाएगा तो उसमें वो ताकत बची नहीं है और दूसरे की श्रद्धा, दूसरे का विश्वास और दृढ़ हो गया है कि मैं बच सकता हूँ। एक बार बचा हूँ, दोबारा भी बचूँगा। और दूसरी बार अब सिर्फ़ बचेगा नहीं वो, वो दूसरे को पटक देगा, क्योंकि पहले वाले की ऊर्जा का थोड़ा क्षरण हुआ है पहली बार में।

प्र: पर आचार्य जी, उसी क्षण में आती है न वो चीज़, उसी समय पर। कभी वो गुज़र जाने के बाद भी गलती हो जाती है।

आचार्य: जीवन पर निर्भर करता है, उस क्षण से उसको मत जोड़िएगा। आप जीवन कैसा जी रहे हैं यह निर्धारित करेगा कि अपनी तरफ़ आते पत्थर से खुद को आप बचा पाते हैं कि नहीं। देखिए, आप अभी-अभी शराबखाने से निकले हैं और आपको पत्थर लग जाए तो आप यह नहीं कहिएगा कि इस क्षण में लग गया। इस क्षण में नहीं लग गया, पिछले दो घंटे ने तय कर दिया था कि पत्थर अब आएगा तो खाओगे, क्योंकि तुम बेहोशी का आयोजन कर रहे थे।

तुम कहोगे, 'अच्छा-अच्छा, इसका मतलब दो घंटे से होता है न।' नहीं, दो घंटे से भी नहीं होता। शराबखाने में तुम यूँही थोड़े ही घुस गए थे, तुम जीवन ऐसा जी रहे थे जो अब नशे को आवश्यक बना रहा था। उससे पिछले छः घंटे तुम कहीं पर तनाव में जी रहे थे, तुम्हारा पत्नी से झगड़ा हुआ था, तुम भीतर-ही-भीतर जल-भुन रहे थे, तुम्हारे भीतर-ही-भीतर कुछ था जो घुट रहा था इस कारण तुम्हें शराबघर में जाना पड़ा। जीवन ऐसा था जिसके कारण जब पत्थर तुम्हारी ओर उछाला गया तब तुम इस हालत में नहीं थे कि उस पत्थर से बच सको।

प्र: आचार्य जी, ये वही है कि हम अपनी वास्तविकता को खुद रच रहे हैं उस क्षण में?

आचार्य: जीवन, जीवन, जीवन! इधर-उधर की भाषाएँ मत कहिए, इधर-उधर की परिभाषाएँ मत दीजिए। आप प्रतिक्षण जैसा जीवन जी रहे हैं वह निर्धारित कर देगा कि प्रतिक्षण आप पर वृत्तियों के जो आक्रमण हो रहे हैं उनसे आप बचेंगे या चोट खाएँगे। याद रखिएगा, अगर मेरे पास पाँच पत्थर हैं और मैं पहला पत्थर आपको मारता हूँ और आप चोट खा जाते हैं, तो अब संभावना बढ़ गई है कि आप दूसरी बार भी चोट खाएँगे क्योंकि बच पाने की आपकी क्षमता कम हो गई चोट खाने के बाद। और अगर आप पहली बार बच निकले तो मेरा एक पत्थर खर्च हो गया। जितनी बार आप बच रहे हो उतनी बार मैं कमज़ोर पड़ रहा हूँ। जितनी बार आप चोट खा रहे हो उतनी ज़्यादा आपकी आगे और ज़्यादा चोट खाने की संभावना बढ़ती जा रही है। मैंने आपको गोली मारी, आप भाग रहे थे, मैंने आपको गोली मार दी। अब मैं आपको दोबारा गोली मार दूँगा, इसकी संभावना बढ़ी या घटी?

प्र: बढ़ी।

आचार्य: क्योंकि अब आप भाग नहीं पाओगे।

एक बार गोलियों से बचिए, आगे गोली खाने की संभावना कम हो जाएगी। और मेरे पास गोलियाँ सीमित हैं, मैं कितनी देर तक मारूँगा? दूरी भी ज़्यादा होती जाएगी और वृत्तियों का नाश होता जाएगा। जितनी बार वृत्ति का आघात असफल होता जाता है उतनी बार वृत्ति की अपनी क्षमता, उसका अपना संकल्प, उसकी अपनी तीव्रता, उसकी ऊर्जा क्षरित होती जाती है।

प्र: आचार्य जी, आप जिस आयाम में बात कर रहे हैं, शायद वो ये है कि एक पत्थर फेंका गया मेरी तरफ़, वो पत्थर मुझे आकर लगता है लेकिन लाइफ़ में तो वो पत्थर आ रहे हैं। पत्थर नहीं आ रहा, पत्थर आ रहे हैं। और आप कह रहे हैं कि अगर मैं किसी भी जगह से चोट खाऊँगा तो उस जगह ज़्यादा चोट खाने का तरीका मिल गया और इसके अंदर ये भी है कि हर क्रिया एक दूसरी प्रतिक्रिया को निमंत्रण देती है। तो अब क्या मैं हर क़दम सोचकर लूँ कि मैं चारों तरफ़ से सुरक्षित हूँ?

आचार्य: सबसे पहले तो ये देखो कि तुम ऐसी स्थिति में फँस कैसे गए जहाँ तुम पर पत्थरों की वर्षा हो रही है।

प्र: पर वो तो हो रही है।

आचार्य: अब वो हो ही रही है। अगर तुम यह पत्थर खाते ही गए तो अगले क्षण अपनेआप को और ज़्यादा चोटिल पाओगे। पत्थरों की बरसात और सघन हो जाएगी। और अगर बचते जाओ तो हर बचाव के साथ तुम अपने क़दम वापस खींच रहे हो। तुम्हारी बचने की संभावना बढ़ती जा रही है।

समझ रहे हो बात को?

प्र: जी, मतलब अगर एक बहुत ही भौतिक तरीके से देखें तो एक गरीब आदमी और एक बहुत अमीर आदमी के जीवन में समस्याएँ हैं। पर जो समस्याएँ उसकी हैं, शायद वो उसकी खुद की नहीं हैं, लेकिन दोनों वो जो समस्याएँ झेल रहे हैं, उसमें अमीर आदमी की स्थिति अपेक्षतया बेहतर है, उसे एक विश्वास है अपने ऊपर क्योंकि उसके पास एक तजुर्बा है। उसके पास एक नेटवर्क है कि जिसके कारण उसे लगता है कि वो समस्या का समाधान कर लेगा। लेकिन गरीब आदमी जो चोट खाता हुआ आया है कि आज मालिक ने डाँट दिया, आज बीवी ने डाँट दिया, आज शराब नहीं मिली, जो भी है, तो उसके पास समस्या को सुलझाने की सुविधा थोड़ी कम है। अमीर आदमी के पास वो सुविधा पहले से ही बहुत ज़्यादा है। वो चोट खाता है लेकिन वो बढ़ता जाता है। वो पत्थर दूर करता हुआ आगे बढ़ता जाता है।

आचार्य: अगर गरीब और अमीर से संकेत सामर्थ्य का है कि गरीब के पास सामर्थ्य नहीं है और अमीर के पास ज़्यादा सामर्थ्य है, तो ठीक है।

प्र: हाँ, मतलब उसके पास एक अतिरिक्त साधन है, जो उसकी सहायता करेंगे पत्थर दूर करने में।

आचार्य: इस सामर्थ्य को, इस अमीरी को संतों ने बड़े सुंदर रूप से कहा है। इसको कहा है 'धन्यता', 'धन का होना'। जिसके पास वास्तविक धन है, वो धन्य है। उपनिषद् कहते हैं, 'धन्योऽहं'। वो धन तुम्हारे पास है। वह धन तुम्हारे पास है, तुम वही धन हो, 'धन्योऽहं'। वही अमीरी है। तुम्हारे पास वो ताकत है कि तुम्हारे ऊपर खर्चे पड़ें तो तुम वो खर्चे कर लो और बच निकलो, वही धन्यता है। तुम्हारे पास एक अक्षत भंडार है।

समझ रहे हो बात को?

पर तुम उसे इतना खर्च कर डालो या तुम उससे इतने दूर हो जाओ कि तुम्हें उसकी कोई खबर ही न रहे तो कोई क्या कर सकता है फिर! फिर तो वही हालत हो गई कि बैंक अकाउंट में पैसे बहुत हैं, पर चेकबुक नहीं है। अकाउंट नहीं छिन गया, खर्च करते-करते एक दिन चेकबुक भी खर्च कर डाली। नहीं, खर्च नहीं हो सकता। पर लुटा रहे थे, लुटाते-लुटाते एक दिन क्या लुटा दिया? चेकबुक भी लुटा दिया, पासवर्ड भी लुटा दिया, चाबी भी लुटा दी। पैसा लुटाते तो लुटाते, चाबियाँ क्यों लुटा दीं? जुड़ने का ज़रिया क्यों लुटा दिया?

प्र: इस चीज़ की स्मृति है। बचपन का जो लचीलापन था, बहुत मजबूत हुआ करता था। जीवन ही प्रमाण है इसका तो। कोई चीज़ इतनी गहरी नहीं हुआ करती थी कि हाय-हाय! अब तो ज़िन्दगी बर्बाद है, चलो आत्महत्या करते हैं। वो अजीब-ओ-गरीब तरह के विचार ही नहीं आते थे कभी। हाँ, हुआ, चलो खड़े हो गए, झाड़ लिया धूल, आगे बढ़ गए। अभी एक-एक चीज़ का बड़े स्तर पर असर होता है कि भाई ये हुआ, भाई वो हुआ!

तो वृत्तियों को वृत्तियों से नहीं काटा जा सकता है? अच्छी वृत्ति से बुरी वृत्ति को?

आचार्य: नहीं, देखो, जिधर को तुम्हें तुम्हारा बहाव खींचे लिये जा रहा हो, तुम उसके साथ बस सहयोग करने से इनकार कर दो।

समझ रहे हो?

> "जिधर को तुम्हें तुम्हारा बहाव खींचे लिए जा रहा हो तुम उसके साथ बस सहयोग करने से इनकार कर दो।"

तुम्हें उसके विपरीत नहीं जाना है, तुम्हें बस उसके साथ नहीं जाना है।

प्र: शायद आशा इसलिए इतनी घातक होती है।

आचार्य: ऐसे समझो कि तुम्हें किसी चीज़ की लत लगी हुई है। ठीक है? तुम जितनी देर यहाँ बैठी हो, कम-से-कम वो तो नहीं कर रही न जिसकी लत लगी है? हो गया। जितनी देर यहाँ बैठ रही हो, एक-एक क्षण जो तुम यहाँ बिता रही हो, तुम्हारी वो लत कमज़ोर पड़ रही है। क्योंकि वो लत भूखी है, वो भोजन माँगती है, ऊर्जा माँगती है। वो ऊर्जा जानती हो क्या है? तुम्हारा जीवन, तुम्हारा समय। तुम उसे अपना जीवन नहीं दे रही, तुम उसे अपना समय नहीं दे रही, तुम अपना समय कहीं और दे रही हो न। जितनी देर तुम अपना समय कहीं और बिता रही हो, उतनी देर तुम्हारी वो लत — और लत ही बहाव है, वो आदत ही बहाव है — उतनी देर तुम्हारी वो लत क्षीण पड़ती जा रही है।

बात समझ में आ रही है?

सत्संग का यही महत्व होता है, वह तुम्हारे बहाव से हटकर के कुछ होता है। वहाँ पर क्या हो रहा है, यह कोई बहुत महत्व नहीं रखता। महत्व तो बस इस बात का है कि वहाँ जो हो रहा है वो उस तल पर नहीं है जिस तल पर तुम्हारा शेष जीवन है। तो तुम्हें कुछ और देखने को मिला। क्या देखने को मिला? वो अलग बात है। वो बहुत महत्व रखती ही नहीं। महत्व बस इस बात का है कि आयामगत अंतर था। कहीं और पहुँच गए जहाँ कुछ और हो रहा है, जो वो नहीं है जो हमेशा होता है। तो फिर वो जो हमेशा होता रहता है उसकी ताकत ज़रा घट जाती है, उसकी पकड़ ज़रा ढीली पड़ जाती है।

तुम अब जब यहाँ से उठोगी, तुम्हारे पास प्रमाण होगा। तुम कहोगी कि अगर चार घंटे में बैठ गई बिना नशे के तो मतलब पाँचवे घंटे भी बैठ सकती हूँ। यह घटना अपनेआप में तुम्हारे लिए भरोसा बन जाएगी, तुम्हें ताकत दे जाएगी। तीन घंटे अगर यहाँ ध्यान में बैठ गई तो पाँच घंटे बाहर भी बैठ सकती हो। 'अगर इस बहाव में दो चार साँसें ले लीं, तो शेष साँसें उस दूसरे बहाव में भी ले सकती हूँ। उसको भी बदल सकती हूँ। उसको भी इसमें परिणीत कर सकती हूँ।'

बात समझ में आ रही है?

वो जो पहला बहाव है, वो कायम ही इस भरोसे रहता है कि यही तो ज़िन्दगी है यार! तुम किसी से पूछना, तुम कहना उससे कि ये बहाव चल रहा है तुम्हारी ज़िन्दगी में और तुम बहे जा रहे हो बेहोश। तो कहेगा, 'होगा बहाव, पर यही तो ज़िन्दगी होती है, और क्या होता है!'

अभी यहाँ जो हो रहा है वो किसी चीज़ को प्रमाणित किये दे रहा है, जानती हो क्या? कि ज़िन्दगी वैसी ही नहीं होती, ज़िन्दगी ऐसी भी होती है। कि अभिव्यक्ति मात्र वैसी ही नहीं होती, अभिव्यक्ति ऐसी भी होती है। कि साँसें वैसे ही नहीं ली जातीं, ऐसे भी ली जाती हैं। कि वचन वैसे ही नहीं होते, वचन ऐसे भी होते हैं। कि सुनना वैसे ही नहीं होता, सुनना ऐसा भी होता है। कि बैठना वैसा ही नहीं होता, बैठना ऐसा भी होता है। कि देखना वैसा ही नहीं होता, देखना ऐसा भी होता है।

मन अविश्वासी होता है, मन हमेशा संदेह में घिरा होता है। ये जगह, ये घटना, ये होना, यह आयोजन, तुम्हें यकीन दिला जाता है कि न, मन तू झूठ बोल रहा था। मन तू कह रहा था कि ऐसा तो कुछ होता ही नहीं; हम होकर आए हैं, हमने अनुभव किया, हमने जाना कि ऐसा होता है। और अगर ऐसा थोड़ी देर को हो सकता है तो हमें लग रहा है कि ऐसा सदा भी हो सकता है। सदा हो न हो, कम-से-कम दो-चार दिन तो हो सकता है, तो दो-चार दिन तो प्रयोग करेंगे और दो-चार दिन के बाद पुनः वापस आ जाएँगे।

बात आ रही है समझ में?

क्षणिक समाधान मत माँगना। त्वरित हल मत माँगना। मत पूछना कि फिर जब गुस्सा आए तब क्या करें। तब कुछ नहीं कर पाओगे, क्योंकि गुस्सा कोई क्षणिक

घटना है ही नहीं। गुस्सा तुम्हें दिखाई तब पड़ा है जब घटा है। हमने जब बहाव की बात की तो हमने दो उदाहरण लिये थे, गुस्से के और प्रेम के। मैं कह रहा हूँ, गुस्सा कोई अपनेआप में अलग घटना, आइसोलेटेड इवेंट है ही नहीं। गुस्सा तो फल है उस बहाव में होने का। उस बहाव का नाम ही है क्रोध। जैसा जीवन जी रहे हो, उसमें क्रोध तो रहेगा ही, तो ये मत पूछना कि क्रोध का क्या इलाज है। क्रोध का कोई इलाज नहीं है। जो लोग तुम्हें क्रोध का इलाज देते हैं वो बस ऐसे ही तुम्हें कोई गोली थमा रहे हैं बेहोशी की — 'गुस्सा बहुत आ रहा है, शराब पी लो', 'गुस्सा बहुत आ रहा है, कोई और नशा कर लो।'

गुस्से का एक ही इलाज है — उस तल पर ही मत रहो जहाँ पर अपूर्णताएँ हैं, जहाँ बेहोशियाँ हैं, जहाँ विकराल कामनाएँ हैं। ये जहाँ हैं वहाँ फिर क्रोध तो रहेगा ही। बात समझ में आ रही है?

और उस तल से इस तल की छलाँग भी यकायक नहीं लगेगी। जितना अपनेआप को मौका देते जाओगे अपने तल से हटकर के कहीं और होने का, उतनी तुम्हारी सामर्थ्य बढ़ती जाएगी और उतना तुम्हारा भरोसा बढ़ता जाएगा। असल में जो कमी है, जो त्रासदी है वो पूरी भरोसे की है, श्रद्धा की है, क्राइसिस ऑफ़ फेथ है। पहले से दूसरे पर आ तो जाओ, पर दूसरे के होने का कुछ भरोसा तो हो। हम तो कहते हैं कि पहला ही सबकुछ है, 'यह है मेरा संसार, यही है।'

दूसरे की एक झलक भी मिलती है न तो भरोसा बढ़ जाता है। दिल तो उस झलक के लिए कब से ही बेकरार था, दिल तो कहता ही रहता है, 'कुछ गड़बड़ है, कुछ गड़बड़ है!' पर तर्क बात को दबा देते हैं। तर्क कहते हैं, 'क्या गड़बड़ है? और अगर गड़बड़ है तो हल लेकर आ' और हल मिलता नहीं। हल की ज़रा सी झाँकी भी मिले तो तुम देखना कितनी जल्दी तुम कहने लग जाओगे कि न, अब हमें ये तर्क देना ही नहीं कि दूसरा बहाव कुछ होता ही नहीं। अब हमें यह तर्क देना ही मत कि दोनों बहावों में कोई अंतर होता ही नहीं। हम होकर के आए हैं, हम देखकर आए हैं, हमने पिया है।

समझ में आ रही है बात?

बीच में एक अंतराल आएगा, वो अंतराल जमने का होगा। जब पुराना तो छूटता लगेगा और नया पकड़ में आया नहीं होगा। वहाँ भी रुक मत जाना। वह न शुभ है न अशुभ है, वो अनिवार्य है, इनएवीटिबल (अपरिहार्य) है। वो आएगा, बस उस पर अटक मत जाना। बीच में एक समय ऐसा आता है जैसे कि दो गियर बदलो, फॉरवर्ड से रिवर्स लगाओ तो बीच में न्यूट्रल आता है न, न आगे जा सकते हैं, न पीछे जा सकते हैं। वहाँ रुक भी मत जाना।

प्र: ये बाल्टी में भी होता है। पानी को अगर हम घुमा रहे होते हैं न तो उलटी साइड में जब घुमाते हैं तो थोड़ी देर के लिए पानी एकदम हिलता नहीं है।

आचार्य: और तब ऐसा लगता है जैसे लहरों में आपसी घर्षण हो रहा हो। लहर लहर से टकरा रही है, संघर्ष चल रहा है।

प्र: पहले तल पर तो हम मानसिक स्तर पर चीज़ें चला रहे होते हैं, दूसरे तल पर आ गए तो वहाँ पर भी बोध है।

आचार्य: पहले तल पर बैठकर के दूसरे तल का अनुमान मत लगाइए।

प्र: नहीं, नहीं, अगर दूसरे तल पर हैं तो...

आचार्य: 'अगर' नहीं होता वहाँ पर। या तो है या तो नहीं है। जब तक अगर-मगर चल रहा है तो पहला ही तल है, दूसरा तल श्रद्धा कहलाता है, वहाँ 'अगर' इत्यादि शब्द होते नहीं।

पहले तल पर हैं, और थोड़ा-थोड़ा अपनेआप को मौका देते जाना है उससे ज़रा-ज़रा बाहर होने का। जितना बाहर होते जाएँगे, अंतर की उतनी प्रतीति होती जाएगी। जितना आपको अंतर पता चलता जाएगा, उतना आपके लिए ही मुश्किल होता जाएगा पहले तल पर पुनः लौट-लौट जाना। अभी तो आसान है, यहाँ से उठोगे फिर उन्हीं ढर्रों में चले जाओगे जहाँ से आते हो। और जितना ज़्यादा समय बिताते जाओगे कहीं और, उतना ज़्यादा तुम्हारे ही लिए असंभव होता जाएगा दोबारा अपनी उसी ज़िन्दगी में वापस जाना। अच्छा है, बढ़िया तकलीफ़ है। ये तकलीफ़ ही मुक्ति देगी। इस तकलीफ़ से डरकर भाग मत जाना। ये तकलीफ़ कुछ दिनों के लिए जमा देगी। कहोगे, 'न आगे बढ़ पा रहे हैं, न पीछे जा पाते हैं।' बहुत लोग उस जमने के क्षण में ही पीछे भाग जाते हैं। ठीक उस समय जब उनके जीवन में कुछ अद्भुत घटित होने वाला होता है, माया उनको वापस खींच लेती है। तब भाग मत जाना।

अहम् क्या?

अहम्: असुरक्षा का झूठा भाव

अहम्: असुरक्षा का झूठा भाव

(अद्वैत बोधस्थल, २०२४)

आचार्य प्रशांत: कह रहे हैं लाओत्ज़ू कि ऋषि आपकी मदद करता है कि आप भूल पाएँ वो सब जो आप जानते हैं। और किसी बात को लेकर अगर आप दृढ़ होते हैं कि आप जानते ही हैं, तो ऋषि आपमें संशय पैदा करता है। समझना पड़ेगा बात क्या है, क्योंकि अगर नहीं समझा तो सूत्र थोड़ा अटपटा सा है। हम स्वीकार कर लेते हैं इस नाते है कि बड़े लोगों ने बोला है। खासकर भारत में नैतिक एक ये सिद्धान्त सा बन गया है कि अगर कोई प्रचलित व्यक्ति हो, सम्मानित व्यक्ति हो तो उसकी बात को बस स्वीकार कर लो।

बिना समझे स्वीकार करने से दो-तरफ़ा नुकसान होता है — आपको कोई लाभ नहीं होता और जिसकी बात को आपने बिना समझे स्वीकार कर लिया, उसका असम्मान हो जाता है। आपके लिए बात हो जाती है अनुपयोगी और उसके लिए बात हो जाती है असम्मान की। कोई भी काबिल व्यक्ति, कोई भी सुदृढ़, बली, ज्ञानी व्यक्ति कभी ये नहीं चाहेगा कि आप उसकी बात से बस कोरी हाँ-से-हाँ मिलाते रहें। जाना न समझा, बस सम्मान प्रदर्शित करने के लिए सिर हिला दिया।

> “सच का सामना करने के लिए आत्म-संशय आवश्यक है।”

सामने जो खड़ा होगा अगर वो किसी हैसियत का, किसी स्तर का, किसी स्थान का होगा तो वो इस बात को अपमान की तरह लेगा। कहेगा, ‘पहले तो तुम मुझमें ये खोट दिखा रहे हो कि मैं तुम्हें समझा नहीं पाया और फिर तुम मुझमें ये खोट दिखा रहे हो कि मैं तुम्हें समझा पाया नहीं लेकिन तुम्हें मैंने इतना डरा रखा है कि तुमको सहमति दिखानी पड़ रही है झूठ-मूठ की। तो तुमने तो मुझमें दो तलों की खोट निकाल दी बाबा।‘

पहली खोट क्या? मैं तुम्हें समझा नहीं पाया। दूसरी खोट क्या? कि तुम्हें इतना डरा रखा है कि तुम बिना समझे ही हुँकारा मार रहे हो, सिर हिला रहे हो। ये सम्मान बोलें या जी-हुज़ूरी? बोध है कि चाटुकारिता? अध्यात्म में तो सारा खेल ही बोध का है। वहाँ इस प्रकार की औपचारिकताएँ और चाटुकारिताएँ एकदम नहीं चल सकतीं। कि मैं पाँच बार पूछूँ, ‘समझ में आ रही है बात?’ थोड़ा संशय रखो अपने ऊपर। ‘संशय’ आज के लिए बड़ा केन्द्रीय शब्द है वैसे ही। संशय रखो।

पहली बात तो लगेगी भी कि समझ में आ रही है तो यही कहो कि कुछ गड़बड़ हो सकती है अभी। अभी ऐसा प्रतीत हो रहा है कि समझ में आ गई बात पर सम्भावना है कि हो सकता है कुछ-का-कुछ समझ लिया हो। और दूसरा, किसी को खुश नहीं करना है। आप यहाँ अपने लिए बैठे हो, किसी दूसरे को झाड़ पर चढ़ाने के लिए नहीं। और लाओत्ज़ू जैसे लोग — अगर हम कथाओं को मानें तथ्यात्मक — जिन्होंने पूरा जीवन ही लगभग गुमनामी में बिता दिया था, उन्हें क्या पड़ी है कि वो आपके छोटे से झाड़ पर चढ़ जाएँ और वहाँ चढ़कर अपने को श्रेष्ठ मानें! वैसे लोग हैं क्या?

कितने लोग शुरू से हैं बोध-प्रत्यूषा[1] में? (श्रोताओं से पूछते हुए) जब हमने कथा-यात्रा शुरू की थी पूरी, तो याद है न, लाओत्ज़ू का पूरा कच्चा-चिट्ठा खोला था, जितना मिलता है। बहुत पुराने हैं, ईसा से पुराने। बुद्ध के आस-पास के समय के हैं और उसमें भी कुछ पक्का निश्चित नहीं होता कि कब के हैं, कब के नहीं हैं। तो पूरा जीवन क्या कर रहे थे लाओत्ज़ू? कुछ नहीं, न बहुत किसी को ज्ञान देते थे, न कोई किताब लिखते थे। कोई राजा था वहाँ का या ज़मीन्दार रहा हो या कि सामन्त रहा हो, उसके यहाँ एक साधारण से कर्मचारी थे।

> "बिना समझे स्वीकार करने से दो तरफ़ा नुकसान होता है। आपको कोई लाभ नहीं होता और जिसकी बात को आपने बिना समझे स्वीकार कर लिया, उसका असम्मान हो जाता है।"

ज्ञान का एक ये लक्षण होता है कि उसको अपने प्रदर्शन में बड़ी रुचि नहीं होती है। वो बड़ा सहज रहता है अपने को अप्रदर्शित रखे हुए भी। वो कुलबुलाने नहीं लग जाता कि चार लोग मिल गए, चलो जल्दी से इन पर ज्ञान झाड़ दो सारा। तो लाओत्ज़ू ने बहुत कम लोगों से बात की और लिखा तो कुछ भी नहीं। शायद चन्द लोग ही रहे हों और उस समय वैसे भी आबादी भी कम और संचार के साधन भी कम, तो कम ही लोग रहे हों जिन्हें पता हो कि ये आदमी ज़बरदस्त है।

तो फिर जब जीवन से निवृत्त होने का समय आया तो कहते हैं, लाओत्ज़ू निकल लिये भारत की ओर तिब्बत की दिशा में। जब जा रहे थे तो उसमें भी दो कथाएँ हैं। एक तो ये कि जब शहर से बाहर जा रहे थे तो शहर का जो प्रहरी था, शहर का ही द्वारपाल था, उसी ने पकड़ लिया। बोला, 'मैं पहचान गया कौन हो।' और जा भी ऐसे नहीं रहे थे कि बड़ी अपनी रथ यात्रा उन्होंने सजाई हो। किसी घोड़े, जाने खच्चर में बैठकर निकल रहे थे। बड़ी बात नहीं, गधा पकड़ रखा हो। ऐसे लोग ऐसे ही होते हैं।

---

1 संस्था द्वारा चलायी जा रही सत्रों की एक श्रृंखला जिसमें आचार्य जी ने दो बोध ग्रंथों — शून्यता सप्तति और ताओ ते चिंग के छंदों पर विस्तृत व्याख्या की है।

उसने पकड़ लिया। बोला, 'मैं पहचान गया। ऐसे नहीं जाने दूँगा। ये भी दिख रहा है कि अब जा सदा के लिए रहे हो, क्योंकि अब गए तो लौटोगे नहीं तुम। जितना ज्ञान है, सब बताओ, नहीं तो जाने नहीं दूँगा।' तो फँस गए। फिर वहाँ से जो उन्होंने ज्ञान बताया, वो हमारे सामने अब ग्रन्थ के रूप में है।

दूसरी कहानी कहती है कि निकल तो गए थे सफलतापूर्वक पर जब तिब्बत में प्रवेश करने लगे, तब धर लिये गए। बोले, 'हमें पता है तुम कौन हो और अगर यहाँ अन्दर आना है तो पहले ज्ञान बताओ।' उस समय पर ज्ञान इतनी आसानी से नहीं मिल जाता था कि फेसबुक पर डाल दिया और शेयर कर दिया तो सब तक पहुँच जाएगा। ज्ञान बड़ी अमूल्य और विरल बात थी। सोचकर देखिए न।

किसानी चलती थी, कृषि आधारित पूरी अर्थव्यवस्था थी, कोई कैसे किसी को ज्ञान बताएगा? बहुत यात्राएँ करनी पड़ती थीं, तब जाकर के सुनोगे। रिकॉर्डिंग हो नहीं सकती थी। प्रिंटिंग प्रेस भी आविष्कृत नहीं थी, तो अगर कुछ लिखा भी गया तो बड़ी मेहनत से लिखा जाता था। एक प्रति ही बड़ी मुश्किल से बनती थी, दूसरी प्रति भी कैसे बनेगी, वो हस्तलिखित ही होगी। वो भी बहुत मुश्किल से बनेगी। फिर ब्लॉक्स आये, प्रिंटिंग ब्लॉक्स आये। उसमें भी इतना हो गया कि जो मुद्रित हो रहा है, उसका मानकीकरण हो गया। ठीक है? कि अगर 'क' एक किताब में ऐसा है, तो दूसरी किताब में ऐसा ही होगा वो। लेकिन किताबों के मुद्रण की गति उससे भी नहीं बढ़ी। सोचो, ऐसे-ऐसे, ऐसे-ऐसे करके किताब आयी। तो ज्ञान बड़ी विरल बात थी।

तो पकड़े गए। बोले, 'बताओ क्या है?' कहे, 'बताते हैं।' तो उन्होंने जो बताया, वो हम आज तक बता रहे हैं, आप आज तक सुन रहे हैं। एक शब्द है यहाँ पर जिसकी बात नहीं हो रही है एकदम। वही शब्द पूरी बात के केन्द्र में बैठा है। और ये बात बिलकुल लाओत्ज़ू की शैली की है, द लाओत्ज़ू स्टाईल। कह रहे हैं कि जो सबसे कीमती है, उसका नाम मत लेना। उसका नाम लेते ही उसकी कीमत घट जाती है। जो सबसे कीमती हो, उसका नाम मत लेना। और नाम लेते ही कीमत घट जाती है और ये भी बोलते हैं कि वो जो असली है 'ताओ', उसको ब्रह्म मान लो। उसका नाम तो लिया भी नहीं जा सकता।

> "ज्ञान का एक ये लक्षण होता है कि उसको अपने प्रदर्शन में बड़ी रुचि नहीं होती है। वो बड़ा सहज रहता है अपने को अप्रदर्शित रखे हुए भी।"

तो आज की पूरी बात के केन्द्र में जो है, उसको हम ताओ नहीं मानेंगे। ताओ की तो कोई बात हो नहीं सकती। ताओ का नाम नहीं, कुछ नहीं। आज हम उसको केन्द्र में मानेंगे जिसकी बात तो है पर नाम नहीं है यहाँ पर। उसका नाम ताओ नहीं है। ताओ माने ब्रह्म, आत्मा मान लीजिए। उसका नाम है अहम्।

तीन वाक्यों में विभाजित देखिए आज के उद्धरण को और तीनों में से कहीं भी अहम् का नाम नहीं है। और जो पूरी बात है, वो अहम् पर है। जो आज की बात को समझना चाहे, उसे पहले अहम् से सम्बन्धित कुछ मूल सिद्धान्त एकदम समझने पड़ेंगे। वो सिद्धान्त समझ लोगे तो फिर जो ये तीन वाक्य हैं, समझ में आ जाएँगे। नहीं तो कुछ समझ में नहीं आएगा।

पहली बात लिखिए, अहम् अपनेआप में बस एक झूठी असुरक्षा है। तो लिखिए पहली बात, अहम् बराबर झूठी असुरक्षा। अब वैसे तो स्पष्ट होगा पर फिर भी लिख लो, झूठी के नीचे थोड़ा सा एक रेखा खींचो। मतलब ये है कि है नहीं, पर प्रतीत हो रही है। है नहीं, पर प्रतीत हो रही है। जैसे बाप होली खेलकर आ गया और मुँह पर लाल, नीला, पीला, काला सब रंगकर आ गया है और बच्चा है साल भर का, जैसा होता है बच्चा मूर्ख, उसको बाप ने गोद में लिया तो उसने चिंघाड़ें एकदम मार दी। छोटा-मोटा रुदन नहीं, आर्तनाद, कि हाय-हाय! ये यमराज ही है, आज लेकर जाएगा, खत्म कर देगा।

असुरक्षा है नहीं, पर प्रतीत हो रही है, इसका नाम अहम् है। हो बाप की गोद में, पर बाप का चेहरा पहचान नहीं पा रहे; क्योंकि बाप का चेहरा वैसा नहीं है जैसा तुमने अनुमान किया था, जैसी तुम्हारी अपेक्षा थी, जैसे तुम्हारी छवि है, वैसा बाप का चेहरा है नहीं तो डरे हुए हो। ठीक है? असुरक्षित हो, यद्यपि उस असुरक्षा का कोई वाजिब कारण तुम्हारे पास है नहीं, इसको अहम् बोलते हैं। तो ये पहली बात हो गई, अहम् एक झूठी असुरक्षा है। इसी को और अपने को ही स्पष्ट करने को लिख लो, 'है ही नहीं वो।' झूठ का अर्थ होता है — वो जो है ही नहीं। क्योंकि अहम् क्या है? असुरक्षा। और असुरक्षा तो है ही नहीं, क्योंकि असुरक्षित होने का कोई कारण नहीं है।

और आचार्य नागार्जुन ने क्या बताया? 'यदि कारण नहीं है तो तुम कार्य कहाँ से लाओगे!' माँ नहीं है तो बच्चा कहाँ से आया! कोई बच्चा बोले, 'मेरी तो कोई माँ ही नहीं है', मतलब बच्चा भी है नहीं। जिस असुरक्षा का कोई कारण नहीं, वो असुरक्षा भी क्या है? है नहीं। है नहीं, पर प्रतीत होती है। यदि कारण नहीं तो क्या कार्य को हम वैध मान सकते हैं? नहीं मान सकते। पर असुरक्षा उसे अपनी दृष्टि में तो लग रही है। अपने देखे वो भारी असुरक्षा में है।

अब उस बच्चे को देखो, मन में चित्रित करो बच्चे को। वो क्या कर रहा है? अरे! हाथ मार रहा है, टाँग पटक रहा है, बाप के बाल नोच रहा है, थूक रहा है बाप के मुँह पर, सबकुछ कर रहा है। आते-जाते जितने लोग हैं, सबको बुला रहा है, 'अरे! बचा लो आज तो। काल हर ले गया हमको।' समझ में आ रही है बात?

चिल्ला-चिल्लाकर माँ को बुला लिया। माँ आकर हँस रही है। बोल रहा है, 'ये भी बेवफ़ा निकली। आज तो सचमुच प्रलय का ही दिन है। पहले तो न जाने किसने उठा लिया है, मौत की नाई, और ये माँ! सोचते थे ये अपनी होगी, ये भी खड़ी होकर हँस रही है बस।' खत्म।

ये अहंकार है। अरे! पर अपनी दृष्टि में तो वो असुरक्षित है। तो फिर वो क्या करता है? वो अपने चारों ओर सुरक्षा के विषय खड़े करता है। आपके पास जितने भी विषय हैं, वो सब सुरक्षा के विषय हैं। अब ये जो आपके पास विषय हैं, इनको दो कोटियों में डालिए — एक जो है, एक जो चाहिए। एक जो है और एक जो चाहिए। जो है, वो भी मन में घूमता है; जो चाहिए, वो भी मन में घूमता है। ठीक है? इन दो के अलावा और कुछ होता नहीं।

तो अहम् ने अपने चारों ओर क्या खड़े कर लिये? सुरक्षा के विषय। और इन विषयों को हम कह रहे हैं, दो तरह के होते हैं। हालाँकि ये दोनों जो प्रकार हैं विषयों के, ये अन्तर्सम्बन्धित हैं, क्योंकि क्या आपको चाहिए, वो इसी पर निर्भर करता है कि क्या आपको लगता है कि आपके पास है। ठीक है? पर फिर भी हम इनका विभाजन किये दे रहे हैं — क्या है और क्या चाहिए।

दो तरह के विषय हैं। अहम् केन्द्र में खड़ा हुआ है। अपनी दृष्टि में वो है, और क्या है वो? सिर्फ़ एक असुरक्षा का भाव भर है अहम्। वो भाव किसको है? उसी को है। तो है नहीं पर वो अपनी दृष्टि में एक असुरक्षा का भाव है, जिसको अहंकार बोलते हैं।

तो इस नाते वो अपने चारों ओर एक जमघट लगाता है विषयों का। अब विषय हैं। मज़ेदार बात पर आ रहे हैं हम। विषय तो हैं, विषय एक तथ्य है। अहंकार सिर्फ़ एक भाव है, उसको तथ्य क्या बोलें! आपको भाव उठ सकता है कि ये पंखा नहीं है, ये आटा पीसने की चक्की है तो इससे ये तथ्य थोड़े ही हो जाएगा कि आटा पीसने की चक्की है। अहम् सिर्फ़ क्या है? भाव, असुरक्षा का झूठा भाव। लेकिन इस भाव के कारण वो अपने आस-पास जो इकट्ठा करता है, वो क्या है? वो तथ्य है, वो विषय है। उन विषयों में क्या आता है? व्यक्ति आते हैं, वस्तुएँ आती हैं, विचार आते हैं।

इन तीनों में से ही कुछ अपने पास होता है और कुछ अपने पास नहीं होता, उसकी कामना भर होती है — व्यक्ति, वस्तु, विचार। अब ये तथ्यों के अन्तर्गत आते हैं। कम-से-कम व्यक्ति और वस्तु तो आप साफ़-साफ़ देख पा रहे हो कि बिलकुल स्थूल तथ्य होते हैं। अरे भाई, केन्द्र में कौन है? अहम्। और अहम् क्या है? सिर्फ़ एक भाव है, हवाई भाव, झूठा भाव, खयाली भाव। लेकिन इस भाव के कारण उसने अपने आस-पास जो इकट्ठा कर लिया है, वो क्या है? वो तथ्य है। वो विषय जो है, वो तथ्य है। उनके होने के कारण अहम् को भी तथ्य समान वैधता मिल जाती है। उनके होने के कारण अहम् को भी ऐसी वैधता मिल जाती है जैसे वो भी हो।

आप एक कमरे में घुसें, वहाँ आप पाएँ बिस्तर एक लगा हुआ है, चश्मा एक रखा हुआ है, कपड़े बहुत सारे रखे हुए हैं बाकायदा, जूते रखे हुए हैं। कमरे में बिजली का, पंखे का प्रबन्ध है। किताबें रखी हुई हैं, तकिया लगा हुआ है बिस्तर पर। कुछ खाने-पीने का भी सामान रखा हुआ है। थाली रखा है, कटोरी है, गिलास है, ये सब रखे हुए हैं वहाँ पर। ये सब क्या हैं? वस्तुएँ हैं, विषय हैं। पर इनको देखते ही आप अनुमान क्या लगा लोगे? कोई है। यही बात है अहम् की। ये सबकुछ है, अहम् नहीं है। पर इनको

इस्तेमाल करके अहम् अपनेआप को वैधता दे देता है। अहम् कहता है, 'अगर ये सब हैं तो मैं भी होऊँगा।'

बात आ रही है समझ में?

अच्छा, मेरे पीछे यहाँ पर पृष्ठभूमि मान लीजिए बिलकुल काली हो, एकदम काली हो। यहाँ सबकुछ काला-ही-काला हो और यहाँ बीच में एक कोई प्रबन्ध कर दिया जाए कि आपको ऐसे दो हाथ दिखाई दें जिन पर सफ़ेद रेडियम चमक रहा है और दो पंजे दिखाई दें, उन पर भी सफ़ेद रेडियम चमक रहा है। और जूते हैं पंजों में, उनमें भी सफ़ेद रेडियम चमक रहा है और बाकी पूरा अन्धेरा है। सिर आपको दिखाई नहीं दे रहा। सिर भी वैसे ही काला है, कपड़े भी पूरे काले हैं, बस आपको हाथ दिखाई दे रहे हैं और पाँव दिखाई दे रहे हैं और वो सफ़ेद-सफ़ेद चमक रहे हैं। तो आप तुरन्त क्या बोलोगे? 'अगर ये सबकुछ है, तो कोई होगा।'

अहम् भी एक अनुमान मात्र है, झूठा अनुमान। वो अपनी हस्ती अपने विषयों से उधार लेता है। अवलम्बित है वो, सेकेंड-हैंडेड है, विकेरियस (प्रतिनिधिक) है। वहाँ बात ये नहीं है कि व्यक्ति है इसलिए जूते हैं। वहाँ बात ये है कि जूते हैं इसलिए व्यक्ति है। बात समझ में आ रही है?

तर्क अगर केन्द्र से चलता होता तो कहता, 'मैं हूँ इसलिए देह है और देह है इसलिए जूते हैं।' अहम् ऐसे नहीं चलता। अहम् कहता है, 'जूते हैं तो मैं हूँ।' जो कहेगा, 'मैं हूँ इसलिए जूते हैं', उसके लिए जूते कितने महत्व के होंगे? कम महत्व के होंगे; क्योंकि शुरुआती चीज़ क्या है? केन्द्रीय बात क्या है? मैं हूँ। मैं हूँ तो जूते हैं। तो जूते नहीं भी होंगे, तो मैं हूँ।

अहम् ऐसे नहीं चलता। अहम् कहता है, 'जूते हैं इसलिए मैं हूँ।' अहम् बावला हो जाएगा अगर जूते नहीं हैं तो।

अब समझ में आ रहा है कि जूतों के लिए इतनी क्यों मारा-मारी रहती है? क्योंकि बात ये नहीं है कि मैं हूँ तो जूते हैं। बात ये है कि जूते हैं तो मैं हूँ। समझ में आ रही है बात?

शादियों वाली सालियाँ ये सब बात बिलकुल अच्छे से जानती हैं। इसको लगता होगा, दीदी पगली को कि ये जीजा जी हैं! हम इनको जानते हैं, ये जूता जी हैं। इनके जूते ले लो, इनके प्राण चले गए। 'जूता है तो मैं हूँ।'

अब कर लीजिए थोड़ा सा मनन। सबकी ज़िन्दगी ऐसी नहीं है? फ़लानी चीज़ है तो मैं हूँ। तू है तो मैं हूँ। ऐसा ही है न हमारा सबका? और कई चीज़ें ऐसी होती हैं, वो ज़िन्दगी से अगर चली जाएँ तो लगता है प्राण चले गए। होता है कि नहीं? क्योंकि हमारा अस्तित्व भीतर से बाहर को नहीं होता, केन्द्र से परिधि को नहीं होता, रेयडिअली आउटवर्ड्स नहीं होता। हमारा अस्तित्व परिधि का प्रयोग करके एक मिथ्या केन्द्र का निर्माण करता है। परिधि पहले आ रही है और केन्द्र बाद में आ रहा है।

इसी बात को कबीर साहब अपनी उलटबाँसियों में बहुत प्यारे तरीके से गाते हैं। वो कहते हैं, 'एक बात बताऊँ मज़ेदार? मेरी माँ पहले पैदा हुई थी, दादी बाद में।' कभी कहते हैं, 'पूत पहले आया, बाप बाद में।' हम कहते हैं, 'क्या पगलेट जैसी बातें चल रही है!' वो अहंकार की प्रकृति समझा रहे हैं, वो पागल वाली बात नहीं कर रहे।

वो कह रहे हैं कि आना पहले किसको चाहिए, आत्मा को, 'मैं' को। और उसके बाद सब विषय होते हैं भाई, उनका कुछ करना है तो करो। जूते हैं, हैं जूते, अच्छी बात है बहुत। पर अहम् ऐसे नहीं चलता। वहाँ वो पहले आ जाता है जिसको बाद में आना चाहिए, पहले बाप को आना चाहिए कि पूत को? पहले बाप को आना चाहिए, पर अहम् के मामले में पहले पूत आ जाता है, पूत माने जूता। जूता पहले आ गया बाप बाद में आ रहा है।

हमारा 'मैं' बदल जाता है कि नहीं हमारे कपड़ों के अनुसार? हमारा 'मैं' बदल जाता है कि नहीं हमारे विषय के अनुसार? तो बताओ पहले कौन आ रहा है? विषय या 'मैं'? अभी सबकी जेब में दस-दस लाख हो, कैसा? 'मैं' वही रह जाएगा जैसा पहले था? कहीं नहीं। कुछ समझ में आ रही है बात?

तो 'मैं' को कैसे बदलें? क्योंकि दुख का भोक्ता कौन है? 'मैं'। जूता तो दुख भोग नहीं रहा। आप कोई जूता पहन लो, जीवन भर दुख कौन भोगता है? 'मैं'। ओर 'मैं' तो है ही नहीं। पहले ही आपने सूत्र क्या लिखा आज? 'अहम् एक झूठ है।' फँस गए! क्या करें? वो तो झूठ है। झूठ माने हाथ में आएगा नहीं कभी। कल्पना हो सकती है उसकी, कभी पकड़ में तो आ नहीं सकता। उसको फिर कैसे ठीक करें? चिकित्सा, इलाज हो कैसे उसका जो है ही नहीं? समस्या समझो भारी! सारा दुख, सारी चिन्ता, सारा तनाव किसको है? अहम् को। पर अहम् तो हैइच नहीं!

डॉक्टर साहब गए पेशेंट की सर्जरी करने, वहाँ पर जूते रखे हुए हैं। उसकी टाइ रखी हुई है, जूते रखे हैं, घड़ी रखी है। और दिल का मरीज़ है, मरा जा रहा है। उसका दिल ही दर्द करता रहता हर समय। और सर्जरी की टेबल पर क्या है? उसका चश्मा रखा हुआ है, उसकी विग रखी हुई है, टाइ है, शर्ट है, पैंट है, जूते हैं, घड़ी है। हाथ में चैन बाँधता है, वो भी रखी हुई है। नकली दाँत लगाता है, वो भी रखे हुए हैं। और इन सबके बीच में हाय-हाय करके क्या बोल रहा है? 'मेरा इलाज कर दो, मेरा इलाज कर दो। मैं दुखी हूँ।'

दुखी तो वो है क्योंकि पूरी दुनिया रो रही है, हम इस बात से कैसे इनकार करें!

बुद्ध का पहला आर्य सत्य यही है कि सब दुखी हैं, दुख-ही-दुख है चारों ओर। दुख नहीं है, ये कैसे बोले? हम फँस गए! अहंकार है नहीं, पर दुख है। और दुख है किसको? जो है नहीं। तो अब इलाज कैसे करें?

'डॉक्टर साहब, पेशेंट बड़ा गम्भीर है।'

'लाओ इलाज करें।'

कह रहे हैं, 'पर पेशेंट है नहीं।'

अब इलाज कैसे करें? क्या करें डॉक्टर साहब?

आज जवाब आ रहा है सामने। भाइयों और बहनों, अपने जूते ठीक से बाँध लीजिए, लाओत्ज़ू आपके जूते लेकर भागने वाले हैं। टर्बूलेंट वैदर अहैड (आगे मौसम खराब है) जूतों के फ़ीते बाँध लीजिए। लाओत्ज़ू बोल रहे हैं, 'इनके जूते छीन लो। इनका यही इलाज है।' क्योंकि अहम् को हस्ती, एग्ज़िस्टेंस, वैधता, वैलिडिटी कौन देता है? उसका विषय। कह रहे हैं, 'इसका विषय हटा दो, ये संट हो जाएगा।' क्योंकि ये खुद कुछ नहीं है। 'मैं' को नहीं समझाया जा सकता, 'मैं' है ही नहीं कुछ। 'मैं' तो एक झूठी असुरक्षा है।

असुरक्षा कहती है, 'मैं हूँ, क्योंकि देखो, सुरक्षा के इतने इन्तज़ाम हैं। अगर मैं न होती तो बताओ सुरक्षा के इतने प्रबन्ध क्यों करने पड़ते? बताओ।' वो चला जा रहा है बिलकुल एकदम मस्त, हट्टा-कट्टा है जवान आदमी और दो बैसाखियाँ डाले हुए है। और आप उसे बोल रहे हो, 'भाई साहब, आपको कोई समस्या नहीं है। आप अपने पाँव पर चलिए, दौड़िए, कुछ दिक्कत ही नहीं है।' वो आपको किस प्रमाण पर झूठा साबित करेगा? आप उससे कह रहे हो, 'तुम्हारी टाँगों में कोई समस्या नहीं।' वो तत्काल आपको खारिज करेगा। किस आधार पर? वो क्या दिखाएगा आपको? बैसाखियाँ। वो कहेगा, 'अगर मेरी टाँगें ठीक हैं, तो ये क्या हैं?'

लाओत्ज़ू कह रहे हैं, 'छीन लो। और कोई तरीका नहीं है इसके इलाज का। खत्म करो इसने जो विषय इकट्ठा कर रखे हैं।' उन विषयों का कुछ प्रबन्ध हो सकता है क्योंकि विषय तो तथ्य हैं और तथ्यों के साथ कुछ किया जा सकता है। पर अहम् अपनेआप में क्या है? कल्पना। अब कल्पना को मिटाने का कोई तरीका नहीं। कैसे कहोगे कि किसी की कल्पना झूठी है, बोलो? और कल्पना भी अगर किसी बाहरी विषय के बारे में होती, तो हम एक बार को साबित भी कर देते कि झूठी है। वो कल्पना भी उसके बारे में है जिसके बारे में सिर्फ़ तुम दावा कर सकते हो जानने का। किसके बारे में है वो कल्पना? अपने ही बारे में।

भाई! अगर मैं कल्पना करूँ कि उस कुर्सी पर एक घोड़ा बैठा हुआ है, तो आप तार्किक तरीके से मुझे समझा सकते हैं कि वहाँ घोड़ा नहीं बैठा हुआ। आप कहेंगे, 'हिनहिनाने की आवाज़ आयी? नहीं आयी।' आप कहेंगे, 'घोड़ा बैठा होता तो मैं कैसे बैठ जाता,' आप जाकर कुर्सी पर बैठ जाएँगे। आप कहेंगे, 'घोड़ा कम-से-कम दो-चार सौ किलो का होता होगा। देखो, मैंने कुर्सी उठा ली, मैं कैसे उठा लेता?' आप वहाँ पर हाथ चलाएँगे, कहेंगे, 'घोड़ा होता तो मेरा हाथ ऐसे-ऐसे आर-पार नहीं जाता कुर्सी में। देखो, जा रहा है।' आप पाँच-सात और लोग की गवाही ले आएँगे। कहेंगे, 'घोड़ा है?' वो सब भी कहेंगे कि घोड़ा नहीं है। तो इस तरह से आप तर्क से सिद्ध कर देंगे कि घोड़ा नहीं है।

मैं कह रहा हूँ, मैं असुरक्षित हूँ। मुझे तर्क से सिद्ध करो कि मैं असुरक्षित नहीं हूँ। करो! क्योंकि यहाँ बात किसके बारे में हुई? मेरे बारे में। और मुझे लेकर कोई भी दावा आप नहीं कर सकते। या आप करें भी तो आपके सब दावों के ऊपर मेरा दावा एक बैठ जाएगा क्योंकि बात तो मेरी ही है, मेरी अपनी है। तो इसीलिए मैं को सीधे-सीधे 'मैं' की ही बात करके खारिज करना मुश्किल पड़ जाता है। वो बड़ा ढीठ है, बड़ा हठी है। उसको कितना भी समझाओ तो वो झूठा मानेगा नहीं। वो कहेगा, "जाके पाँव न फटी बिवाई, सो का जाने पीर परायी।" 'दर्द हमें है और ये बोल रहे हैं, हम हैं ही नहीं। हम न होते, तो इतना दर्द कैसे होता।'

सुना है, अनुभव में है? किसी को समझाने की कोशिश करो, खूब समझा लो, उसके बाद वो बोलता है, 'नहीं, ये सब ठीक है, पर आप मुझे समझ नहीं पा रहे हैं।' और आपके पास फिर कोई जवाब नहीं होता, क्योंकि मैं समझा कि नहीं समझा, इसका फ़ैसला तो सिर्फ़ तू ही करेगा बाबा, क्योंकि मामला ही किसका है? तेरा।

मैं सबकुछ समझ भी गया हूँ तो भी मैं कैसे सिद्ध करूँ कि मैं समझ गया। मैं समझा कि नहीं समझा, ये तो फ़ैसला तू ही कर रहा है। और तू अपने हिसाब से कुछ भी फ़ैसला कर लेगा। और तेरी आदत, तेरा स्वार्थ जुड़ा हुआ है असुरक्षा से। असुरक्षा के विरुद्ध कोई भी तर्क आएगा, तू उसको खारिज करता चलेगा। तुझे सदा यही लगेगा कि तुझे जो समझाया जा रहा है उसमें कुछ झूठ है, कुछ खोट है, किसी का अपना न्यस्त स्वार्थ है।

> "वो जो भीतर झूठ बैठा हुआ है, उसको अगर हटाना है तो उन सब विषयों को जीवन से हटा दो जिनको उस झूठ ने पकड़ा हुआ है, जिन पर वो झूठ सहारा लेकर, आश्रय लेकर खड़ा हुआ है।"

आ रही है बात समझ में?

तो लाओत्ज़ू आज हमें एक विधि दे रहे हैं। वो कह रहे हैं, 'वो जो भीतर झूठ बैठा हुआ है, उसको अगर हटाना है तो उन सब विषयों को जीवन से हटा दो जिनको उस झूठ ने पकड़ा हुआ है, जिन पर वो झूठ सहारा लेकर, आश्रय लेकर खड़ा हुआ है।'

तो सूत्र क्या दिया लाओत्ज़ू ने? वो कह रहे हैं, 'जो कुछ भी तुम्हारे मन में है, जब तक वो रहेगा तब तक तुम भी वो ही रहोगे जो तुम हो।' जो कुछ तुम्हारे मन में है, माने विषय, जब तक तुम्हारे मन के विषय वही हैं जो आज हैं, तब तक तुम भी वही रहोगे जो आज हो। जब तक मन की सामग्री नहीं जाएगी, तब तक तुम भी नहीं जाओगे।'

चलो, 'जाना' थोड़ा खौफ़ की बात लग जाती है। कह रहे, 'हमें नहीं जाना, हमें नहीं जाना। इनको जब देखो तब विदाई ही लगाते रहते हैं। आते हैं और खट से बोलते हैं, 'जाओ।' हमें जाना होता तो आए काहे को होते, अब आये हैं तो।'

अच्छा! तो ठीक है, मत बोलो कि तुम तभी जाओगे जब मन की सामग्री जाएगी। ऐसे लिख लो — 'जब तक मन की सामग्री नहीं बदलेगी, तब तक तुम भी नहीं बदलोगे।' बदलना तो ठीक है न? जाने को नहीं कह रहे, बुरा मत मानिए।

> "जब तक मन की सामग्री नहीं बदलेगी, तब तक तुम भी नहीं बदलोगे।"

तो तुम कौन हो फिर? तो तुम कौन हो फिर? तुम तुम्हारे मन की सामग्री हो। जो स्वयं को बदलना चाहते हैं, वो सब भुला दें जो उनके मन में है। मन में जो कुछ है उसे पकड़कर रखे हो, तो कुछ नहीं बदलेगा। 'मैं' वैसा ही रह जाएगा जैसा 'मैं' का विषय है। 'मैं' वैसा ही रह जाएगा जैसा मन का विषय है।

आ रही है बात समझ में?

बहुत सारे लोग होते हैं, वो तमाम तरह के प्रयास करते हैं, साधना करते हैं। वो कहते हैं, 'जीवन बदल नहीं रहा।' जीवन इसलिए नहीं बदल रहा क्योंकि जीवन की सामग्री नहीं बदल रही है, मन के विषय नहीं बदल रहे हैं। आप अगर उन्हीं बातों को महत्व दे रहे हो जिनको हमेशा से दिया, तो आप वही रह गए जो हमेशा से हो। आपको वही सब याद है, उन्हीं स्मृतियों को पकड़कर बैठे हो जो स्मृतियाँ आप पाँच साल से पकड़े हुए हो, तो आप बिलकुल वही रह जाओगे जो आपको रहना है।

कितने लोग वही रह जाना चाहते हैं जो वो आज हैं? कितने लोगों को लगता है कि बदलना और बेहतर होना ज़रूरी है? हाथ उठा दो ईमानदारी से।

(श्रोता हाथ उठाते हैं)

जिन्हें बदलना और बेहतर होना हो, वो अपनी स्मृतियाँ भुलाएँ। और याद रखना — स्मृति कोई पत्थर पर खिंची लकीर नहीं होती कि अब हम कैसे इसको हटाएँ! मन में स्मृति प्रयास से बाँधी जाती है, वो प्रयास हटा दो, स्मृति हट जाती है।

> "आप अगर उन्हीं बातों को महत्व दे रहे हो जिनको हमेशा से दिया, तो आप वही रह गये जो हमेशा से हो।"

हम बहुत बार पूछ चुके हैं आपसे, 'क्या आपको सबकुछ याद रहता है?' आपको बस वही याद रहता है जो याद रखने का आप या तो प्रयास करते हैं चैतन्य रूप से या जिसके याद रखने में आपका स्वार्थ है अचेतन। कुछ भी यूँही याद नहीं रह जाता। याद अगर कुछ है, तो उसके पीछे अहम् का कोई कारण है। जो कुछ भी आपको याद है वही आपको वो बनाये हुए है, जो आप आज हो।

इसमें बीच में सूत्र छूट तो नहीं गया न, कि याद माने विषय। कोई चीज़ आपके घर में होने से विषय नहीं हो जाती। कोई चीज़ विषय तब बनती है आपका, जब वो आपके मन में हो। घर में होने से कुछ विषय नहीं हो जाता। और मन में है माने स्मृति। तो याद!

आ रही है बात समझ में?

आपका पूरा व्यक्तित्व आपकी स्मृति मात्र है। जो आपको याद है, वो आप हो। जो आप याद रखे हुए हो, आप वही हो। अब याद का अभी हमने वो पक्ष लिया जो थोड़ा जड़ है। याद से हम यूँ दर्शा रहे हैं जैसे आशय मात्र विषयों का है। याद हमें बस विषय नहीं होते, हमें विषयों के बारे में भी बहुत कुछ याद होता है।

> “जिन्हें बदलना और बेहतर होना हो, वो अपनी स्मृतियाँ भुलाएँ।”

एक तो ये है कि ये (मग हाथ में लेकर दिखाते हुए) मेरे पास है, ये मुझे याद है। दूसरा, मुझे ये भी याद है कि कितने रुपये का था, किसने दिया था, कब दिया था, कितनी बार गिरा, इस तरह के और कितने मग पूरे भारतवर्ष में पाये जाते हैं। ये जो हरा रंग है, ये किस राजनीतिक पार्टी के झंडे का रंग है। मात्र विषय नहीं याद होता, हमें विषयों से सम्बन्धित बहुत कुछ याद होता है, उसे ज्ञान बोलते हैं, ज्ञान, साधारण ज्ञान।

लाओत्ज़ू कह रहे हैं, ‘भुलाओ, ज्ञान भुलाओ अपना।’ ज्ञान भी स्मृति मात्र है, स्मृति न हो तो ज्ञान बचेगा क्या? आपकी स्मृति चली जाए, आपका ज्ञान बचेगा? लाओत्ज़ू कह रहे हैं, ‘ये जो तुमने विषय पकड़े हैं और विषयों के बारे में तुमने जो पकड़ा हुआ है, वही सब तुम्हारा रुग्ण व्यक्तित्व है आज का।’ नहीं बदलेगा तुम्हारा व्यक्तित्व, ऐसे ही रह जाओगे छोटे से, संकुचित से, डरे से, बात-बात में गिरते, इधर ठोकर खाते, उधर पड़ते, अगर अपना अतीत वही रखोगे जो तुम्हारा आज तक रहा है। अतीत को बदलो। अतीत कैसे बदला जाता है, अतीत में जाकर के टाइम ट्रेवल (समय में यात्रा) से?अतीत बदला जाता है अतीत को भुलाकर के।

आ रही है बात समझ में?

ऋषि वो भूलने में आपकी मदद करता है जो आप अपना ज्ञान समझते हो। और ऋषि वो भुलाने में आपकी मदद करता है जिसको आप अपनी कामना कहते हो। ज्ञान और कामना, इन दोनों से मुक्ति ही है ‘स्वयं से मुक्ति’।

आ रही है बात समझ में?

ज्ञान और कामना। ज्ञान माने ‘जो है’ कामना माने ‘जो चाहिए।’ ‘मैं’ का कोई अपना निजी, पृथक, स्वतंत्र अस्तित्व नहीं होता। जो आपकी स्मृति है, ज्ञान है और कामना है वही ‘मैं’ है। जिसको अपने ‘मैं’ से मुक्ति चाहिए वो अपनी स्मृति को, ज्ञान को, कामना को खारिज कर दे।

> “जब तक तुम बाहर से वही सबकुछ पकड़े रहोगे जो तुमने पकड़ रखा है, तुम भीतर से भी वही रहोगे जो तुम हो।”

ऋषि मदद कैसे करता है भुलाने में? ये दिखाकर के कि ये सबकुछ जो तुमने पकड़ रखा है, किसी बहुत भद्दे मतलब से पकड़ रखा है। ये सबकुछ तुमने इसलिए नहीं पकड़ रखा कि इसमें तुम्हारा हित है, ये सबकुछ तुमने इसलिए पकड़ रखा है ताकि तुम्हारा झूठ कायम रहे। ये सबकुछ तुमने जो पकड़ रखा है, एक बीमारी की तरह पकड़ रखा है, छोड़ दो इसको।

आ रही है बात समझ में?

क्या? (मेज़ पर रखी हुई चीज़ों की ओर इशारा करते हुए) ये पकड़े हो, ये पकड़े हो, ये पकड़े हो और कहो कि इनके भीतर जो मैं हूँ, मैं बदल जाऊँ, तो नहीं बदल पाओगे।

अध्यात्म में एक धोखा सा हो गया है। और ये धोखा पिछले लगभग सौ साल में ज़्यादा फैला है। क्या धोखा? कि तुम्हारी जो बाहर की स्थितियाँ हैं, वो वैसी ही रही आएँ जैसी हैं, तुम बस भीतर से बदल जाओ। जिन्होंने ये कहा उन्होंने कभी लाओत्ज़ू को समझा होता तो ऐसा कभी नहीं कहते।

लाओत्ज़ू कह रहे हैं, 'जब तक तुम बाहर से वही सबकुछ पकड़े रहोगे जो तुमने पकड़ रखा है, तुम भीतर से भी वही रहोगे जो तुम हो।' ये सांत्वना हटाइए, बिलकुल बहाने की झूठी बात है ये कि मैं बाहर से वही सारे काम कर रहा हूँ जो साल भर पहले, दो साल पहले करता था, पर भीतर से मेरे आध्यात्मिक क्रान्ति हो गई है और भीतर मैं एकदम बदल गया हूँ।' ये नहीं होता, झूठ, एकदम झूठ।

किसी ने एक कथा है, उसका हवाला दिया। बोले कि एक लकड़हारा था, तो उसको बोध हो गया। अब इस बात का जो भी अर्थ है कि उसको बोध हो गया। मेरे देखे 'बोध हो गया' जैसा कुछ होता नहीं। बोध एक सफ़ाई की प्रक्रिया है, एक अनलर्निंग (भुला देने की) की प्रक्रिया है, स्वयं को मिटाने की प्रक्रिया है जो जीवन की आखिरी साँस तक चलती है।

> "ऋषि वो भूलने में आपकी मदद करता है जो आप अपना ज्ञान समझते हो। और ऋषि वो भुलाने में आपकी मदद करता है जिसको आप अपनी कामना कहते हो। ज्ञान और कामना, इन दोनों से मुक्ति ही है 'स्वयं से मुक्ति'।"

बोध ऐसी सी बात है जैसे ये मेज़ है और इस मेज़ से धूल हटानी हो। एक बार बहुत अच्छे से साफ़ कर लूँ, दो बार बहुत अच्छे से साफ़ कर लूँ, जिस दिन तक ये मेज़ है उस दिन तक धूल इस पर जमती ही रहेगी। रोज सफ़ाई करनी पड़ेगी, इसी को अनलर्निंग कहते हैं, इसी को बोध कहते हैं। ये मेज़ क्या है? ये मेज़ देह है। जिस दिन तक देह है, इस पर धूल जमेगी। तो 'बोध हो गया' जैसी कोई बात होती नहीं।

पर कथा कहती है कि एक लकड़हारे को बोध हो गया। चलो, हमने सुन लिया 'बोध हो गया'। फिर कहते हैं कि लकड़हारे से पूछा कि बताओ बोध से पहले, एनलाइटेनमेन्ट (प्रबोधन) से पहले तुम क्या किया करते थे? तो लकड़हारा बोला, 'मैं सुबह उठता था, मैं अपने लिए थोड़ा खाना बनाता था, फिर मैं जंगल जाता था, फिर मैं लकड़ी काटता था, फिर मैं लकड़ी बेचता था, फिर मैं पैसे कमाता था, उससे मैं सौदा कुछ लेता था राशन पानी, वापस आकर फिर खाना बनाता था, मैं खाता था, मैं सो जाता था।'

बोले, 'अच्छा-अच्छा-अच्छा! तो बड़ा ही सामान्य सा, साधारण सा आपका जीवन था। अब आप महान बोधी हैं, एनलाइटेंड (प्रबुद्ध) पुरुष हैं आप, अब आप क्या करते हैं दिन भर बोध के बाद?'

तो बोले, 'मैं सुबह उठता हूँ, मैं खाना बनाता हूँ, मैं खाना खाता हूँ, मैं कुल्हाड़ी उठाता हूँ, मैं जंगल जाता हूँ, मैं पेड़ काटता हूँ, मैं लकड़ी बेचता हूँ, उससे पैसे मिलते हैं, उस पैसे से मैं कुछ सौदा खरीदता हूँ, उससे मैं राशन खरीदता हूँ, उसके बाद मैं वापस आता हूँ, मैं खाना बनाता हूँ, मैं खाना खाता हूँ, मैं सो जाता हूँ।'

तो सुनने वाला बिलकुल हतप्रभ रह गया। क्या नाटकीय विवरण है न? बोले, 'अरे! बोध के पहले भी आप जो करते थे, बिलकुल वही-वही आप अभी भी कर रहे हो, तो फिर बोध का अर्थ क्या हुआ?'

तो लकड़हारे ने बिलकुल एकदम — क्या बोलें उसे? — टशन के साथ कहा, 'पहले मैं सबकुछ बेहोशी में करता था, अब मैं सबकुछ होश में करता हूँ।' और ये सुनने में इतनी गज़ब बात लगती है, हमारे गिरते पड़ते कमज़ोर अहंकार को इससे ऐसा सहारा मिलता है, ऐसी सांत्वना मिलती है कि गज़ब! इसका मतलब कुछ बदलने की ज़रूरत नहीं है, बिना कुछ बदले दावा कर सकते हो कि बोध हो गया।

तो मुझे भी किसी ने ये कहानी बतायी। बोले, 'देखिए, ऐसा कुछ नहीं है। आप बार-बार बोला करते हो कि ज़िन्दगी बदलो, ये करो, वो करो। जब देखो तब बताते रहते हो कि करके दिखाओ और शब्द नहीं चाहिए जीवन बताओ, ये सब आप क्या बोलते रहते हो! जीवन थोड़े ही बदलना होता है, बोध तो भीतर की घटना है। बाहर तो सब स्थूल जगत है, वहाँ तो सब ऐसे ही चलेगा। जब देखो तब 'युद्धस्व' और वो क्या आपने पोस्टर बनवा दिया था कि बात हटाओ काम दिखाओ। अरे! काम तो वैसे ही चलना है जैसे ज़िन्दगी भर चला है, बोध होने पर बस बातें नयी-नयी आ जाती हैं, "अहं ब्रह्मास्मि", काम तो वैसे ही करना है।'

और फिर उन्होंने अपनी बात के प्रमाण में मुझे ये ज़बरदस्त लकड़हारे वाली कहानी सुना दी। बोले, 'देखिए, ये पुरानी कहानी है और कहानी ही प्रमाण है।' कहानियाँ प्रमाण कैसे हो गईं, राम जाने। कोई कहानी किसी सिद्धान्त का प्रमाण कैसे

हो सकती है, बताओ? पर ठीक है, उन्होंने कहानी सुना दी। बोले, 'देखा, लकड़हारे में कुछ नहीं बदला।'

तो मैंने कहा, 'अगर लकड़हारा पहले कसाई होता तो? तो आप कहते कि बोध के बाद भी वो सुबह उठता है, जानवरों को लेता है, उनकी गर्दन काटता है, उनका खून बहाता है, उनका माँस बेचता है, उस माँस से अपना पेट भरता है, फिर सो जाता है?'

तो सज्जन थोड़ा लड़खड़ाये, बोले, 'नहीं, ऐसा नहीं है, देखिए, मतलब, पर हो सकता है, क्यों नहीं हो सकता? कुछ ज़ेन कथाओं में ऐसा होता है।'

मैंने कहा, 'क्या होता है?'

बोले, 'जहाँ जिसको बोध हुआ होना है तो कसाई भी होना है।'

तो उन्होंने एक और कहानी सुना दी। बोले कि एक साधक था वो एक कसाई की दुकान में गया और उससे पूछा, 'विच पीस ऑफ़ मीट इन योर शॉप इज़ द बेस्ट (आपकी दुकान में माँस का कौनसा टुकड़ा सबसे बढ़िया है)?' तो कसाई बोला, 'एवरी पीस ऑफ़ मीट इन माइ शॉप इज़ बेस्ट (माँस का हर टुकड़ा मेरी दुकान का बढ़िया है)।' और साधक को तत्काल बोध हो गया।

मैंने कहा, 'इससे क्या पता चला?'

बोले, 'दो बातें।' मुस्कराकर फिर से वही टी फॉर टशन। बोले, 'दो बातें।'

मैंने कहा, 'क्या?'

बोले, 'पहली बात ये कि कसाई रहते हुए भी बोध किया जा सकता है। तो ऐसा कुछ नहीं है जो आप बोलते हो कि जानवरों को मत सताओ, जानवरों को मत मारो, ये माँस खाना छोड़ो। और ये आप तो सबको शुद्ध-शाकाहारी बना रहे हो। ये सबकी कोई ज़रूरत नहीं, कसाई को भी बोध हो सकता है।'

मैंने कहा, 'अच्छा, ये पहली बात बढ़िया आपने बतायी, गहरी! दूसरी क्या?'

बोले, 'ये कि एवरी पीस ऑफ़ मीट इज़ द बेस्ट (माँस का प्रत्येक टुकड़ा बढ़िया है)। इसका मतलब कुछ भी हो, सब एक बराबर है। चुनने वगैरह की कोई ज़रूरत नहीं है। जो आप विवेक वगैरह बोलते रहते हो कि विवेक होना चाहिए, ज़िन्दगी जो दे सब स्वीकार करो, जहाँ हो वहीं मौज मनाओ।'

मैंने कहा, 'अच्छा ठीक है, चलिए अब मैं आगे बढ़ता हूँ।' मैंने कहा, 'इस कहानी में लकड़हारे को मैंने कसाई बनाया, आप बोले कसाई को भी बोध हो सकता है। अब मैं उसको बना रहा हूँ एक पेशेवर विक्षिप्त हत्यारा जो सिर्फ़ शिशुओं की हत्या करता है, छोटे बच्चों की, तीन साल से कम वालों की।'

तो अब आपकी कहानी कहेगी, 'पहले मैं उठता था, जाता था, जो मुझे छः महीने का, एक साल का मिलता था, मैं तुरन्त उसकी गर्दन दबा देता था। फिर ढूँढता था,

कोई मुझे छः महीने वाला मिले, मैं उसकी गर्दन दबा देता था। और अब मुझे बोध हो गया, उसके बाद भी मैं यही करता हूँ।'

तो वो अब थोड़ा ज़्यादा लड़खड़ाये, बोले, 'मतलब क्या है इस बात का?'

मैंने कहा, 'मतलब इतना ही सा है इस बात का कि अगर आप अड़े ही हुए हो कि बाहर का जीवन नहीं बदलेगा, जैसी ज़िन्दगी चल रही है, जो खाते हो, जो पीते हो, जिस दुकान में जाते हो, जो सौदा खरीदते हो, जहाँ से अपनी आमदनी कमाते हो, जिन लोगों से मिलते-जुलते हो, वो सबकुछ वैसा ही चलेगा जैसा अतीत में चला है; तो फिर आप भी वही रहोगे जो अतीत में हो, मैं ये समझाना चाहता हूँ आपको।'

शायद उनको बात थोड़ी-बहुत समझ में आयी।

मैंने कहा, 'देखिए, ये सस्ता अध्यात्म हो जाता है कि तुम्हें अपनी बाहरी जगह बदलने की ज़रूरत नहीं है। तुम तो अपनी भीतर की जगह बदलो बस।' मैंने कहा, 'ये बहुत सस्ता अध्यात्म है, ये बहुत बहाने की बात है। और इसमें एक बड़ी साज़िश की बात है। जिससे आप ये बात बोलोगे वो बहुत खुश हो जाएगा, तत्काल आपको बहुत दान-दक्षिणा दे देगा।' वो कहेगा, 'तुमने मुझे एक बड़े भारी बोझ से मुक्त कर दिया, क्योंकि मुझे पता था कि मैं गलत ज़िन्दगी जी रहा हूँ, मेरे भीतर गिल्ट होती थी, अपराध भाव आता था कि मैं गलत जी रहा हूँ। पर ये गुरुजी, इन्होंने हमें आकर बता दिया कि मैं जैसी ज़िन्दगी जी रहा हूँ, मैं जियूँ, मुझे तो बस आन्तरिक परिवर्तन चाहिए, बाहर तो किसी भी बदलाव की कोई ज़रूरत है ही नहीं।' मैंने कहा, 'देखो, ये नकली सौदा है। और ये बहुत धोखे की बात है।'

मैं उम्मीद करता हूँ आपमें से भी कुछ लोग इसी धोखे को पकड़कर नहीं बैठे होंगे। गलत नौकरी, गलत आमदनी, गलत सम्बन्ध, गलत खान-पान, गलत पड़ोस, गलत संगत, गलत घर, सब गलत रखते हुए आप अगर सोचते हो कि आप भीतर से परिवर्तित हो जाओगे, तो नहीं हो पाएगा भाई, मुझे माफ़ करिएगा मैं आपकी आशाएँ तोड़ रहा हूँ। पर ऐसा होता नहीं है, इसलिए बता रहा हूँ।

बात आ रही है समझ में?

और बहुत सारे लोग झूठ-मूठ के आध्यात्मिक बने हुए हैं यही बोलकर के। कह रहे, 'हम तो फ़कीर हैं भीतर से।' हें! भीतर से फ़कीर हो, बाहर से कसाई, हमें तो बात समझ में नहीं आयी। और भीतर की फ़कीरी बड़ी सुविधा की होती है, एकदम सस्ती, किसी को दिखानी भी नहीं पड़ती न। हम ही को तो दावा करना है कि हम भीतर से फ़कीर हैं, कर दो। 'हम फ़कीर हैं' 'कहाँ से?'

दाम चुकाओ बाहर से। भीतर अगर सचमुच कुछ परिवर्तित हुआ है, तो वो परिवर्तन बाहर दिखायी देगा। लाओत्ज़ू एक क़दम और आगे की बात कह रहे हैं। वो कह रहे हैं, 'परिवर्तन भी भीतर से तो क्या ही शुरू होगा, क्योंकि भीतर वाला तो हठ

में रहता है। वो तो मुट्ठी भींचकर पकड़े है कि मैं असुरक्षित हूँ। 'मैं हूँ' और मैं असुरक्षित हूँ। उसको तो तुम कुछ नहीं समझाने वाले, तो भीतर से नहीं होने वाला परिवर्तन शुरू। परिवर्तन वास्तव में शुरू भी बाहर से ही होगा।'

जो भी तुमने ज्ञान पकड़ा है, कामना पकड़ी है और स्मृति पकड़ी है, इनको जब तक नहीं त्यागोगे तुम स्वयं को नहीं त्याग सकते। और लाओत्ज़ू से आगे पूछेंगे तो मालूम है क्या कहेंगे? बोलेंगे, 'ज्ञान तुम्हारा नकली है और एक-एक स्मृति तुम्हारी झूठी है।'

दो तलों पर हमारी स्मृतियाँ झूठी होती हैं, समझिएगा अच्छे से। पहला, जो हुआ ही नहीं, हम उसको याद रख लेते हैं और जो हुआ, हम उसको बहुत सुविधा से, बहुत सफ़ाई से भुला देते हैं। और दूसरा तल ये होता है कि अगर हमने किसी तरीके से वो याद रख भी लिया जो सचमुच हुआ था, तो उसे अर्थ हम मनचाहा देते हैं।

तो पहला तरीका होता है स्मृति में बेईमानी करने का, सेलेक्टिव रिमेम्बरेन्स (चयनात्मक स्मरण) — जितना अपने मतलब का है वो याद रखो, जितना अपने मतलब का नहीं है उसको चुन-चुनकर भुला दो। 'मतलब' माने स्वार्थ, जो भीतरी नैरेटिव (कथा) है। भीतरी नैरेटिव क्या है? भीतरी कथा क्या है? 'मैं असुरक्षित हूँ, मैं तो बेचारा हूँ, मेरे साथ दुनिया धोखा करती है, मेरे साथ इसने बुरा किया, मेरे साथ उसने बुरा किया!' ये नैरेटिव है भीतरी।

अहंकार क्या है? वो एक वस्तु नहीं है, वो एक कथा है। अहंकार कोई चीज़ नहीं है, वो बस एक भाव है, एक कहानी भर है वो। वो कहानी क्या बोलती है? 'मेरे साथ तो बहुत गलत हुआ। मुझे अब ये चाहिए, ये चाहिए, ये चाहिए अपनेआप को बचाने के लिए।' तो इस कथानक को बचाने के लिए सेलेक्टिव मेमोरी (चयनात्मक स्मृति), दस में से एक बात याद रखो। और जो पाँच बातें उस कहानी से मेल न खा रही हों, उन पाँच बातों को एकदम भुला दो।

और दूसरा तल क्या होता है? जो एक बात याद भी रखी है उसको भी रंग मनचाहा भर दो, अर्थ अपने अनुसार दे दो।

तो लाओत्ज़ू कह रहे हैं, 'ये स्मृति का आडम्बर तुम्हारी बड़ी बेईमानी है। भुलाओ, तुम्हें कुछ नहीं पता। और जो तुम कहते हो कि तुम जानते हो, वो तुम जानते नहीं। जब तुम जानने वाले को ही जानते नहीं, जब तुम यही जानते नहीं कि तुमने जो याद रखा है, जो तुमने जाना है वो तुमने किस मतलब से जाना है, तो तुम क्या जानते भला, तुम कुछ जानते नहीं।

हाँ, जाना हुआ सब पकड़े रहकर के तुमने बस स्वयं को बचाए रखा है। और हम तुमसे कुछ नहीं कहते अगर तुम स्वयं से प्रसन्न होते। दिन भर कराहते हो, रातभर रोते हो, उसके बाद भी स्वयं को छोड़ते नहीं।

आ रही है बात समझ में?

थोड़ा सा दिल कड़ा करना पड़ता है और बोलना पड़ता है, 'हाँ, यूँही पकड़ रखा है वो सबकुछ, है तो नहीं।' ये करके देखो, हो सकता है एक बार का थोड़ा दर्द लगे, प्रयास लगे, कितनी भारी राहत मिलेगी, आज़ाद हो जाओगे बिलकुल।

कभी उँगली में अँगूठी फँसी है? किस-किस के फँसी है? कभी दाँत के बीच कुछ फँसा है राई या चावल? उँगली में अँगूठी हो, दाँत में राई हो, कैसा लग रहा होता है लगातार? कुछ खटक रहा होता है, बेचैन कर रहा होता है, जीने नहीं दे रहा होता, सहजता छीन लेता है। है न? अहम् ऐसा है।

अब उसको हटाओ। अँगूठी में फँस गई उँगली, निकालो तो क्या होता है? दर्द। पर जब निकल जाती है तो कैसा लगता है? हा..! (राहत के भाव दिखाते हुए) और दाँत में फँस गई हो राई, उसको निकालो तो कैसा लगता है!

कब्ज़ के मरीज़ कौन-कौन हैं? नहीं, हाथ मत उठाइएगा, कोई ज़रूरत नहीं है। कुछ फँसा हुआ था भीतर और चार दिन बाद जब निकलता है, तो कैसा लगता है? आनन्द आ गया इसको बिलकुल (एक स्वयंसेवक की और इशारा करते हुए)। (श्रोतागण हँसते हुए)

समझ में आ रही है बात?

एक बार को तो कष्ट होता है और उसके बाद जो हल्कापन! एक बार को बोल दो, 'इस चीज़ को पकड़े रहने से कुछ मिलना नहीं है। असहज जी रहा हूँ, गति नहीं आ रही, प्रवाह नहीं आ रहा, लय नहीं आ रही कोई।'

एक और उदाहरण, जाड़े के दिन हैं, गाड़ी चला रहे हो, कहीं को जा रहे हो। गाड़ी पर बाहर धुँध जमी हुई है, वाइपर काम नहीं कर रहा है किसी वजह से, बाहर की ओर जमी है। जहाँ पहुँचना है वहाँ जल्दी है पहुँचने की। तो एक तर्क भीतर से ये आ रहा है, 'जल्दी बहुत है, गाड़ी भगाओ' और धुँध जमी हुई है। तर्क कह रहा है, 'अगर रोकोगे तो समय खराब होगा, जल्दी पहुँचना है।'

पर क्या गाड़ी भगा पाओगे? क्यों नहीं भगा पाओगे? कुछ दिख ही नहीं रहा। गाड़ी रोक दो, ऐसा लगेगा समय बर्बाद हुआ, लगा लो उसमें जितना लगता हो तीस सेकेंड, एक मिनट। इससे ज़्यादा तो लगता नहीं साफ़ करने में। उतरोगे, साफ़ करोगे, वापस बैठ जाओगे। अब चलो न राहत के साथ, अब पकड़ो जितनी गति पकड़नी है। उसको लिये-लिये चलने से कुछ मिलना नहीं है।

सामने धुँध है, बोध का, स्पष्टता का अभाव है। यही है न धुँध। धुँध माने क्या होता है? स्पष्टता का अभाव। स्पष्टता का अभाव है, उसको लिये-लिये कैसे चल लोगे? कौनसी गति पकड़ लोगे जीवन में? डर और बना ही रहेगा, बना रहेगा कि नहीं? जितनी गति पकड़ोगे उतना डरोगे। हटा दो एक बार को। पर एक ओर तो कुतर्क आता

है कि समय खराब होगा, दूसरी ओर आता है कि कार के भीतर हीटर चल रहा था और ठंड है बाहर, चार डिग्री तापमान है और दरवाज़ा खोलेंगे, उतरेंगे, अचानक चार डिग्री मुँह पर लगेगा, भीतर अपना बढ़िया पच्चीस डिग्री करके बैठे हैं।

रुक जाओ, थोड़ी असुविधा झेल लो। हटा दो जो चीज़ हटाने की है। हमारे खोपड़े में जो जमा है वो धुँध भर है, उसको पोछोगे नहीं तो कुछ स्पष्ट नहीं होगा।

सबसे बड़ा मूर्ख या अभागा वो है जो अपने खोपड़े की सामग्री पर भरोसा करता है, खोपड़े की सामग्री पर। ये दो बातें होती हैं — खोपड़े की क्षमता और खोपड़े की सामग्री। सामग्री वो जमा करते हैं जिन्हें क्षमता पर भरोसा नहीं होता। क्षमता पर भरोसा करना माने अपनी चेतना पर भरोसा करना और सामग्री जमाकर के रखना माने खुद को ही अक्षम घोषित कर देना कि मैं कुछ कर तो पाऊँगा। नहीं तो पहले से ही जो जमा है उसी को बाँधकर उसी के भरोसे जियो।

नहीं, किसी के भरोसे जीने की ज़रूरत नहीं है, आपकी क्षमता पर्याप्त है। आपको ज्ञान का गोदाम नहीं चाहिए, आपको जानने की क्षमता चाहिए और क्षमता है, पर वो क्षमता दब जाती है गोदाम के नीचे।

आँखों के पास क्या है? देखने की क्षमता। पर कुछ दिखाई देगा क्या अगर आँख में बढ़िया सीनरी (नज़ारे) वाला रंगीन चश्मा पहन लो? क्या सीनरी, क्या दृश्य है? उस चश्मे में जो लगातार दिखाई दे रहा है।

वो दृश्य जो अपने को बहुत भाया था कभी, जिससे स्वार्थ जुड़ा हुआ है, जिसमें बड़ा सुख आया था — क्या सुख आया था? एक बार मैं अपने मित्रों से मिला था और हमारी एक ग्रुप फोटो है, पाँच जने हैं एक-दूसरे के गले में हाथ-में-हाथ डालकर खड़े हुए हैं, कितना तो सुख आया था उस अतीत में! तो मैंने चश्मे में क्या किया है? वही चित्र पुतवा दिया है क्योंकि उसको देखने में मुझे क्या मिलता है? सुख।

जितना उसको देखोगे, उतनी ठोकरें खाओगे। उस सुख को दिल कड़ा करके त्याग दो। वो चश्मा उतारोगे तभी जो सामने है वो दिखाई देगा, अतीत का चश्मा जिन्होंने पहन रखा है वो आज ठोकरें खाएँगे-ही-खाएँगे।

और लाओत्ज़ू और भी कुछ बोलते हैं, बोलते हैं, 'तुम इतना आश्वस्त ही मत रहना कि वो जो पाँच दोस्त थे तुम्हारे, वो सचमुच सगे थे तुम्हारे। वो एक पल है जिसकी तुमने तस्वीर पकड़ी है, उस पल के पीछे भी बहुत कुछ था, उस पल के आगे भी बहुत कुछ था। बताओ आज कहाँ हैं तुम्हारे पाँच दोस्त? क्या सचमुच उस तस्वीर में सत्य है? क्या सचमुच उस तस्वीर का तुम जो अर्थ पकड़े हुए हो वो सच्चा है?

लेकिन नहीं, तुम बस अपनेआप को ये जताने के लिए कि अतीत बहुत अच्छा था, अतीत से कोई एक चित्र, कोई एक छवि उठा लाते हो और स्वयं को ये जता देते हो, 'अतीत बहुत अच्छा था, अभी मामला खराब चल रहा है, अभी मुझे सहारे चाहिए।'

देखा है लोगों को, अपने अतीत का कितना महिमामंडन करते हैं। वो वास्तव में यही कहते हैं, 'अतीत अच्छा था, माने अभी कुछ खोट है और अभी कुछ खोट है तो मुझे तमाम तरह के विषय चाहिए।'

अतीत सचमुच अच्छा था क्या? ये ज़्यादातर लोग जो बोलते हैं न, 'अतीत बहुत अच्छा था।' इनको विकल्प दे दिया जाए टाइम ट्रेवल का, तुम्हें तुम्हारे अतीत में ही हम स्थानान्तरित कर देते हैं। ये लेंगे? नहीं लेंगे।

'वो कागज़ की कश्ती, वो बारिश का पानी।'

'लौटा दें सचमुच? बोलो, लौटा दें?'

कोई मुझको लौटा दे बचपन का सावन,
वो कागज़ की कश्ती, वो बारिश का पानी,
मोहल्ले की सबसे पुरानी कहानी,
वो बुढ़िया जिसे बच्चे कहते थे नानी।

काहे गा रहे हो झूठमूठ का? पाँच बेंत रोज़ मारती थी वो नानी तुमको! और तब दिनभर खड़े होकर के कहते थे, 'भगवान जी, बुढ़िया कब टरेगी?' (श्रोतागण हँसते हैं)

समझ में आ रही है बात?

खाली हो जाओ। 'मैं' नहीं हटेगा, 'मैं' का सहारा हटा दो। ऋषि उनमें संशय पैदा करता है जो सोचते हैं कि वे जानते हैं, इसीलिए ऋषि से लोग कतराते हैं क्योंकि भरोसे में सुकून है, है न? भले ही गलत का भरोसा किया हो पर नींद अच्छी आती है, कुछ तो है भरोसा। संशय के साथ जीना हिम्मत माँगता है, लिविंग विथ अनसर्टैनिटी। हम कहते हैं, 'हमें झूठा ही भरोसा दे दो, पर दे दो।' "पलभर के लिए कोई हमें प्यार कर ले, झूठा ही सही।"

ज़्यादातर जो हमारी ज़िन्दगी में चीज़ें हैं जो हमें सुकून देती हैं, हम अच्छे तरीके से जानते हैं वो झूठी हैं। पर फिर भी हम उनका सहारा लेते रहते हैं, उनसे सुकून लेते रहते हैं।

समझ में आ रही है बात ये?

ऋषि तो हमेशा मिलेंगे नहीं आपमें संशय पैदा करने के लिए, आप अभ्यास करिए आत्म-संशय का। जिसमें आत्म-संशय नहीं उसे आत्म-अवलोकन की ऊर्जा भी नहीं मिलेगी।

अच्छा, मैं कहूँ कि चलिए यहाँ फर्श को बहुत ढंग से देखिए, गौर से देखिए क्या-क्या है फर्श पर, तो आप एक तरीके से देखेंगे। और मैं कहूँ, 'मुझे शक हो रहा है कि फ़र्श पर साँप है कहीं पर', तो फिर आप कैसे देखेंगे? गौर से देखेंगे।

संशय ज़रूरी है अवलोकन को ऊर्जा देने को। जहाँ भरोसा होता है वहाँ काहे को आप निरीक्षण करोगे! भरोसा तो तथ्य का दुश्मन होता है, भरोसा अनुसंधान का दुश्मन होता है, भरोसे से खोजें नहीं की जातीं। संशय चाहिए और संशय नहीं है तो बताओ विवेक कहाँ से लाओगे!

सच्चे आदमी की, सत्य के प्रेमी की पहचान होती है — वो सदा आत्म-संशय में रहता है और मूर्ख के लिए अंग्रेज़ी भाषा में शब्द है 'कॉकश्योर', उसको पक्का भरोसा होता है, 'मैं तो जानता हूँ।' आप उससे बात करो, वो कहेगा, 'न, मुझे विश्वास है। मुझे खुद पर पूरा भरोसा है।' और जिसे खुद पर भरोसा होता है फिर उसे खुद से सम्बन्धित विषयों पर भी पूरा भरोसा आ जाता है। वो कहता है, 'न, मुझे अपने पर भरोसा है, मुझे अपने बेटे पर भरोसा है, अपनी बीवी पर भरोसा है, अपने बॉस पर भरोसा है, अपने निर्णयों पर भरोसा है, अपने अतीत पर भरोसा है, अपने भविष्य पर भरोसा है, अपने भगवान पर भरोसा है।' वो बिलकुल ऐसे करेगा, 'मुझे भरोसा है।'

आदमी जितना विवेकी होता जाता है भरोसा करने की उसकी वृत्ति उतनी क्षीण होती जाती है। जो कुछ उसे पता भी होता है, उसे ये भी पता होता है कि ज्ञान की सीमाएँ क्या हैं। और ये ज्ञान की बढ़ोतरी का लक्षण है कि ज्ञान अपनी सीमाएँ दर्शाने लगता है।

सुकरात का इतना तो प्रसिद्ध वक्तव्य है, किसी ने पूछा, 'आपने जीवन भर ज्ञान अर्जित किया और ज्ञान ही बाँटा, बताइए क्या जाना?' बोले, 'यही जाना कि कुछ नहीं जानता।' ये किसी बहुत जानने वाले का ही कथन हो सकता है और बहुत जानने से मेरा अर्थ है — जिसने स्वयं को बहुत खाली किया हो।

जिन्हें जितना कम पता होता है, उन्हें अपने ज्ञान पर उतना भरोसा होता है, उनसे उलझना बड़ी मेहनत का काम हो जाता है। ज्ञानी को ये समझाना कि ज्ञान में अभी कमी है, बहुत आसान है और अज्ञानी को ये बताना कि तेरे ज्ञान में कमी है, बहुत मुश्किल है। वो बहस करेगा, वो हठ दिखाएगा, उसकी ज़िद का कोई पार नहीं। अब ज्ञानी स्वयं आपके पीछे आएगा, कहेगा, 'ये मुझे पता तो चला है पर अभी संशय बाकी है।'

अहम् स्वयं पर जितना कम भरोसा करता है, समझ लो वो सत्य पर उतना ज़्यादा भरोसा करता है। और अहम् स्वयं पर जितना ज़्यादा भरोसा कर रहा है जान लो कि सत्य को तो उसने उतनी पीठ दिखा रखी है।

खोजा करो और पाँव पड़ा करो उन लोगों के जो तुम्हें तुम्हारी सीमाएँ और त्रुटियाँ दिखा पाएँ, जो तुम्हें तुम्हारे भरोसों से आज़ाद कर पाएँ। उस व्यक्ति से ज़्यादा मूल्य तुम्हारे जीवन में किसी का नहीं है जो तुम्हारे ज्ञान को खंडित कर दे, जो तुम्हारे झूठे भरोसों को तोड़ दे।

मूर्ख आदमी में गज़ब तरीके का आत्मविश्वास देखने को मिलेगा। उनकी शक्ल पर लिखा होगा — 'आइ नो' (मैं जानता हूँ) और सच्चे आदमी की शक्ल पर लिखा होगा कि आइ एम रेडी टू नो (मैं जानने के लिए तैयार हूँ)।

मूर्ख कहेगा, 'मैं जानता हूँ,' ज्ञानी कहेगा, 'मैं जानने को उत्सुक हूँ, मैं जानना चाहता हूँ।' ज़मीन-आसमान का फ़र्क है इन दो बातों में।

मानवता का भारी अपमान होता है वो चेहरा जिस चेहरे में विवेक बहुत कम और विश्वास बहुत ज़्यादा होता है। इसकी आँखें खुली रहकर भी देख नहीं पातीं, इसके कान खुले रहकर के भी सुन नहीं पाते, इसकी चेतना जन्म लेकर भी बीज भर ही रह जाती है।

ठीक वैसे जैसे साइंस की, विज्ञान की कोई सीमा नहीं होती, कोई बिन्दु नहीं होगा जहाँ आप कह दें कि हमें अब अस्तित्व के बारे में सब पता चल गया है जो जानने लायक है, कभी नहीं होने वाला। विज्ञान की कोई शाखा, कोई धारा कहीं जाकर रुकने नहीं वाली, हमेशा अभी जानने को शेष रह जाना है। ठीक उसी तरह आत्मज्ञान की भी कोई सीमा नहीं होती, कभी आप नहीं कह पाओगे 'आत्मज्ञान पूर्ण हो गया, मैं निवृत्त हो गया, मेरा निर्माण हो गया।'

न बाहर जानने का कभी अन्त होना चाहिए, न भीतर जानने का कभी अन्त होना चाहिए। संशय सदा बना रहे, उत्सुकता हमेशा बनी रहे, आपका पात्र खाली रहे। एक विनम्रता रहे कि सत्य मुझसे आगे का है।

स्पष्ट हो रही है बात?

बार-बार इसीलिए समझाने वालों ने कहा है कि जो मर गया वो अमर हो गया, जो मिट गया वो अमिट हो गया, जो राख हो गया वो शीतल हो गया। आपकी स्मृतियाँ, आपका ज्ञान, आपको कुछ भी जानने नहीं देंगे। पहली बात तो जो इकट्ठा है वही झूठ है और दूसरी बात, जो इकट्ठा है वो सच को आप तक आने भी नहीं देगा।

मैं कोशिश किया करता हूँ सत्रों के बाद आप जो अपनी कहानी बताते हो, अपनी सीख ऑनलाइन बताते हो, उसको सुनूँ। उसको सुनना मेरे लिए बड़े आनन्द की बात होती है। आनन्द के साथ-साथ मनोरंजन भी हो जाता है क्योंकि उसमें बहुत बार मेरे नाम पर आप ऐसी बातें बोल जाते हो जो मैंने दूर-दूर तक बोली नहीं, न बोलने का मेरा कोई इरादा है, न मैं कभी बोलूँगा, क्योंकि वो बात बिलकुल झूठी है। पर आप कह देते हो 'ये आचार्य जी ने आज सिखाया।' वो मैंने नहीं सिखाया, वो आपकी स्मृतियों में बैठा हुआ है। आपकी स्मृति आप तक मेरे शब्दों को पहुँचने ही नहीं दे रही। मैं आपसे जो बोलना चाह रहा हूँ, आपके और मेरे बीच में आपका ज्ञान और आपकी स्मृति बाधा बनकर खड़े हो जा रहे हैं।

इस तरफ़ मैं हूँ, उस तरफ़ आप हैं और बीच में भारी दीवार है आपके संचित ज्ञान की। मेरे शब्द आप तक पहुँच भी रहे हैं तो उस दीवार से टकराकर, उस दीवार के द्वारा

बदले जाकर, तो मैं कह कुछ रहा हूँ, आप सुन कुछ और रहे हो। बड़ा मनोरंजक होता है कि कैसे मान्यताएँ टूटने को तैयार नहीं होतीं।

विशेषकर गीता सत्रों में, जहाँ कोई ऐसा श्लोक लिया गया है जो पहले से ही प्रसिद्ध है और उसका एक बड़ा विकृत अर्थ पहले से ही प्रचलित है, तो फिर जो मैंने बोला, आप उसको भी बस एडजस्ट कर देते हो। कहते हो, 'नहीं, जो पहले से ही बात चली आ रही है, आचार्य जी ने आज उसी बात को बस दूसरे ढंग से बोल दिया है, बोलने का ढंग दूसरा है, बात तो वही कह रहे हैं जो परम्परा से हम मानते आ रहे हैं।' आप समझ ही नहीं रहे कि मैं जो आप से बोल रहा हूँ वो बात परम की है, परम्परा की नहीं। वो बात श्रीकृष्ण की है, आपकी प्रथा की नहीं।

जो बोला जा रहा है, वो आप जो जानते हो, उससे एकदम भिन्न है, कुछ भी समानता नहीं। पर हम टूटने को तैयार नहीं होते न, तो हम भीतर-ही-भीतर अपने को दिलासा दे लेते हैं कि जो बोला गया है, वो सुनने में नया है पर है हमारी पूर्ववर्ती मान्यता जैसा ही, बस अन्दाज़-ए-बयाँ थोड़ा नया है। कितनी भारी समस्या है न! स्मृति एक तो खुद झूठी, ज्ञान एक तो खुद झूठा और दूसरे वो सच को आप तक पहुँचने भी नहीं देगा। बहुत-बहुत साहस चाहिए लेकिन उस साहस के बिना फिर ज़िन्दगी है भी किस काम की!

एक व्यक्ति खड़ा होकर के घोषणा करे, 'मैं ये जो कुछ मानता आया हूँ, जो मैं पकड़े बैठा हूँ, जो मेरे हिसाब से मेरे जीवन में बहुत महत्वपूर्ण रहा है, मेरी जितनी भीतरी कहानियाँ हैं, मेरे जितने नैरेटिव्स हैं, मैं इन्हें बर्खास्त करता हूँ, आइ डिसमिस यू, आइ डिसमिस ऑल माइ स्टोरीज़' (मैं अपनी सारी कहानियाँ बर्खास्त करता हूँ), जो ये कर ले गया उससे खूबसूरत कौन है! क्या नूर होगा, क्या तेज होगा उस चेहरे का जो खुद से ईमानदारी से ये कह पाए, 'आइ डिसमिस माइ स्टोरीज़। जाओ तुम्हें बर्खास्त किया, कहानी ही तो हो।' तुम कौन हो? तुम अपनी कहानी मात्र हो। खुद को बदलना है तो इस कहानी को बर्खास्त कर दो, 'आइ एम माइ स्टोरी।'

'हु एम आइ?' (कौन हूँ मैं?) 'आइ एम माइ ओन नेरेटिव।' 'मैं अपनी ही रची हुई अपनी कहानी हूँ और कहानी ही हूँ सिर्फ़, इसलिए बदली जा सकती हूँ, मिट सकती हूँ, नयी और बेहतर हो सकती हूँ।'

अरे! कहानी मिटानी नहीं है तो कम-से-कम नयी ही लिख डालो।

'नहीं-नहीं-नहीं, मिटाना नहीं है।'

क्या हो गया?

'डर लागत है।'

अच्छा ठीक है, मत मिटाओ। तो नयी तो लिखें।

'हाँ, ये तो ठीक है।'

कुछ बेहतर कहानी लिखें?

'वो कर सकते हैं।'

तो बेहतर कैसे लिखेंगे, पुरानी नहीं मिटाओगे तो? चलो मिटाओ, मिटाओ-मिटाओ। क्या पता एक नयी और बेहतर कहानी लिखते-लिखते एक दिन कहानीकार ही मुक्त हो जाए। पर छोड़ो मुक्ति वगैरह, तुम बेहतरी की ही बात कर लो। मुक्ति से लोग घबराते हैं। तो बेहतरी की बात कर लेते हैं, नयी और बेहतर कहानी लिखो न भाई! सड़ी-गली पुरानी कहानी एकदम, जैसे शोले कोई पचासवीं बार देख रहा हो। कैसा लगेगा? 'तुम्हारा नाम क्या है बसन्ती?' कान पक गए सुन-सुनकर, वही ठाकुर, वही गब्बर, वही बसन्ती।

'कितने आदमी थे रे साम्भा?'

तो ये साम्भा बैठा है राघव (एक श्रोता), 'सरदार, दस हज़ार।'

'आदमी दस हज़ार और रिफ़्लेक्शन सिर्फ़ पाँच-सौ? बड़ी नाइंसाफ़ी है!'

अब पहली बार में तो मज़ाक जैसा लगा, हँस दिये कि हाँ, सही बात है दस हज़ार लोग देखते हैं, सिर्फ़ पाँच सौ आकर रिफ़्लेक्शन लिखते हैं। और यही मैं हर सत्र में यही चुटकुला सुनाऊँ तो कैसा लगेगा? ऐ साम्भा, कुछ अपना नया जलवा दिखाओ। नहीं?

जैसे हो ऐसे ही रहे आना है? इसी में खुश हो? और खुश भी हो तो कुछ नया करने में क्या जाता है? कह तो रहे हैं, शोले भी पचासवीं बार देखो तो ऊबा देती है, मान लिया कि तुम बड़े ठाकुर और जय-वीरू जैसे हो, तो भी पचास बार?

पच्चीस-तीस-चालीस साल हो गए, यही-यही अपना तुम व्यक्तित्व लिये घूम रहे हो, कुछ नया होकर दिखाओ। जो शर्मीला है वो शर्मीला ही है, जो घबराता है वो घबराता ही है, जो टिमिड (दब्बू) है वो टिमिड ही है। हाँ? ऐसे मर ही जाना है? बब्बू जी दब्बू रह गए।

आन्तरिक परिवर्तन चाहिए हो तो बाहरी परिवर्तन लाओ। यद्यपि मात्र बाहरी परिवर्तन लाने से आन्तरिक नहीं आएगा क्योंकि जिन विषयों को हम बदलने की बात कर रहे हैं उसमें बस वस्तुएँ ही शामिल नहीं हैं, उसमें व्यक्ति और विचार भी शामिल हैं। वस्तुएँ हम सबसे आसानी से बदल देते हैं, बिस्तर की चादर नयी कर दी, वो सबसे आसानी से बदलती है। पर कठिन हो जाता है व्यक्ति को बदलना, जीवन में जो हैं। तो वहाँ पर बाहरी परिवर्तन अटकता है। और व्यक्ति भी कई बार हम बदल देते हैं पर सबसे मुश्किल होता है क्या बदलना? विचार बदलना।

तो मात्र बाहरी परिवर्तन से नहीं होगा, क्योंकि बाहरी परिवर्तन के नाम पर हम बस कितना बदल देंगे? वस्तु बदल देंगे। लेकिन कहीं से तो शुरुआत करो, कुछ तो बदलो। बाहर और भीतर का बदलाव ऐसे चलता है, टेंडेम में (एक के पीछे एक)। बाहर का बदलोगे तो भीतर बदलने में सुविधा होगी। फिर भीतर बदलोगे तो बाहर

बदलने का हौसला आएगा। फिर भीतर बदलो, फिर बाहर बदलो, फिर भीतर बदलो, फिर बाहर बदलो, फिर भीतर बदलो, बाहर बदलो।

ये कोई गौरव की बात नहीं है कि किसी से मिलो दस साल बाद और बोले, 'तुम तो बिलकुल वैसे ही हो जैसे दस साल पहले थे।' इसका मतलब ये कि आप किसी दीवार की ईंट जैसे ही रह गए, दस साल पहले भी वैसे ही थी जैसी आज है। ये बात आप किसी फूल, किसी पत्ती के बारे में कह सकते हो कि दस साल पहले था वैसे ही आज है? किसी पेड़ के बारे में भी कह सकते हो? वो भी दस साल में बदल जाता है। तो बदलो, व्यक्तित्व में ऐसा कुछ नहीं कीमती है, हीरा-मोती कुछ नहीं जड़ा कि उसको इतना सहेजकर रखे हो।

5.

पुरुष क्या? प्रकृति क्या?

- प्रकृति और पुरुष क्या हैं?

प्रकृति और पुरुष क्या हैं?

(अद्वैत बोधस्थल, २०१९)

प्रश्नकर्ता: आचार्य जी, प्रकृति और पुरुष को समझाने की कृपा करें।

आचार्य प्रशांत: पुरुष-प्रकृति की जो अवधारणा है, मूलतः वो सांख्य योग से आयी है। लेकिन जिस तरीके से 'पुरुष' शब्द का प्रयोग फिर आध्यात्मिक साहित्य में हुआ है, वो आवश्यक नहीं है कि सांख्य योग के अनुसार ही हो। तो 'पुरुष' शब्द का प्रयोग दो तरीके से हुआ है — कभी-कभी तो अविनाशी-अक्षर-अचल आत्मा को पुरुष कह दिया गया है, और कभी पराप्रकृति को ही पुरुष कह दिया गया है। तो एक पुरुष तो वो है जो अद्वैत आत्मा है, इस अर्थ में भी 'पुरुष' शब्द का प्रयोग हुआ है। और दूसरा पुरुष वो है जो प्रकृति के द्वैत का ही दूसरा पक्ष है।

ये दूसरा पुरुष कौनसा है, समझाए देता हूँ। आत्मा के विषय में तो न कुछ बोलने की ज़रूरत है, न बोला जा सकता है। ये दूसरा पुरुष कौनसा है, समझना! कृष्ण कहते हैं भगवद्गीता में, 'जिसको तुम पुरुष समझते हो, वो भी प्रकृति मात्र ही है, बस वो पराप्रकृति है। जिसे तुम साधारणतया प्रकृति कहते हो, वो अपराप्रकृति है।' तो प्रकृति माने क्या? ये सबकुछ जो दिखाई पड़ता है, इसे कहते हो न प्रकृति? तो जो प्रकृति को देखे सो पुरुष, जिसे प्रकृति दिखाई पड़ती हो वो पुरुष। अब जिसे प्रकृति दिखाई पड़ती है — गौर से समझना — वास्तव में वो भी प्रकृति ही है। मुझे बताना, प्रकृति के अलावा किसी को प्रकृति दिखाई पड़ सकती है क्या?

प्र: नहीं।

आचार्य: लेकिन प्रकृति के भी वास्तव में दो हिस्से हैं — एक वो जो द्रष्टा है, और दूसरा वो जो दृश्य है। कभी-कभी ऐसा भी किया जाता है कि दृश्य-भर को कह दिया जाता है 'प्रकृति' और द्रष्टा को कह दिया जाता है 'पुरुष'। इसी बात को कृष्ण ने गीता में साफ़ भी किया है, उन्होंने कहा है, 'न! जो दिखाई दे रहा है वो तो प्रकृति है ही, जो देख रहा है वो भी प्रकृति ही है।' ये जो दूसरी प्रकृति है, जिसको वो कह रहे हैं 'पराप्रकृति', इसको ही 'पुरुष' भी कह दिया जाता है। तो ये पुरुष आत्मा नहीं है, ये पुरुष अकर्ता नहीं है; ये पुरुष प्रकृति का ही एक रूप है, और इसीलिए ये प्रकृति के साथ उलझ जाता है। भई, प्रकृति के साथ प्रकृति ही तो उलझेगी न, तो बात ज़ाहिर है कि वो पुरुष जो प्रकृति से उलझ जाता है बार-बार, वो भी प्रकृति ही है।

सुनते हो न तुम कि पुरुष को प्रकृति रिझा ले गई, कि प्रकृति ने पुरुष को रिझा लिया। अब आत्मा तो किसी पर रीझ सकती नहीं, और न आत्मा किसी के लालच में आ सकती है, न आत्मा में काम-क्रोध-मोह का संचार हो सकता है। तो ये प्रकृति ने

किसको रिझा लिया? खूब सुनते हो न, संतों ने भी कहा है कि अरे पुरुष! तुझे प्रकृति रिझा ले जाएगी, बचकर रहना! ये किसको चेतावनी दे रहे हैं? आत्मा को तो नहीं दे रहे होंगे। आत्मा पर तो संकट नहीं आ जाता, कि प्रकृति आयी है लुभाने, पैसा दिखा रही है, या कोई सुंदर युवती आ गई है वो रिझा रही है तो अब आत्मा काँप रही है कि अरे! कहीं मैं बहक न जाऊँ। आत्मा के साथ तो ऐसा कुछ होगा नहीं।

तो समझ लो दो हैं जिनके तीन कर दिये जाते हैं, वास्तव में दो ही हैं — आत्मा और प्रकृति; पुरुष कुछ है ही नहीं। जब दो ही हों, आत्मा और प्रकृति, तब 'आत्मा' को कभी-कभार कह दिया जाता है 'पुरुष'। जिस अर्थ में कबीर साहब 'पुरुष' शब्द का इस्तेमाल करते हैं, वो आत्मा को ही पुरुष बोलते हैं। और जो दूसरा अर्थ है वो भी समझ लो, कि आत्मा है और प्रकृति है और इस प्रकृति के ही दो हिस्से हैं, जिसमें से एक को कह दिया गया प्रकृति और दूसरे को कह दिया गया पुरुष। तो जब भी तुम पढ़ो कि प्रकृति ने पुरुष पर आक्रमण कर दिया और उसको फँसाकर के ले गई और पुरुष बेचारा बहक गया', तो जान लेना कि ये आत्मा की नहीं बात हो रही, ये प्रकृति की ही बात हो रही है, ये अपराप्रकृति और पराप्रकृति की बात हो रही है।

प्र२: आचार्य जी, पराप्रकृति और आत्मा में एक साधक कैसे भेद करेगा? इसमें क्या इशारे होंगे?

आचार्य: तुम अपने हाथ के बारे में सोचते हो, हाथ अपराप्रकृति है। जो सोच रहा है हाथ के बारे में, वो पराप्रकृति है। हाथ दृश्य हुआ न। तुम्हारा ही हाथ है, पर वो तुम्हारे लिए क्या है अभी एक? दृश्य है। तुम अपने ही हाथ के क्या हो? द्रष्टा हो। और सोच रहे हो अपने ही हाथ के बारे में, तो वो अपराप्रकृति हुआ। और फिर इस सब मूर्खता से वैराग्य हो जाता है, ये आत्मा का काम है, 'ये कर क्या रहे हैं, अपने ही हाथ को देखकर के सोचे जा रहे हैं!'

बहुत लोगों को अपने ही तन को देखने से बड़ा लगाव होता है। आईने में खुद को देखते रहेंगे, अपना हाथ देखते रहेंगे, अपने ही बारे में सोचते रहेंगे — ये और क्या चल रहा है? प्रकृति ही प्रकृति की द्रष्टा बनी बैठी है। कि जैसे कोई सुंदरी अपनी आँखों में काजल करे और फिर आईने में देखे; अब आँख ही किसको देख रही है? आँख को। तो दिख गया न कि देखने वाला और देखा जाने वाला एक हैं? तुमने खुद ही अपनी आँख में काजल किया, और अब अपनी ही आँख से अपनी सुंदर आँख को देख रही हो; प्रकृति ही तो प्रकृति को देख रही है! पर तुम ये मानोगे नहीं, तुम कहोगे, 'नहीं, हम अपनी आँख को देख रहे हैं।' ये 'हम' कौन है? प्रकृति ही तो है!

6.

माया क्या?

❁ तीन गलतियाँ जो सब करते हैं

तीन ग़लतियाँ जो सब करते हैं

(अद्वैत बोधस्थल, २०२०)

आचार्य प्रशांत: सत्य को मायापति कहा गया है; समझते हैं। माया क्या? वो जो हमें प्रतीत होता है, जिसकी हस्ती के बारे में हमे पूरा विश्वास हो जाता है, पर कुछ ही देर बाद या किसी और जगह पर, किसी और स्थिति में हम पाते हैं कि वो जो बड़ा सच्चा मालूम पड़ता था, या तो रहा नहीं या बदल गया; ऐसे को माया कहते हैं।

गलत केंद्र से अनुपयुक्त उपकरणों के द्वारा छद्म विषयों को देखना और उनमें आस्था बैठा लेना ही माया है।

तीन-तरफ़ा गलती होती है। जो देख रहा है, द्रष्टा या कर्ता, वो गलत है। वो गलत क्यों है? क्योंकि देखते समय, देखने के बिंदु पर उसका इरादा सत्य देखना नहीं है; उसका इरादा है इस प्रकार देखना कि देखने वाले की हस्ती बची रह जाए, कि देखने वाले का अस्तित्व अक्षुण्ण, सुरक्षित रह जाए। ये बेईमानी के साथ देखना हुआ। इस प्रकार के देखने में सत्यता, सत्यनिष्ठा बिलकुल नहीं है। जो ऐसे देख रहा है वो देखना चाह कहाँ रहा है? वो तो दिखाई देती चीज़ को भी अनदेखा कर देना चाह रहा है, झुठला देना चाह रहा है। हम कह भी नहीं सकते कि वो देखने का इच्छुक है; वो तो अपनेआप को धोखा देने का इच्छुक है। तो पहली गलती हमसे ये होती है कि देखने वाला ही गलत है।

दूसरी गलती होती है कि जो देखने का हमारा उपकरण है वो अनुपयुक्त है। हमारे देखने का उपकरण, सब अनुभवों को ग्रहण करने का हमारा उपकरण हैं हमारी इंद्रियाँ; और इंद्रियाँ बहुत सीमित क्षेत्र में और बहुत बँधे-बँधाए तरीके से काम करती हैं। सत्य पूरा है, और इंद्रियाँ कभी पूरी चीज़ जान नहीं सकतीं। कान पूरी बात नहीं सुन सकते, आँख सबकुछ देख नहीं सकती, मन सबकुछ याद नहीं रख सकता, बुद्धि कभी पूर्ण विवेचना नहीं कर सकती। तन हर जगह मौजूद नहीं हो सकता, तन हर समय मौजूद नहीं हो सकता। तो शरीर के जितने भी उपकरण हैं संसार को देखने-परखने और संसारगत अनुभवों को ग्रहण करने के, वो ज़बरदस्त तरीके से सीमित और अपूर्ण हैं।

तो देखने वाला गलत, देखने का उसका उपकरण सीमित, अनुपयुक्त, और जिस विषय को वो देख रहा है उस विषय को मैं कह रहा हूँ छलावा है, छद्म है; क्योंकि जो विषय देखा जा रहा है वो विषय भी देखने वाले से ही सम्बंधित है। आप सबकुछ तो नहीं देखते न, आपको क्या देखना है, इसका आप पूरा चुनाव करके देखते हैं। कभी आपको अनायास, संयोगवश कुछ अनचाहा, अनियोजित दिखाई भी दे जाए, तो

उसको अर्थ तो आप अपने अनुसार ही देते हैं न। तो जो दिखाई दे रहा है वो आपकी प्रतिछवि है। आप ही गलत हैं, तो आपकी छवि ठीक कैसे हो सकती है?

तो तीनों तलों पर गलती होती है। इन तीनों गलतियों को मिलाकर के जो निकलता है उसको माया कहते हैं। तो हम तो पूरे तरीके से माया के शिकंजे में रहते हैं, हम माया के दास हैं। और सत्य को यहाँ कहा जा रहा है मायापति। आशय क्या है? आशय है बीमार मन को ये बताना, 'तेरा सिद्धांत गलत है; तेरा सिद्धांत है कि तू ही बड़ा होशियार है, तेरा सिद्धांत है कि तुझसे ऊपर कोई नहीं।'

मन ऐसा है कि अगर वो झुकता भी है तो ये वो स्वयं ही चुनता है कि किसके सामने झुकना है; ये झुकना भी कोई झुकना हुआ? मन अगर किसी ईश्वर को सर्वोपरि और सार्वभौम भी मानता है तो उस ईश्वर की रचना वो स्वयं करता है। अब ये ईश्वर बड़ा हुआ या मन? मन अपनेआप को सबसे बड़ा ही मानता है। प्रमाण इसका ये है कि मन जिस किसी को, बाहर वाले को, अपने से किसी अलग इकाई को बहुत बड़ा माने भी, तो उस इकाई का चयन वो स्वयं ही करता है।

मन कहेगा, 'मैं अपने देवता के सामने या अपने नेता के सामने झुकता हूँ, पर मेरा नेता कैसा होगा ये तो मैं तय करूँगा। और मेरा नेता अगर मेरी अपेक्षाओं के अनुरूप नहीं है, मेरा देवता अगर मेरी प्रार्थनाएँ नहीं सुन रहा, मेरी माँगें नहीं पूरी कर रहा, तो मैं उससे विमुख हो जाऊँगा।' तो मन जब किसी को अपनेआप से बड़ा भी कहता है तो भी पीछे-पीछे, चोरी-छुपे मन की धारणा यही होती है कि मैं सबसे ऊपर हूँ। उसी धारणा को उपनिषद् चुनौती दे रहा है।

उपनिषद् कहता है मन से, 'तुम अपनेआप को सबसे ऊपर मानते हो, लेकिन वास्तविकता देखो। तुम जिसके गुलाम हो, कोई और है जो उससे ऊपर है।' कौन है जो उससे ऊपर है? वो कोई व्यक्ति, कोई इकाई, कोई वस्तु तो हो नहीं सकता। मन को फिर बताया क्या जा रहा है? मन को बताया ये जा रहा है कि तुम जहाँ पर हो, तुम वहीं बैठे-बैठे अपनेआप को बड़ा सूरमा माने बैठे हो, लेकिन तुम्हारी संभावना, तुम्हारी सत्यता कुछ और है।

"एक सीमित तल है माया, और तुम उससे नीचे हो; उससे ऊपर जाया जा सकता है, माया का दास होने की जगह माया का स्वामी हुआ जा सकता है।"

एक तल है माया, अनंत ऊँचाई नहीं है माया। एक सीमित तल है माया, और तुम उससे नीचे हो; उससे ऊपर जाया जा सकता है, माया का दास होने की जगह माया का स्वामी हुआ जा सकता है। और माया का स्वामी जो हो गया, मात्र वही है नमन करने योग्य; उसी का नाम सत्य, उसी का नाम परमात्मा है। और वो तुम नहीं हो, क्योंकि तुम अपनी वास्तविकता देखो, तुम तो दिन-रात माया से मार खाते हो। तुम्हारे लिए

करने को अभी बहुत कुछ शेष है। उपनिषद् चुनौती दे रहा है, उपनिषद् कह रहा है कि बहुत नीचे बैठे हो तुम, पर बहुत ऊपर हो सकते हो।

पहली बात मानो कि तुम नीचे हो; ये मानना ही तुम्हारे लिए बड़ा मुश्किल है, तुम्हारी धारणा ये है कि तुम्हीं तीस-मार-खाँ हो। न, तुम तो बहुत सीमित, संकुचित, क्षुद्र इकाई हो एक। लेकिन सीमित, संकुचित, क्षुद्र रहे आना तुम्हारी नियति नहीं है। जो आज माया का बंधक है वो कल मायापति हो सकता है। जो माया का बंधक है, ठीक उसी के भीतर संभावना बैठी हुई है मायापति हो जाने की। लेकिन वो संभावना तब तक साकार नहीं होगी जब तक तुम अपनी झूठी धारणा को पीछे नहीं छोड़ देते।

(श्लोक पढ़ते हुए) "वो अपनी शक्तियों द्वारा सम्पूर्ण लोकों पर शासन करता है।"

'तुम अपनी हालत देखो', जिसे सम्बोधित कर रहे हैं उपनिषद्, उससे कह रहे हैं कि तुम अपनी हालत देखो, तुम लगातार शासित-ही-शासित हो। कुछ भी होता है, कोई भी आता है और वो तुम पर हावी हो जाता है, कम-से-कम तुम्हें प्रभावित तो कर ही देता है। लेकिन क्या तुम इस स्थिति से संतुष्ट हो? अगर सन्तुष्ट होते तुम, तो तुम्हें उपनिषदों के पास आने की ज़रूरत पड़ती नहीं। ये स्थिति तुम्हें कुछ भा तो नहीं रही। शासित बने बैठे हो तुम, जबकि शासक हो जाने की योग्यता है तुम्हारी; शासक हो जाना मात्र योग्यता नहीं है तुम्हारी, अधिकार है तुम्हारा, नियति है तुम्हारी, तुम्हें शासक होना ही चाहिए। प्रमाण ये, कारण ये, कि शासक हुए बिना तुम चैन तो पाओगे नहीं। लेकिन अभी देखो, जितने भी लोक हैं — सिर्फ़ पृथ्वी-लोक ही नहीं, जितने मानसिक लोक भी हैं — उनकी कोई भी घटना, छोटी-बड़ी, तुमको विचलित कर जाती है।

"जो आज माया का बंधक है वो कल मायापति हो सकता है; जो माया का बंधक है, ठीक उसी के भीतर संभावना बैठी हुई है मायापति हो जाने की।"

और ठीक उसके विपरीत कहा जा रहा है कि कोई है ऐसा जो त्रिभुवन का स्वामी है, जो त्रिलोक का स्वामी है, जो सब लोकों का शासक है। जैसे मन को जगाया जा रहा हो, जैसे मन को कोई बहुत भूली-बिसरी, पुरानी बात याद दिलाई जा रही हो। मन की ये धारणा तोड़ी जा रही है कि मैं क्या करूँ, मुझे तो ऐसे ही रहना है। और मेरा ऊँचा-से-ऊँचा काम ये हो सकता है, आकांक्षा ये हो सकती है, प्राप्ति ये हो सकती है कि मैं अपने सीमित घेरे में ही कोई छोटी-मोटी उपलब्धियाँ अर्जित कर लूँ। न, मन से कहा जा रहा है कि ये छोटी-मोटी उपलब्धियाँ जिनके पीछे तुम भागते रहते हो, तुम इनके लिए नहीं बने हो, इनसे तुमको चैन नहीं मिल जाना है। तुम तब तक शांत नहीं हो पाओगे, तुम्हें भीतर की खलबली से मुक्ति तब तक नहीं मिलेगी जब तक तुम तीनों ही लोकों के शासक नहीं हो जाते।

तात्पर्य क्या है? तीनों ही लोकों का शासक कोई कैसे हो सकता है? तात्पर्य ये है कि तुम भीतर से ऐसे हो जाओ कि कहीं घटती कोई भी घटना, किसी भी तल की घटना, किसी भी तरह की घटना तुम्हें तुम्हारे केंद्र से कम्पित न कर पाए। जिसको कोई उसके सिंहासन से उतार नहीं सकता वो कौन होगा? शासक ही तो हुआ। कुछ होता रहे दुनिया में, तुम्हारे पास कुछ ऐसा है जो हिलेगा-डुलेगा नहीं, जिसमें किसी भी तरह के विचलन का, आलोड़न का कोई सवाल ही पैदा नहीं होता। जिसके इर्द-गिर्द तमाम गतिविधियाँ चल रही हैं, लेकिन जिसके पास कुछ ऐसा है जो किसी भी गतिविधि से, किसी भी लालच से, किसी भी डर से, किसी भी जन्म से, किसी भी मृत्यु से, किसी भी प्राप्ति से, किसी भी हानि से ज़रा भी शंकित नहीं होता, कम्पित नहीं होता। जिसको अपना मौन इतना प्यारा है कि वो आँख खोलना ही नहीं चाहता, आगाज़ करना ही नहीं चाहता, वो हो तुम। और जो ऐसा है, वो शासक है सब जगहों का, क्योंकि सब जगहें मिलकर भी असमर्थ हैं उसे उसके केंद्र से विमुख करने में।

> "तुम भीतर से ऐसे हो जाओ कि कहीं घटती कोई भी घटना, किसी भी तल की घटना, किसी भी तरह की घटना तुम्हें तुम्हारे केंद्र से कम्पित ना कर पाए।"

समझ में आ रही है बात?

आध्यात्मिक अर्थ में राजा होने का, स्वामी होने का या शासक होने का अर्थ ये नहीं है कि तुम अपनी सत्ता, अपनी आज्ञा, अपनी हुकूमत चलाओगे; वो अर्थ बहुत सांसारिक होता है। संसार में जब कोई राजा होता है तो उसको पहचाना जाता है इस बात से कि कितने लोग उसकी आज्ञा का पालन करते हैं; ये बहुत सक्रिय तरह का सत्ता-प्रदर्शन हो गया। आध्यात्मिक शक्ति का प्रदर्शन ऐसे नहीं होता; आध्यात्मिक शक्ति चुपचाप, शांत, निष्क्रिय मौन में अपनेआप को अभिव्यक्त करती है।

आध्यात्मिक शक्ति अभिव्यक्त होती है अकम्प रह जाने में, अटूट रह जाने में, अविचलित रह जाने में, अस्पर्शित रह जाने में।

ये सारे शब्द देख रहे हो, ये नकार के हैं। संसार ये सबकुछ करना चाहता है तुम्हारे साथ। तुम पर दाग-धब्बे लगा देना चाहता है, तो आध्यात्मिक शक्ति होती है निरंजन रह जाने में। संसार चाहता है तुमको रंजित कर दे; तुम स्वच्छ, निर्मल, निरंजन रह गए। संसार चाहता है कि तुम जहाँ केंद्रित हो वहाँ से उठाकर के तुमको कहीं और बैठा दे; न, तुम अपनी जगह पर स्थिर रह गए, हिले-डुले नहीं। संसार चाहता है कि तुम्हारी जो डोर है आस्था की, तुम्हारी जो तंद्रा है ध्यान की, उसको तोड़ दे; तुम अटूट रह गए।

ये सब लक्षण होते हैं आध्यात्मिक शासक के। वो सच्चा शासक है, उसे इसमें रुचि नहीं है कि दूसरे उसकी आज्ञा का पालन करें, दूसरों का यथार्थ वो कब का समझ चुका। वो भलीभाँति जान गया है कि जिन्हें अपने को लेकर शंका होती है वही दूसरों

पर सत्ता चलाने के बड़े आकांक्षी होते हैं। तो दूसरों पर किसी तरह का अनुशासन करने की उसकी अब अभिलाषा नहीं, वो तो बस अपने भीतर की गुफ़ा में अटूट ध्यान में बैठ गया है। उसका दम, उसकी शक्ति प्रदर्शित होती है उसके अविचलित रह जाने में; अविरल है उसका मौन।

तुमसे कहा जा रहा है, उपनिषद् के द्वारा, कि ऐसे हो सकते हो तुम और कितने खेद की बात है कि ऐसे नहीं हो तुम। और उससे भी ज़्यादा खेद की बात है कि जैसे बने बैठे हो तुम, उससे तुमने एक तरह की झूठी संतुष्टि भी पाल ली है। ये जो झूठी संतुष्टि है, इस पर आक्रमण कर रहा है उपनिषद्। उपनिषद् कह रहा है कि ऐसे ही नहीं रहे आना है।

> “आध्यात्मिक शक्ति अभिव्यक्त होती है अकम्प रह जाने में, अटूट रह जाने में, अविचलित रह जाने में, अस्पर्शित रह जाने में।”

बात समझ में आ रही है?

अर्थ का अनर्थ मत कर लेना। ये श्लोक हमें ये बताने के लिए नहीं है कि कोई और है जो मायापति है, कि कोई और है जो शासक है। कोई और है जो मायापति है, कोई और है जो शासक है तो फिर हमें तो बड़ी सुविधा हो गई; हम माया के बंधक, हमें पता चल गया, उपनिषद् द्वारा सत्यापित हो गया कि हमें तो ऐसे ही रहे आना है, यही भाग्य है हमारा; हम दुनिया भर से प्रताड़ित, हम हर छोटी-बड़ी चीज़ से प्रभावित, और हमें पता चल गया कि दुनिया पर राज करने वाला कोई और है। फिर हमें बड़ी सुविधा हो गई, हमने कहा कि ये तो हम जानते ही थे, 'हम तो जो अधिक-से-अधिक, ऊँचे-से-ऊँचे हो सकते हैं वो तो हम पहले ही हैं।' तुम समझ रहे हो?

ये कितने दुर्भाग्य की बात होती है जब तुम अपनी एक निम्न-स्तरीय अवस्था में भी संतुष्ट हो जाते हो, जब तुम कहना शुरू कर देते हो, 'मैं जैसा हूँ, बड़ी मेहनत से पहुँचा हूँ यहाँ पर। मैं जैसा हूँ, यहाँ पहुँचना भी बच्चों का खेल नहीं। मैं जैसा हूँ, सम्मान का अधिकारी हूँ।' उपनिषद् तुमसे कह रहा है कि तुम सम्मान के अधिकारी ज़रूर हो, पर इसलिए नहीं कि अभी तुम किसी बहुत अच्छी हालत में हो; तुम सम्मान के अधिकारी इसलिए हो क्योंकि तुम उच्चतम स्थान के अधिकारी हो। सिर्फ़ वो जो उच्चतम स्थान है, उसी पर सम्मान है। उससे नीचे अगर तुम कहीं हो, और नीचे होते हुए भी अपनेआप को सम्मानित माने बैठे हो, तो ये तुम्हारा बड़ा अभाग है।

> “पशु से पशुतर हम हैं, न्यून से न्यूनतर हम हैं, क्षुद्र से क्षुद्रतर हम हैं, और उच्च से उच्चतर भी हम ही हैं।”

तो ये दोनों बातें साथ समझना — तुम्हें ऊँचे-से-ऊँचा सम्मान भी दिया जा रहा है, और साथ-ही-साथ ये भी बताया जा रहा है कि क्यों व्यर्थ अपनेआप को सम्मानित

किये बैठे हो। इन दोनों बातों को एक-साथ समझना होता है। अध्यात्म हमें उच्चतम सम्मान भी देता है और कटुतम अपमान भी करता है हमारा।

अध्यात्म हमारे प्रति ये दो-तरफ़ा रवैया क्यों रखता है? क्योंकि भाई, हम दो हैं। हम दो हैं; तो जो हम दो हैं, उन दो को अलग-अलग तरीके से सम्बोधित किया जाता है। पशु से पशुतर हम हैं, न्यून से न्यूनतर हम हैं, क्षुद्र से क्षुद्रतर हम हैं, और उच्च से उच्चतर भी हम ही हैं। शुद्ध से शुद्धतर भी हम ही हैं, बुद्ध से बुद्धतर भी हम ही हैं; अजीब संगम है मनुष्य।

> “उपनिषदों से ज़्यादा कटु तरीके से, कठोर तरीके से, तिक्त तरीके से हमें कोई नहीं धिक्कारता, और उपनिषदों से ज़्यादा गरिमा हमें कोई नहीं देता।”

बार-बार मैं कहा करता हूँ न, कि मिट्टी और आकाश जब एक हो जाते हैं किसी जादू से तो जो प्रकट होता है उसे मनुष्य कहते हैं। तन उसका मिट्टी का है, चेतना उसकी आकाश से प्रेम करती है।

वो चेतना जब मानने लग जाती है कि मिट्टी बने रहना ही उसकी किस्मत है तो उपनिषद् धिक्कारते हैं उसको। उपनिषदों से ज़्यादा कटु तरीके से, कठोर तरीके से, तिक्त तरीके से हमें कोई नहीं धिक्कारता, और उपनिषदों से ज़्यादा गरिमा हमें कोई नहीं देता; उपनिषदों से ज़्यादा कोई नहीं बताता हमें कि कितनी ऊँची महिमा है हमारी। हम दो हैं, दोनों तरह का सम्बोधन हमारे लिए ज़रूरी है।

7.

आत्मा क्या?

- आत्मा, परमात्मा और जीवात्मा - इनका अंतर साफ़ समझिए
- आत्मा- दस सवाल, अंतिम जवाब

आत्मा, परमात्मा और जीवात्मा - इनका अंतर साफ़ समझिए

(अद्वैत बोधस्थल, २०२३)

प्रश्नकर्ता: आचार्य जी, प्रणाम। एक छोटी सी दुविधा थी कि अब तक मैं समझता था कि जिसको हम लोग जीवात्मा कह रहे थे वो आत्मा है। और जिसको हम आत्मा कह रहे थे वो परमात्मा है, जिसे हम सत्य कहते थे। ये मेरी अपनी समझ थी।

तो मुझे अभी तक ऐसा लगता था कि जो जीवात्मा है, वो वास्तव में परमात्मा या उस सत्य का अंश ही है। इसी वजह से हम उसको ऐसे देखते है। तो फिर ये कन्फ़्यूज़न बढ़ गया क्योंकि मुझे लगता था कि जीवात्मा जो है वही परमात्मा का अंश है, और इसी वजह से सभी जीव आपस में जुड़े हुए हैं।

आचार्य प्रशांत: अच्छा, अंश माने हिस्सा?

प्र: जी सर।

आचार्य: किसी चीज़ का हिस्सा कर सकें, इसके लिए वो चीज़ क्या होनी चाहिए?

प्र: होनी चाहिए।

आचार्य: चीज़ होनी चाहिए और मटीरियल (भौतिक) होनी चाहिए, फ़ाइनाइट (सीमित) होनी चाहिए। सिर्फ़ फ़ाइनाइट का ही हिस्सा किया जा सकता है न। दो होते हैं जिनके हिस्से नहीं हो सकते — शून्य और इन्फ़िनिटी (असीम)। इनके आप डिवीज़न नहीं कर सकते न।

प्र: ठीक है।

आचार्य: तो मतलब जिसका हिस्सा हो सके, जिसका अंश निकल सके, उसे निश्चित रूप से क्या होना होगा?

प्र: फ़ाइनाइट।

आचार्य: और फ़ाइनाइट तो क्या होती है? जहाँ सब ससीम होता है, लिमिटेड होता है, वो क्या होती है? प्रकृति। तो अगर हम कहें परमात्मा का अंश है कुछ, तो हमने परमात्मा को भी क्या बना दिया?

प्र: फ़ाइनाइट।

आचार्य: प्रकृति का ही बना दिया। तो ये सब बातें बहुत परिपक्वता की नहीं हैं, हालाँकि ये आम प्रचलन में और संस्कृति में चली हैं कि जीवात्मा परमात्मा का अंश होती है इत्यादि-इत्यादि। वेदान्त इन सब बातों से बहुत आगे की बात करता है।

प्र: तो जिसमें हम प्रकृति और पुरुष की बात करते हैं। उसमें जो पुरुष है वो परमात्मा का अंश नहीं है; क्योंकि परमात्मा का अंश हो ही नहीं सकता।

“पूर्ण से तुम कुछ भी करके अपूर्ण की रचना नहीं कर सकते। अगर तुम्हें अपूर्ण दिखाई दे रहा है तो मतलब माया है।”

आचार्य: उसका कोई अंश नहीं।

प्र: जी।

आचार्य: उसका कोई अंश नहीं है, वो अविभाज्य है। ऋषियों ने इसके लिए शब्द दिया है — वो ‘अखंड’ है। अखंड माने जो टूट नहीं सकता। जब टूट नहीं सकता, तो अंश कहाँ से आएगा! वो अविभाज्य है। और अगर उसका अंश करते हो तो कोई छोटी चीज़ नहीं निकलती।

भाई, मालूम है बोलने वाले क्या उपमा देते हैं? वो कहते हैं, ‘परमात्मा सागर जैसा है, जीवात्मा बूँद जैसी है।’ नहीं, भूलिए नहीं कि उपनिषद् आपको क्या बताते हैं। बोलते हैं, ‘अगर तुम उसका अंश भी निकालोगे तो वो भी पूर्ण ही होगा।’ पूर्ण से अगर उसका अंश निकालोगे तो वो भी क्या होता है? पूर्ण। “पूर्णात् पूर्णम् उदच्यते।“ और पूर्ण से अगर पूर्ण को भी निकालो तो क्या बचता है? “पूर्णमेव अवशिष्यते।“

तो पूर्ण का अंश अपूर्ण नहीं हो सकता। परमात्मा का अंश जीवात्मा नहीं हो सकता। पूर्ण का अंश भी अगर कुछ होगा तो क्या होगा?

ये बहुत अजीब बात है। लेकिन ये बात इनफ़ाइनाइट (अनन्त) पर ही लागू होती है। अगर मैं अनन्तता के, इन्फ़िनिटी के सौ हिस्से कर दूँ, तो वो सौ हिस्से भी क्या होंगे?

प्र: अनन्त होंगे।

आचार्य: तो सागर और बूँद वाला रिश्ता झूठा है। जहाँ कहीं भी आपने पढ़ा हो, सुना हो कि परमात्मा सागर जैसा है, जीवात्मा बूँद जैसी है, ये बात बिलकुल बच्चों वाली है, अपरिपक्व बात है ये।

परमात्मा अगर अनन्त है, तो अनन्तता के कितने भी हिस्से कर लो, वो अनन्त होते हैं। उपनिषद् इसको इसीलिए किसी साधारण सूत्र या श्लोक की तरह नहीं रखते। उपनिषद् इस बात को सीधे-सीधे शान्तिपाठ बताते हैं। ताकि ये दर्जनों उपनिषदों में दोहराया जाए कि पूर्ण से पूर्ण को निकाल दो तो भी अपूर्ण नहीं मिल जाएगा तुमको। पूर्ण से अपूर्ण की रचना सम्भव ही नहीं है। पूर्ण से तुम कुछ भी करके अपूर्ण की रचना नहीं कर सकते। अगर तुम्हें अपूर्ण दिखाई दे रहा है तो मतलब माया है, पूर्ण नहीं है।

प्र: ठीक है सर।

आचार्य: अभी आपलोग अगर गा सकते, गाते। (भजन टीम को सम्बोधित करते हुए) इतना बढ़िया होता शान्तिपाठ ये अभी अगर गा देते। चलिए गा नहीं सकते तो कम-से-कम कोई है जो आकर के एक बार सबको सुना दे। क्या हुआ, आओ! (एक श्रोता को सम्बोधित करते हुए)

श्रोता: ईशावास्योपनिषद् शान्तिपाठ।

आचार्य: बहुत उपनिषदों का है, मात्र ईशावास्य का ही नहीं।

(श्रोता मंत्र गाकर सुनाते हैं)

ॐ पूर्णमदः पूर्णमिदं पूर्णात्पूर्णमुदच्यते।
पूर्णस्य पूर्णमादाय पूर्णमेवावशिष्यते।
ॐ शान्तिः शान्तिः शान्तिः।।

आचार्य: ठीक है? जो है वो बस पूर्ण है। पूर्ण के अलावा कुछ नहीं है। और पूर्ण से पूर्ण ही उदित होता है। और पूर्ण से पूर्ण को अगर हटा दोगे तो पूर्ण ही शेष बचेगा।

समुद्र से बूँद वाला रिश्ता नहीं है। वो रिश्ता कहीं सुनिए तो ठुकरा दीजिए। पूर्ण से कुछ भी कर लो, अपूर्ण नहीं निकलेगा। ठीक है? इन सब शब्दों को याद रखा करिए।

अवयव माने होता है हिस्सा। तो ऋषियों ने पूर्ण के लिए कहा है, 'वो अनवयव है।' अन-अवयव, उसके हिस्से नहीं हो सकते। खंड माने भी होता है हिस्सा, तो उन्होंने कहा, 'वो अखंड है।' माने उसके हिस्से नहीं हो सकते। अटूट कहा, अचल कहा, अचिन्त्य कहा, अविभाज्य कहा, असीम कहा — उन्होंने जितने तरीकों से हो सकता था, हमें बता दिया कि उसके बारे में कोई कल्पना मत करना, व्यर्थ की कहानियाँ मत चलाना।

और जो ये बात है कि जीवात्मा, आत्मा, परमात्मा, इसको एकदम स्पष्ट कर लेते हैं। आत्मा और परमात्मा एक ही के दो नाम हैं। जब कोई बोले आत्मा का परमात्मा में मिलन होता है, तो वो कहना यही चाह रहा है कि मन का आत्मा में मिलन होता है। नोट कर लीजिए।

मिलन की बात तो ठीक है, यहाँ तक तो ठीक है कि मिलन की बात की, पर अक्सर आप सुनते होंगे कि आत्मा परमात्मा में मिल गई। जो सही है, सबसे पहले उसको ऊपर लिखिए। सबसे ऊपर लिखिए कि जो बात है और जो उसको कहने का सही ढंग है, वो क्या है। दो ही होते हैं जिनका आपस में मिलन हो सकता है। कौन हैं दो? अहम् और आत्मा। तो सबसे ऊपर लिखिए — अहम् और आत्मा। मिलन बस इन दो का हो सकता है। इन दो के अलावा कोई है नहीं तो काहे का मिलन होगा!

प्रकृति से तो क्या ही मिलन करोगे। तो इन दो के अलावा तो कुछ है नहीं। तो अहम् और आत्मा, इनका मिलन होता है। ठीक है?

अहम् के आस-पास जो पूरा संसार रचित होता है उसको मन बोल देते हैं। तो अहम् के नीचे आप ब्रैकेट में मन लिख दीजिए — मन। तो अगर कभी मिलन की बात आती है तो वास्तव में बस इन दोनों के मिलन की बात है। किन दोनों के? अहम् और आत्मा के या आप कहीं पढ़ लेंगे मन और आत्मा के। वो एक ही बात है — अहम् और आत्मा का मिलन या मन और आत्मा का मिलन।

और आत्मा क्या है? अहम् का न रहना। तो अहम् और आत्मा के मिलन का भी इतना ही अर्थ है कि अहम् अब नहीं रहा। मिलन का और कोई अर्थ नहीं है। मिलन माने ऐसी चीज़ नहीं है कि यहाँ से फुदकते-फुदकते अहम् गया और वहाँ आत्मा खड़ी थी, और दोनों नाचने लगे। ठीक है?

ये मिलन ऐसा है जिसमें एक ही बचता है। ये मिलन ऐसा नहीं है कि दो गले मिल लिये और दोनों बचे हुए हैं। ये मिलन ऐसा है जिसमें एक की मौत होनी है, इसीलिए तो मिलन हम करते नहीं। लेकिन हमको जो साधारण संस्कृति में मिलन से सम्बन्धित बातें सुनने को मिलती हैं, वो क्या है? आत्मा का परमात्मा से मिलन हो गया। तो उसके नीचे लिखिए — आत्मा-परमात्मा।

तो अगर कोई बोल रहा है आत्मा-परमात्मा का मिलन हो गया, तो कहना यही चाह रहा है कि अहम् का आत्मा से मिलन हो गया। लेकिन इस व्यक्ति ने एक बड़ी मूलभूत गलती कर दी है। और वो मूलभूत गलती अगर आप समझ गए तो आप अपने पूरे मनोविज्ञान को समझ जाएँगे। इसने मूलभूत गलती ये की है कि ये किसको आत्मा बोल रहा है? अहम् को आत्मा बोल रहा है। ये गलती की है। और यही अहम् की बड़ी-से-बड़ी, गन्दी, काली कामना होती है कि वो खुद को क्या बोल पाए?

श्रोता: आत्मा।

आचार्य: क्योंकि आत्मा सत्य होती है, अहम् झूठ होता है। झूठ को एक ही बात की तो बेकरारी होती है, क्या? कोई मुझे सच बोल दे, मैं ही सच हूँ।

तो हमने क्या किया है अपनी प्रचलित संस्कृति में कि हमने अहम् को आत्मा बोलना शुरू कर दिया है। कोई आकर आपके अहंकार को चोट डाल जाता है। देखा है, लोग क्या बोलते है, 'मेरी आत्मा पर चोट लगी है!' चोट लगी कहाँ है? अहम् पर। हमने अहम् को आत्मा बना दिया और ये कितनी गन्दी बात की हमने! और ये चलता जा रहा है, चलता जा रहा है। लोग ऐसे ही बात करते हैं अभी भी। धर्मगुरु भी ऐसे ही बात करते हैं जैसे आत्मा कोई आपके अन्दर की चीज़ हो।

कोई आकर बोलता है, 'मेरी आत्मा कलंकित हो गई।'

कोई आपको सिखाता है, 'अपनी आत्मा पर संस्कारों की छाप मत पड़ने देना।'

ये पागलपन की बात नहीं है! आत्मा तो अनन्त है। अनन्त पर कौनसी छाप पड़ेगी और कौन डालेगा! आत्मा तो अद्वैत है। जो अद्वैत है उसके ऊपर कौन आएगा संस्कारों की छाप डालने! ये सब जो छाप पड़ती है किस पर पड़ती है? अहम् पर। लेकिन हम घोषित करना चाहते हैं कि हमारा अहम् ही तो आत्मा है। और अगर अहम् को ही आत्मा मान लिया तो असली आत्मा कभी मिलेगी? जो बीमारी को ही स्वास्थ्य समझ ले, वो कभी स्वस्थ हो पाएगा? तो बस, खेल खराब। समझ में आ रही बात ये?

तो एक तो ये होता है, आत्मा-परमात्मा वाला चलता है। ऐसे ही एक चलता है जीवात्मा-परमात्मा वाला। तो जो लोग जीवात्मा के परमात्मा से मिलन की बात कर रहे हैं, उनमें भी वो जिसको जीवात्मा बोल रहे हैं, वो अहम् ही है, और जिसको परमात्मा बोल रहे हैं, वो आत्मा ही है।

> “अगर अहम् को ही आत्मा मान लिया तो असली आत्मा कभी मिलेगी? जो बीमारी को स्वास्थ्य समझ ले वो कभी स्वस्थ हो पाएगा?”

अब आप बताइए, आत्मा को परमात्मा बोलने की ज़रूरत क्या आ जाती है? भाई, आत्मा को परम-आत्मा क्यों बोलना पड़ता है? ताकि अहम् को आत्मा बोल सको। ये साज़िश देखो। ये जो आपको धर्म के नाम पर कराया जा रहा है, ये साज़िश है पूरी-पूरी। आत्मा को परमात्मा बोलो ताकि छूट मिल जाए। भई, आत्मा शब्द तो अब वैकेंट (रिक्त) हो गया न। जिसका नाम बस आत्मा है, आकाश, उसको क्या बोल दो?

श्रोता: परमात्मा।

आचार्य: और यही बात फैल गई है। आप जितने गाने सुनोगे, उसमें ‘परमात्मा, परमात्मा।’ ‘आत्मा’ बोलकर तो कोई गाता भी नहीं है। उसको परमात्मा क्यों बना दिया? ताकि इसको (अहम् को) आत्मा बना सको। ये कितनी गन्दी चीज़ की हमने! वो जो है वो परमात्मा नहीं है, वो आत्मा ही है। हाँ, तुम आत्मा के साथ ही परम जोड़ना चाहो तो अलग बात है। जोड़ लो, कोई बात नहीं। लेकिन हमने उसको परमात्मा इसीलिए कर दिया है ताकि इसको आत्मा कह सकें। अहम् स्वयं को आत्मा कहलवाना चाहता है।

आगे से आप किसी को इस तरह की बात करते सुनें कि तुम्हारी आत्मा, या तुम्हारी संस्कारित आत्मा, या ऐसे कि मैं तुमसे आत्मा से प्यार करता हूँ — अब ये जो है, वो प्यार कहाँ से हो रहा है?

श्रोता: अहंकार से।

आचार्य: लेकिन कहा क्या जा रहा है?

श्रोता: आत्मा।

आचार्य: जबकि आत्मा का प्रेम-व्रेम करने से कोई मतलब है नहीं। प्रेम तो सदा कौन करेगा? अहम् ही करेगा। सन्त में भी प्रेम कौन कर रहा है? अगर कोई सन्त भी प्रेम के गीत गा रहा है तो भी उसके भीतर कौन है जो प्रेम कर रहा है? अहम् ही प्रेम कर रहा है। हाँ, वो सद्मुखी अहम् है, वो आत्ममुखी अहम् है; है तो अहम् ही।

'परमात्मा' शब्द की कोई आवश्यकता नहीं है, 'आत्मा' पर्याप्त है — अहम् और आत्मा। भगवद्गीता को भूलिएगा नहीं, अहम् और आत्मा। अहम् है जिसको आत्मा तक जाना है। परमात्मा इत्यादि भी बोलने की कोई आवश्यकता नहीं।

आत्मा: दस सवाल, अंतिम जवाब

(ऋषिकेश, २०२१)

प्रश्नकर्ता: मेरे पिताजी का देहांत हुआ कुछ समय पहले, तो प्रथानुसार १३ दिन का कार्यक्रम हुआ, गरुड़ पुराण का पाठ हुआ ताकि पापा की आत्मा को मुक्ति मिल सके। गरुड़ पुराण में बोला गया है कि हमारे कई कर्म करने से आत्मा कहीं-कहीं तो जाती है, पंडितों को दान और भोज देने पर बहुत ज़ोर दिया जाता है, कपड़े, सोना-चांदी, गाय, यहाँ तक कि पलंग और चद्दर भी देना होता है। न देने पर पाप लगने की बात है, कहीं पर तो यहाँ तक बोला है कि गर्म तेल में उबाला जाएगा।

मेरे भाई ने यह सब देखने के बाद कहा कि ज़रूर ये वाला पुराण किसी ने इसलिए लिखा है ताकि उसके वंशजों की आजीविका का परमानेंट इंतज़ाम हो जाए।

आचार्य जी, इन १३ दिनों के कार्यक्रम का क्या महत्व है, कैसे कोई और किसी की आत्मा को मुक्ति दिला सकता है?

आचार्य प्रशांत: आप जानती ही हैं मेरा इस विषय में क्या कहना है, मुझसे बुलवा कर परेशानी में डालेंगी।

(श्रोतागण हँसते हैं)

प्र: मम्मी ने पूछा है।

आचार्य: उन्हें भी पता है।

(श्रोतागण हँसते हैं)

वैसे ही बदनाम हूँ कि ये खराब किये दे रहा है हमारे धर्म को!

देखिए फिर, मूलभूत बात जो बहुत सीधी है, साफ़ है, एकदम सरल। सच दो नहीं होते न — एक-एक क़दम पर चलेंगे — सच दो तो नहीं होते, सत्य एक होता है, ठीक?

वैदिक धर्म है आपका, वैदिक धर्म है न। वैदिक सत्य वेदान्त में है। उसे वेदान्त नाम मैंने नहीं दिया है। स्वयं वेद उसे वेदान्त बोलता है। स्वयं वेद कहते हैं कि हमारा शिखर वेदान्त है। उपनिषद् वेद ही हैं, वेदों से भिन्न नहीं हैं। वेदों में ही जो उच्चतम ज्ञान की बातें हैं, उन्हें उपनिषद् कहा जाता है। मोटे तौर पर समझाने के लिए कह रहा हूँ।

हम अगर कहते हैं कि वेदों में सत्य है तो माने उपनिषदों में सत्य है, ठीक? क्योंकि वेद स्वयं कहते हैं कि उपनिषदों से ऊँचा कुछ नहीं। उपनिषदों में सत्य है, और सत्य दो होते नहीं।

एक-एक क़दम साथ चल रहे हैं?

उपनिषदों में सत्य है, सत्य दो होते नहीं, तो आपको अगर कोई धार्मिक बात ऐसी मिलती है जो उपनिषदों के विरुद्ध जाती है तो तत्काल उसको क्या मान लेना है? असत्य ही है न। या ये कहेंगे कि ये बात भी ठीक है, लेकिन यह बात भी तो ठीक है! ऐसे चलेगा क्या? यह कोई बात नहीं है, सत्य कोई बात नहीं होती।

आत्मा के भटकने और आत्मा के इधर-उधर डोलने का अर्थ क्या है जब आत्मा अनंत है, अचल है! न उसका जन्म है, न मृत्यु है, तो वो कैसे यहाँ आ जाएगी, वहाँ चली जाएगी? जो चीज़ अनंत है वो कहीं प्रवेश कैसे कर जाएगी? जिसके न अंदर कुछ है न बाहर कुछ है, वो किसी शरीर के अंदर कैसे पायी जाएगी? जिसकी कोई सीमा ही नहीं, वो संसार की सीमाओं में कैसे आ जाएगी? उसकी आप बात कैसे कर लेंगे, वो चीज़ मन की सीमाओं में कैसे आ जाएगी? आत्मा के बारे में आपने इतनी कहानियाँ उड़ा कैसे दीं जब वो असीम-अनंत है तो?

भारत के पतन का कारण अगर मुझसे कोई पूछे कि एक बताइए तो मैं कहूँगा — 'आत्मा' शब्द का दुरुपयोग। अगर हम एक जाग्रत समाज होते तो आत्मा शब्द के दुरुपयोग पर दंड निर्धारित होना चाहिए था। और आत्मा को लेकर जो किस्से-कहानियाँ बनाए, उन्हें सीधे-सीधे अपराधी घोषित किया जाना चाहिए था। क्योंकि आत्मा ही आपकी आखिरी संभावना है, आत्मा ही आपको बचा सकती है। उसी के लिए आप जी रहे हो, और अगर किसी ने उसे ही दूषित और भ्रष्ट कर दिया तो फिर अब आपके लिए बचा क्या? सब नष्ट हो गया न। अगर आपके मन में आत्मा को ही लेकर के भ्रामक सिद्धांत डाल दिये गए हैं तो आप जियोगे कैसे?

ये तो ऐसी सी बात हो गई कि जो मरीज़ के लिए आखिरी और सबसे ऊँची दवाई हो सकती थी, बिलकुल रामबाण, वो भी बेअसर कर दी गई।

आत्मा सोल नहीं होती। जहाँ कहीं भी आप आत्मा के साथ सोल, रूह आदि पढ़ें, जान लीजिएगा कि मामला बहुत बहका हुआ है। जहाँ कहीं भी आप इस तरह की कोई बात पढ़ें कि आत्मा का गमन-आवागमन हो रहा है, वहाँ भी जान लीजिएगा कि या तो समझे नहीं हैं या भटका रहे हैं।

सबकुछ ही तो आवत-जावत है इस दुनिया में, आपने आत्मा को भी वैसा ही बना डाला? सबकुछ ही तो परिवर्तनशील है इस दुनिया में, आपने आत्मा को भी वैसा ही बना डाला? तो अब आत्मा आपके किस काम की बची अगर वो चीज़ भी सांसारिक हो गई तो? ले-देकर के यह मटीरियलिज़्म (भौतिकवाद) ही है कि आप आत्मा को भी मटिरीयल के गुणों से आरोपित कर दें।

जो काम पदार्थ करता है, जो काम भौतिक होता है वो सारे काम अगर आप आत्मा से भी करवाने लग जाएँ तो यह आपने क्या किया है? ये आपने आत्मा को भी मटिरीयल ही बना दिया न? क्यों बना दिया? क्योंकि हम ऐसे लोग हैं जिन्हें मटिरीयल

की, पदार्थ की बड़ी लिप्सा रहती है। और हम ऐसे अहंकारी हैं जो मानने को तैयार ही नहीं होते हैं कि पदार्थ से हटकर कुछ हो सकता है।

तो हमने आत्मा के आयाम को भी भौतिक बना डाला, हमने आत्मा को भी खींचकर इस दुनिया में ही डाल दिया कि आत्मा ऐसी होती है, पेड़ पर चढ़ जाती है, पेट में घुस जाती है, फ़लाने लोक में चली जाती है, ऐसा करती है, वैसा करती है — ये सब काम कहाँ होते हैं? ये सब काम लौकिक हैं, ये सब काम मटिरीयल हैं। आपने आत्मा को ही मटिरीयल बना दिया! भूलिए नहीं कि जो भौतिक है, मटिरीयल है वही तो आपका दुख है। आत्मा, जो आनंददायिनी होती, आपने उसको भी दुखदायिनी बना लिया अपने लिए? आत्मा को मटिरीयलाइज़ करके आप आत्मा को भी अपने लिए दुख का स्रोत बना रहे हो न।

आत्मा कोई चीज़ नहीं है। चीज़ें आती-जाती हैं।

आत्मा अचिंत्य है। ये तो भूल जाओ कि वो कोई चीज़ नहीं है, वो इतनी दूसरी बात है कि उसके विषय में तुम कल्पना नहीं कर सकते, कुछ कह नहीं सकते, सुन नहीं सकते, बोल नहीं सकते — यही उपनिषदों का कथन है। और तुम एक-के-बाद-एक कहानियाँ सुना रहे हो, 'आत्मा अब ऐसे निकलेगी, यह करेगी, फ़लाने दिन निकलेगी, फ़लाना करेगी, अब चावल डाल दो आत्मा में, ये करो, वो करो', जो कुछ भी होता है।

आत्मा आत्मा है। अंग्रेज़ी में उसके लिए कोई शब्द नहीं तो उसको कह देते हैं सेल्फ़, सोल नहीं है।

और बहुत भ्रम फैलाया गया है, कितने ही अनुवाद हैं जिसमें जहाँ आत्मा लिखा होता है तो नीचे लिख देते हैं सोल। और फिर कहने लग जाते हैं, 'ट्रांस-माइग्रेशन ऑफ़ द सोल' (आत्मा का स्थान-परिवर्तन) वगैरह-वगैरह, अब सौ तरह की बातें।

रही बात पुराणों की, तो समझिएगा थोड़ा, पुराणों का यदि कोई युक्तिसंगत अर्थ हो सकता है वेदान्त के प्रकाश में तो उस वेदान्त-सम्मत अर्थ को ग्रहण किया जाना चाहिए। और यदि कोई पौराणिक बात है जो वेदान्त विरुद्ध जाती है तो उसको तत्काल त्याग देना चाहिए। पुराण केंद्रीय नहीं हैं। आप ये थोड़े ही बोलते हो कि आपका धर्म पौराणिक है। सामान्य ज्ञान की बात है कि आप वैदिक लोग हैं। और भारत का बहुत नुकसान हुआ है पुराणवादी बनकर। मुझे पुराणों से कोई समस्या नहीं है, भागवत पुराण पर तो मैंने पूरा एक कोर्स पढ़ाया है। पर पुराणों की भी सम्यक व्याख्या करने के लिए पहले आपको वेदान्त का ज्ञान होना चाहिए, तब आपको समझ में आएगा कि उन कहानियों का असली अर्थ क्या है। और सब कहानियों का अर्थ हो ऐसा भी ज़रूरी नहीं है, बहुत सारी कहानियाँ हैं जो बिलकुल अर्थहीन हैं; उनको हटाइए।

क्या तय करेगा, कैसे निर्धारित करें कि कहाँ अर्थ है कहाँ नहीं, क्या रखें, क्या हटाएँ? वेदान्त पैमाना है। श्रुति का अर्थ पुराण नहीं होता। जो कुछ श्रुति-सम्मत हो वो रखा जाएगा, बाकी सब त्याज्य है।

कितना बलहीन कर दिया हमने सनातन धर्म को यही सब कर्मकांड कर-करके! हम से ज़्यादा गुड़-ग्राहक तो पश्चिम के लोग निकले। उन्होंने भारत से वेदान्त ले लिया है, और वो भी विशुद्ध अद्वैत वेदान्त। नॉन-डूऐलिटी (अद्वैत) पश्चिम में बहुत सम्माननीय और बहुत गंभीर चीज़ है, और भारत की बाकी चीज़ों की ओर वो देखते नहीं। वो कहते हैं, 'मक्खन-मक्खन हमने ले लिया, बाकी तुम रखे रहो। तुम्हारे पूरे धर्म में जो एक काम की चीज़ है, वेदान्त, जो अमर है, जो उच्चतम है, वो हमने ले ली। बाकी तुम रखे रहो, अपने कर्मकांड, अपनी परंपराएँ, अपने खोखले विश्वास, तुम रखे रहो इनको।' और हम वो सब रखे हुए हैं।

जैसे आसाम के चाय के बागानों की जो उत्कृष्टतम पत्तियाँ हैं वो निर्यात कर दी जाती हैं और जो पूरा जला हुआ माल है वो हमारे पास आ जाता है चाय बनकर, ठीक वैसा ही धर्म में भी हो रहा है। जो उच्चतम है उसे विश्व ने ग्रहण कर लिया, और बाकी ये सब कि दूध कैसे चढ़ाना है, चावल कैसे लगाना है, यह हम रखकर बैठे हुए हैं।

और बहुत सम्मान देता है पूरा विश्व वेदान्त को, विशेषकर अद्वैत को। आप ये सब बताएँगे कि ब्राह्मण को कैसे दान देना चाहिए और कितने बोरे अनाज देना चाहिए, और साइकल भी देनी चाहिए और चारपाई भी देनी चाहिए तो दुनिया बहुत हँसेगी। और सही है कि हँसेगी, क्योंकि यह कोई धर्म की बात है? यह कोई धर्म-विषयक चर्चा हुई? लकड़ी कितनी रखें, नारियल का मुँह किस दिशा होना चाहिए, केला कितना पका हो, कितना कच्चा हो — इन बातों का धर्म से क्या सम्बन्ध?

लेकिन हम डरे हुए लोग हैं। ये चीज़ें ज़िन्दा क्यों हैं, समझिए। हम डरे हुए लोग हैं, जब आप डरे हुए होते हो न, तो आप कोई स्पष्ट निर्णय नहीं ले सकते।

मेरे सामने ये रखा है (मग दिखाते हुए) और ये रखा है (गिलास दिखाते हुए), ठीक? एक में अमृत है, एक में पानी है, मैं जानता नहीं क्योंकि मैं बोधहीन हूँ, मुझे कुछ पता नहीं। मुझे नहीं मालूम कहाँ अमृत है, कहाँ साधारण पानी है; मैं नहीं जानता। हाँ, मुझे इतना दिख रहा है कि इन दोनों में जो है वो अलग-अलग है। इसमें (गिलास में) जो है वो पारदर्शी है, इसमें (मग में) जो है मान लीजिए वो पीले रंग का है, लेकिन मैं कुछ नहीं जानता कि किसमें क्या है — मैं नहीं जानता ये जो पारदर्शी चीज़ है ये क्या है; मैं नहीं जानता इसमें पीला पदार्थ क्या है। मैं कुछ नहीं जानता।

कोई आकर कहता है कि देखो भाई, 'अमृत तो दोनों में से कोई एक ही हो सकता है, और यह दोनों ही अमृत नहीं हैं क्योंकि दोनों अलग-अलग हैं। तो दोनों में से कोई एक है। एक काम करो, एक को फेंक दो।' मैं कुछ नहीं जानता, मैं क्या करूँगा? मैं कुछ नहीं फेंकूँगा, मैं दोनों को रखे रहूँगा। यह भारत ने किया है।

चूँकि हम जानते ही नहीं, इसीलिए हम कुछ भी त्याग नहीं पा रहे हैं। हम पुराने सड़े-गले, रूढ़ि-रिवाज़ और कर्मकांड नहीं त्याग पा रहे क्योंकि हम जानते ही नहीं हैं कि सच क्या है। हम सच जान जाएँ तो तुरंत अमृत को कंठ से लगा लेंगे और जो साधारण है, त्याज्य है, उसको छोड़ देंगे।

पर जब कुछ नहीं पता होता तो इंसान जानते हो क्या बोलता है? 'रिस्क (जोखिम) कौन ले, अगर मैंने ये चीज़ छोड़ दी और यही अमृत निकली तो? मैंने पौराणिक कर्मकांड छोड़ दिया और वही अगर अमृत निकला तो? रिस्क कौन ले!' तो हम सबकुछ पकड़कर बैठे रहते हैं।

हम कहते हैं, 'कर लो न! सब करते हैं, तुम भी कर लो। बाल मुंडा लो, क्या पता बाल न मुंडाने से कुछ श्राप लग ही जाता हो। रिस्क कौन ले!'

जो जान जाएगा कि इन दोनों (गिलास और मग) में भेद है, और अमृत इनमें से एक में है वो एक को रखेगा, दूसरे को छोड़ेगा। और मैं दूसरे को छोड़ने के लिए कुछ बलात् नहीं कह रहा हूँ आपसे। पुराणों में भी बहुत हीरे-मोती हैं, और उनकी कथाओं का अर्थ इतना सुंदर और इतना गहरा जाता है कई बार कि मन आनंदित हो जाता है एकदम। लेकिन देखिए, उन कथाओं का भी अर्थ वह नहीं होता जो आपके सब कथा-वाचक वगैरह सुना रहे होते हैं। भागवत पुराण का भी हमने बड़ा शोषण किया है, बड़ा अन्याय किया है उसके साथ। यही काम हमने शिव पुराण के साथ किया है।

तो उपनिषदों को लेकर के मेरी सलाह स्पष्ट है — उपनिषदों की जो कथाएँ वेदान्त-सम्मत हैं, उनको रखो, उनका बड़ा मूल्य है, और वो मीठी हैं क्योंकि कथाओं के माध्यम से बात ज़्यादा आसानी से समझ में आती है। तो वेदान्त के सिद्धांतों को यदि कथा रूप में समझाया जा रहा हो तो ये बहुत अच्छी बात है। लेकिन साथ ही मैं यह भी कह रहा हूँ कि पुराणों में और दूसरे अन्य जो ग्रंथ हैं हिन्दुओं के, उनमें बहुत कुछ ऐसा है जिसकी कोई उपयोगिता नहीं। उसको आज छोड़ दो क्योंकि वो बात आपको भटकाएगी उससे जो वेदों का अमृत है।

> "उपनिषदों ने सिखाया – आपका एक धर्म है, उसका नाम है आत्मा। जात है आपकी अजात, धर्म है आपका आत्मा।"

अमृत और विष को एक साथ नहीं पिया जा सकता। वेदों के मूल ज्ञान को और इधर-उधर के छोटे-मोटे ग्रंथों को एक साथ नहीं लिया जा सकता, खासतौर पर तब जबकि वो जो दूसरे ग्रंथ हैं वह वेदों के विरोध में ही खड़े हों।

उपनिषदों ने सिखाया, 'आपका एक धर्म है, उसका नाम है आत्मा; जात है आपकी अजात, धर्म है आपका आत्म।' कोई आपको मिल गई है किताब जिसको आप कहते हो, 'यह हम हिंदुओं की किताब है', और वो आपको जात-पात, ऊँच-नीच, भेदभाव सिखा रही है तो वो सीधे-सीधे उपनिषदों का खंडन कर रही है न? उस किताब को आप स्वीकार करोगे?

वेदों का अपमान करना हो तो इधर-उधर की व्यर्थ किताबों को स्वीकार करो।

और इतना पुराना आपका धर्म है, विशद उसका वांगमय है। अफ़गानिस्तान से लेकर के मलेशिया तक फैला हुआ था, और आगे तक बल्कि। इतने काल तक और इतने भौगोलिक विस्तार में लोगों ने अपनी-अपनी बातें कहीं, किताबें लिखीं। ज़ाहिर सी बात है वो सारी बातें एक ही स्तर की नहीं हो सकतीं, और वो सारी बातें केंद्रीय नहीं हो सकतीं। कोई परंपरा जो इतनी पुरानी है, उसमें तो हज़ारों ग्रंथ लिखे गए होंगे। वो सारे ही ग्रंथ मार्मिक नहीं हो सकते, सत्यनिष्ठ नहीं हो सकते, केंद्रीय नहीं हो सकते।

यह बहुत घातक किस्म का उदारवाद है कि मैं या तो कुछ पढ़ूँगा ही नहीं या पढ़ूँगा तो अपने पसंद की किताब पढ़ूँगा। हम इसको अध्यात्म में भी लगा रहे हैं। मैं या तो पढ़ूँगा ही नहीं या अपने हिसाब से मुझे कुछ मिल गया, मैं वो पढ़ लूँगा, और कह दूँगा यही तो धर्म है, ये हम हिंदुओं के शास्त्र हैं। हर पुस्तक को शास्त्र नहीं बोल देते।

एक और चीज़ है इसमें, उसका उल्लेख आवश्यक है — संस्कृत भाषा भारत में कभी जनसामान्य की भाषा नहीं बनी, वो ब्राह्मणों के वर्चस्व में रही। और वो धर्म की भाषा थी, अध्यात्म की भाषा थी, और आम भारतीय धर्म-भीरु था, वह धर्म को लेकर के डरता था और संस्कृत जानता नहीं था। तो नतीजा यह हुआ कि कोई भी बात अगर संस्कृत में उससे बोल दी गई तो उसको यही लगा कि ये बड़ी बात है, धार्मिक बात है, इसका सम्मान किया जाना चाहिए; उसने तुरंत हाथ जोड़ दिया।

आज भी ये आप प्रयोग करके देख लीजिए, आप कहीं गाँव-गँवाई में चले जाइए, बहुत साधारण-सी बात अब संस्कृत में बोल दीजिए, लोग ऐसे (हाथ जोड़कर) नमस्कार कर देंगे। यहाँ तक कि आप संस्कृत में कोई अपशब्द भी बोल दीजिए, लोग तो भी कहेंगे, 'जी, जी, जय राम जी।' तो संस्कृत में जो भी किताब लिखी गई, लोगों को लगा वो सब किताबें एक बराबर हैं क्योंकि संस्कृत में हैं।

अरे भाई, संस्कृत एक भाषा है। उसमें आप कुछ भी लिख सकते हो। सिर्फ़ इसलिए कि कोई किताब संस्कृत में लिखी है, ऊँची नहीं हो जाती। संस्कृत में तो नाटक भी बहुत सारे लिखे गए हैं, क्या वो वेदों का स्थान ले लेंगे? बोलो!

संस्कृत में हर तरह का साहित्य लिखा गया है, वो उपनिषदों के बराबर हो जाएगा क्या? लेकिन चूँकि हम संस्कृत को जानते नहीं तो हमारे सामने संस्कृत में कुछ भी आ जाता है, हम उसे बोल देते हैं शास्त्र है। और फिर हम बोल देते हैं, 'हम तो देखिए बहुत उदारवादी लोग हैं न, सनातन मार्गी। हमारे हज़ारों शास्त्र हैं, हमारे करोड़ों देवी-देवता हैं।'

यह जो हज़ारों-करोड़ों वाली बात है, इसी ने हमें निस्तेज और बलहीन कर दिया, हमें कहीं का नहीं छोड़ा। सत्य जब एक है तो ये हज़ारों-करोड़ों की क्या बात है?

हज़ारों-करोड़ों तरह के झूठ हो सकते हैं, सच तो एक होता है न।

हाँ, उस एक की निकटता पा लो फिर ये हज़ारों-करोड़ों आपके लिए अर्थवान और जीवंत हो जाते हैं। लेकिन तब जब पहले उस एक की निकटता पाओ। एक की निकटता पाने के लिए वेद्रान्त चाहिए। वेदान्त को पा लो, फिर पुराण भी आपके लिए

अर्थवान हो जाएँगे। वेदान्त कुंजी है जिससे बहुत सारी दूसरी किताबों के ताले भी खुल जाएँगे। कुंजी के बिना तालों पर सिर फोड़ रहे हो, कौनसी बुद्धिमानी है?

मुझे इतना अफ़सोस होता है कि आम भारतीय के लिए धर्म का मतलब ही बस यही है — कितने दिये जलाने हैं, घी के जलाने हैं कि तेल के जलाने हैं, वही कुट्टू का आटा और करवाचौथ, किस दिशा में मुँह करके सोना है, कौनसा दिन कौनसी देवी का, कौनसे देवता का होता है — बस यही है, उनसे आगे कुछ पूछो तो नहीं पता। बाहर जा रहे हो, दही चाटो। ये धर्म है? दही चाटने का धर्म से क्या लेना-देना? तो मेरा तो धर्म डूब ही गया, मैं तो वीगन (शुद्ध शाकाहारी) हो गया; खत्म।

'फ़लाने सरोवर से जल लेकर के फ़लानी प्रतिमा पर चढ़ा दो, सारी कामनाएँ पूरी हो जाएँगी', ये धर्म है? और बिलकुल ठीक कहा आपने, किसी से पूछो, 'ये कैसे है?' तो बोलते हैं, 'ये हाइअर एनर्जीज़ होती हैं, अलग डाइमेंशन्स (आयाम) होते हैं जो आप नहीं समझ सकते।' जो कह रहे हैं, 'आप नहीं समझ सकते', तो आप बताइए, 'आपने समझे हैं? आपने समझे हों तो समझाने की कोशिश तो करिए! आप कोशिश करके देखिए, शायद हम समझ जाएँ। या हम आपको इतने मूर्ख लगते हैं कि आपके समझाने पर भी नहीं समझेंगे?'

'नहीं, समझाया नहीं जा सकता, अनुभव किया जा सकता है, एक्सपिरियंस!'

"जो कुछ अनुभव में आए, उसी को वेदान्त बताता है कि मिथ्या है। जब अनुभोक्ता ही मिथ्या है तो अनुभव सत्य कैसे हो गए!"

'आपने अनुभव किया है?'

'हाँ, मैंने किया है।'

'कोई प्रमाण कि आपने अनुभव किया है?'

'नहीं, प्रमाण कुछ नहीं; मैंने किया है, मेरी बात मानो।'

'क्यों?'

'क्योंकि मैं महागुरु हूँ। मैंने किया है!'

और तुम मेरी बात मानो इसके लिए मैं तुम्हें तरह-तरह से इंप्रेस (प्रभावित) करूँगा ताकि तुम्हें लगे कि ये इतने इम्प्रेसिव (प्रभावशाली) आदमी हैं तो इनकी बात सही ही होगी। तो आप घर के बड़े-बूढ़ों से भी ये सब बातें पूछेंगे तो वो आपको बहुत गुरु-गंभीर आवाज़ में जवाब देंगे, 'देखो बेटा, होता है, समझोगे। हमने अनुभव किया है।'

अनुभव तो आप कुछ भी कर सकते हैं। और जो कुछ अनुभव में आए, उसी को वेदान्त बताता है कि मिथ्या है।

जब अनुभोक्ता ही मिथ्या है तो अनुभव सत्य कैसे हो गए?

हो सकता है आपने अनुभव किया भी हो लेकिन आपके अनुभव करने से ही यह सिद्ध हो जाता है कि आपका अनुभव झूठा है क्योंकि सब अनुभव मिथ्या होते हैं। व्यावहारिक हो सकते हैं वो, पारमार्थिक नहीं हो सकते। कोई भी अनुभव सत्य नहीं होता। तो जो चीज़ आपके अनुभव में आ गई, वो तो अनुभव में आने मात्र से ही मिथ्या साबित हो गई।

धर्म जीवन में सबसे ऊँची चीज़ होना चाहिए न? कि बाकी जीवन एक तरफ़ और जो चीज़ जीवन में चेतना को खींच रही है ऊपर की तरफ़, एक आरोहण दे रही है उसको, एक पुल, एक ट्रैक्शन (कर्षण) उसे धर्म कहते हैं।

'बृहस्पतिवार को उस्तरा नहीं चलेगा', ये धर्म है?

'मासिक धर्म में देवता नाराज़ हो जाएँगे, मंदिर मत जाना', ये धर्म है?

'उन दिनों में अचार में हाथ मत डाल देना', यह धर्म है?

'नज़र लग गई है, भूत चढ़ गया है, माता चढ़ गई हैं', यह धर्म है?

'बलि देनी है', ये धर्म है?

"परम्पराएँ समय-सापेक्ष होती हैं। सत्य कालातीत होता है, काल निरपेक्ष।"

ये अच्छे से समझिए, संस्कृति का धर्म से सम्बन्ध हो यह बिलकुल आवश्यक नहीं है क्योंकि संस्कृति में परंपराओं की बड़ी केन्द्रीय जगह होती है। हम चूक कर जाते हैं, हम संस्कृति को ही धर्म समझने लगते हैं, माने हम परंपराओं को ही धर्म समझने लगते हैं। परंपराओं का धर्म से कुछ सम्बन्ध हो भी सकता है, नहीं भी। जहाँ तक हमारी बात है, हमारी निन्यानवे प्रतिशत परंपराओं का धर्म से कोई सम्बन्ध नहीं है और जिन एक प्रतिशत परंपराओं का धर्म से कुछ सम्बन्ध है भी, उस सम्बन्ध को हम जानते नहीं। तो कुल मिलाकर हम परंपराओं के विषय में बिलकुल अंधे हैं। निन्यानवे प्रतिशत परम्पराएँ तो अभी त्याग दी जानी चाहिए। जो एक प्रतिशत सम्माननीय हैं, पूजनीय हैं, जिन्हें सुरक्षित रखा जाना चाहिए, उनका हम अर्थ नहीं जानते, उनका हम अंधानुकरण करते हैं।

बल्कि समय आ गया है जब नयी परम्पराएँ विकसित की जाएँ क्योंकि परम्पराएँ समय-सापेक्ष होती हैं। सत्य कालातीत होता है, काल निरपेक्ष। परंपरा, विश्वास, ये सब तो संस्कृति के साथ बदलते रहते हैं, कालबद्ध होते हैं। चार-हज़ार साल पुरानी या चार-सौ साल पुरानी परंपरा का आज क्या स्थान? आज तो यदि आपको धार्मिक जीवन जीना है, जो कि बहुत आवश्यक है धार्मिक जीवन जीना, तो आपको नयी परम्पराएँ विकसित करनी चाहिए।

बस हो गया न जो आप चाहती थीं? (मुस्कुराते हुए)

अब बुरा मैं बनूँगा।

प्र२: प्रणाम, आचार्य जी। आपने जैसा अभी बताया कि आत्मा का आवागमन नहीं होता और जैसा एक ब्राह्मण परिवार से आती हूँ तो ये सब सुना हुआ है, 'आत्मा अंदर है, वो चली जाएगी तो मृत्यु हो जाएगी'। तो अगर आत्मा का आवागमन नहीं होता तो वह क्या चीज़ है जो एक व्यक्ति को जीवित बनाती है और उसमें से या तो निकल जाती है या हट जाती है तो वही व्यक्ति मृत्यु को प्राप्त हो जाता है? क्या वो चेतना है? वो क्या है?

आचार्य: वो शरीर है।

शरीर ही जीता है, शरीर ही मरता है। शरीर की ही एक अवस्था को चैतन्य और जीवित अवस्था कहते हो, शरीर की ही दूसरी अवस्था को धूल कह देते हो।

वास्तव में जड़ और चेतन में, जीवित और मृत में कोई आयामगत भेद नहीं है। आप भूल ये करते हो कि सोचते हो कि जड़ एक चीज़ है, उसमें कुछ मिल जाएगा तो वो जीवित हो जाएगा। नहीं, जड़ ही जीवित है, जड़ ही चैतन्य है। ये जो धूल है, ये जीवित है।

आप जिसको मृत्यु कहते हो वो बस जीवन की एक दूसरी अवस्था मात्र है। हाँ, वो वैसी अवस्था नहीं है जैसी आप आमतौर पर देखते हो, वह वैसी अवस्था नहीं है जो अब आपके किसी उपयोग की रह गई है तो आप कह देते हो, 'ये तो मृत है', उसको जला देते हो। जो ज़िंदा है वो मरा हुआ है, जो मरा है वो ज़िंदा है, कुछ अलग कभी नहीं होता।

ऐसा नहीं होता कि भ्रूण में किसी विशेष पल प्राण आ जाते हैं। अन्न वीर्य बनता है, अन्न ही अंड बनता है और अन्न को आप क्या बोलते हो? 'ये तो जड़ है।' गेहूँ का दाना आप चैतन्य तो नहीं मानते। उसी से वीर्य बना, उसी से भ्रूण बना, उसी से जीव बना — वह सदा ही जीवित था। वो सूक्ष्मरूप से जीवित था। पर हमारी आँखें स्थूल को देख पाती हैं, तो हम कहते हैं, 'जीव तब आया जब गर्भ ठहरा।' नहीं, वह जीवित सदा से था। यूँही थोड़े ही उपनिषद् कहते हैं, "अन्नम ब्रह्म।" अन्न से चेतना है और चेतना को ही ब्रह्मगामी होना है, तो अन्न ही ब्रह्म है।

समझ में आ रही है बात?

तो कुछ ऐसा नहीं है जो शरीर में घुस जाता है तो ज़िंदा हो जाओगे और शरीर से निकल जाएगा तो मर जाओगे। शरीर शरीर है। जैसे छोटा शरीर होता है, बड़ा शरीर होता है, वैसे ही ज़िंदा शरीर होता है, मुर्दा शरीर होता है। शरीर ही है, बस जिसको तुम मुर्दा बोलते हो वो बदबू मारेगा, चल-फिर नहीं सकता। भई, ये उसके गुण हैं। शरीर की हर अवस्था के अपने-अपने गुण होते हैं। शरीर की भ्रूण अवस्था के अपने गुण होते हैं, शरीर की बाल्यावस्था के अपने गुण होते हैं, किशोरावस्था के अपने गुण होते

हैं, वृद्धावस्था के अपने गुण होते हैं, और शरीर की ही मृत अवस्था के अपने गुण होते हैं। हाँ, मृत अवस्था के गुण परिवार और समाज के लिए उपयोगी नहीं रह जाते हैं तो परिवार और समाज उस मृत शरीर को जला देता है।

अन्यथा शरीर शरीर है। वो पहले भी शरीर था, वो अभी भी शरीर है। पहले वह चेतना की एक स्थिति में था, अब वह चेतना की दूसरी स्थिति में है। मृत्यु चेतना का विपरीत नहीं है। जिसको तुम मृत्यु बोलते हो वो भी चेतना की एक स्थिति मात्र है। हम कहते हैं न कि चेतना की तीन स्थितियाँ होती हैं? एक दफ़े मैंने कहा था, 'नहीं-नहीं-नहीं, ऐसे मत बोलो कि तीन ही स्थितियाँ होती हैं। इसको ऐसे बोलो कि एक घर है, घर में तीन कमरे हैं। तीन कमरों के बाहर वहाँ एक बगीचा है और घर की चारदीवारी के बाहर पूरा एक संसार है। तो ये जो तीन कमरे हैं ये जाग्रत, स्वप्न, सुषुप्ति हैं। इन तीन कमरों से बाहर लेकिन घर के ही अंदर जो बगीचा है उसको मृत्यु मानो। वो भी घर के अंदर ही है, और इन चारों से जो बाहर है उसको तुरीय मानो। वो वास्तव में पंचम हुआ, तुरीय नहीं, चौथा नहीं, पाँचवा हुआ।'

चेतना की तीन नहीं, चार अवस्थाएँ मानो — जाग्रत, स्वप्न, सुषुप्ति, और 'मृत', वो भी एक अवस्था ही है। उसे अचेतन मत कहो या ऐसे कह दो कि अचेतन होना भी चेतना की एक अवस्था है। इसीलिए श्रीमद्भगवद्गीता में कृष्ण इस भेद को ही समाप्त कर देते हैं। वह कहते हैं, 'तुम पुरुष को चैतन्य मानते हो।' वो कहते हैं, 'पुरुष अलग है ही नहीं प्रकृति से।' वह पुरुष को कहते हैं, 'वह पराप्रकृति है' और जिसको तुम साधारण प्रकृति कहते हो जिसमें धूल, नदी, पहाड़ सबकुछ आ जाता है, उसको कहते हैं, 'इसको तुम कह दो, ये अपरा प्रकृति है।'

वह जड़ और चेतन का अंतर ही मिटा देते हैं। वह कहते हैं, 'एक ही आयाम है, उस आयाम पर तुम थोड़ा सा पीछे हो तो कह दिया जाता है कि अचेतन हो या मृत हो या जड़ हो और उसी आयाम पर तुम थोड़ा आगे हो तो कह दिया जाता है कि तुम जीवित हो या चैतन्य हो।' कुछ बदल नहीं गया, ये अहंकार की बात है सोचना कि जो जीवित है वो मृत से वास्तव में आयामगत तरीके से भिन्न है। जीवित और मृत एक ही हैं। 'दीवारों के भी कान होते हैं', 'कण-कण में नारायण' इसीलिए कहा गया है। चेतना हर जगह है, सबमें है। कहीं वो अपने पूर्ण प्रस्फुटन में है और कहीं वो प्रसुप्ति में है।

मृत्यु का अर्थ यही होता है कि चेतना जो पूर्णतया अभिव्यक्त हो रही थी वो एक दूसरी अवस्था में चली गई। जैसे स्वप्न और सुषुप्ति चेतना की ही सोई हुई अवस्थाएँ होती हैं, ऐसे ही समझ लो और गहरी नींद को मृत्यु कहते हैं, वो भी एक अवस्था मात्र है।

तो कुछ निकलता या आता नहीं है भीतर कि तुम ज़िंदा हो जाओगे या मर जाओगे; शरीर ही ज़िंदा है, शरीर ही मुर्दा है। कुछ आया-गया नहीं।

शरीर प्रकृति है, प्रकृति माँ है, चेतना उसका शिशु है। इसीलिए तंत्र में महामाया की पूजा होती है क्योंकि वो चेतना की माताजी हैं। माँ और बच्चे को भिन्न कैसे बोलोगे जबकि वो दोनों एक साथ रहते हों? क्या शरीर के बिना चेतना हो सकती है?

चेतना और शरीर एक ही हैं।

यह स्पष्ट हो रहा है? क्या नहीं हो रहा है?

जब आप सो जाते हैं तो कुछ पृथक होता है क्या? बस वैसे ही। रही शरीर के बदलने की बात, आप कहेंगे, 'मरने पर तो शरीर दूसरा हो जाता है', तो बुढ़ापे और जवानी में भी तो शरीर दूसरा हो जाता है। शरीर तो है ही निरंतर परिवर्तनशील, बस आमतौर पर उसका जो परिवर्तन होता है वह शनैः-शनैः होता है। मृत्युपरांत जब हम उसको जला देते हैं तो वह परिवर्तन यकायक हो जाता है। हमें दिखाई देता है कि खाल राख बन गई। पर खाल तो प्रतिदिन राख बनती है। कभी अपने हाथ घिसकर देखो, वो खाल ही है जो बाहर आती है। खाल तो लगातार राख बन ही रही है। मृत्यु तो लगातार हो ही रही है, क्योंकि मृत्यु और जीवन अलग-अलग नहीं हैं। वही जो आपकी राख है वो अन्न बनेगी न? आपकी राख ही तो अन्न बनेगी न? और अन्न बनकर वो फिर चैतन्य हो जाएगी। यही तो पुनर्जन्म है कि प्रकृति में यही चक्र चलता रहता है। आप शरीर थे, आप राख हुए, राख बनकर अन्न हुए, अन्न बनकर फिर चैतन्य हो गए।

प्र३: आत्मतत्व के बारे में, आत्मा के बारे में, जितना भी पढ़ा-सुना है, वो पूरा कॉन्सेप्ट ही इस बात से उलट जाता है मेरा कि शरीर ही सबकुछ है, मृत अवस्था में भी वो चेतना ही है और अभी मैं यहाँ बैठकर बात कर रहा हूँ, सुन रहा हूँ, तो अभी भी मैं वैसा ही हूँ जैसा मरने के बाद रहूँगा।

आचार्य: क्या आप सोते समय वैसे ही होते हो जैसे अभी हो? तो मरने के बाद वैसे कैसे रह जाओगे जैसे अभी हो? ये क्या कुतर्क है! ये तो छोड़ दो कि सोते समय तुम वैसे ही रहोगे जैसे अभी हो, यहाँ से बाहर निकलोगे, दूसरे हो जाओगे, शोर मचाओगे। तो अभी खड़े-खड़े वैसे कैसे रहोगे जैसा मरने के बाद होते हो? प्रतिपल तो बदल रहे हो।

प्र३: आचार्य जी, आप सही कह रहे हैं; मैं समझ नहीं पा रहा हूँ वो चीज़...

आचार्य: मुझे लग भी नहीं रहा है कि तुम मुझे गलत कह रहे हो। (मुस्कुराते हुए)

प्र३: मेरे कहने का ये मतलब है कि जन्म और मृत्यु अपने हाथ में नहीं होतीं। जन्म हुआ और वो चेतना, समझ में नहीं आता।

आचार्य: समझ में इसलिए नहीं आता क्योंकि आप अपनेआप को मिट्टी मानना नहीं चाहते। अहंकार की बात है, बुरा लगता है।

'हममें और मिट्टी में कोई अंतर ही नहीं?' नहीं है अंतर! यह मान लो, मुक्त हो जाओगे। और मृत्यु के भय से भी दूर हो जाओगे। समझ जाओगे कि क्यों मृत्यु को मिथ्या कहा जाता है। क्योंकि मृत्यु का आपने अर्थ लगाया है मिटना, जबकि मृत्यु का अर्थ है केवल बदलना।

प्र४: प्रणाम, आचार्य जी। मैं उसी के कॉन्टिनुएशन में पूछ रही हूँ कि आप कह रहे हो कि जन्म और मृत्यु शरीर की अवस्था हैं। जब जीवित होते हैं तो शरीर की एक अवस्था है, सुषुप्ति में जाते हैं तो दूसरी अवस्था है और मृत हो जाते हैं तो एक और अवस्था। हम लोग ये समझते हैं कि जबतक हम जीवित हैं, हम लोगों के शरीर में आत्मा है और जब हम लोग जीवित नहीं हैं तो... ये आत्मा-जीवन-मरण, इन सब का खेल समझ में नहीं आ रहा है, सर।

आचार्य: शरीर 'में' आत्मा हो सकती है? शरीर में तो वही सबकुछ होगा न जो चेतना का विषय है! चेतना का विषय माने क्या? जो कुछ आप सोच सकते हो, चेतना का विषय कहलाता है। मैं जिस चीज़ के बारे में सोच रहा हूँ वो चेतना का विषय है। अगर आपने आत्मा के बारे में सोच लिया तो वह चेतना का विषय हो गई।

आप कह रहे हो, 'आत्मा इतनी छोटी-सी चीज़ है और इतनी भौतिक चीज़ है और एकदम त्रिआयामी चीज़ है कि वो शरीर में घुस जाएगी। और मन में भी घुसी हुई है क्योंकि मैं उसके बारे में कहानी बता रहा हूँ, सिद्धांत बता रहा हूँ।'

आत्मा क्या है? यह जो शरीर है न, मदर, माँ, मम्मी, इसका छोटा सा बच्चा है चेतना। उसको बहुत-बहुत बड़ा होना होता है, उसको अनंत होना होता है, यही उसकी माँ की आकांक्षा है। चेतना की अनंतता को आत्मा कहते हैं। एक तरह से शरीर को ही आत्मस्थ होना होता है अपने बच्चे के माध्यम से। कौनसा बच्चा? चेतना। यह शरीर ही मुक्ति चाहता है; शरीर और चेतना अलग-अलग नहीं हैं। शरीर और चेतना अलग-अलग होते तो सिर पर कोई हथौड़ा भी मार देता तो आपकी चेतना हिलनी नहीं चाहिए थी। शराब शरीर पीता है न, शराब पीते ही चेतना क्यों हिलने-डुलने लग जाती है? क्योंकि शरीर और चेतना अलग-अलग नहीं हैं।

और हम कुछ इस तरीके से हैं, बस हैं, कोई वजह नहीं है उसकी, यथार्थ है बस, कि इस शरीर में जो चेतना है, जो इस शरीर से अभिन्न है, उसे बड़ा होना है, बड़े हुए बिना उसे चैन नहीं मिलता। उसी बड़ी सम्भावना को, चेतना का ही जो उच्चतम लक्ष्य है, उसको आत्मा बोलते हैं।

तो आत्मा कोई चीज़ नहीं जो इधर-उधर डोल रही है, आत्मा अंतिम लक्ष्य है और पहला आधार है। इसीलिए उसे आकाश भी बोलते हैं — सबकुछ उसके भीतर है, वो किसी के भीतर नहीं हो सकता। कोई बोले कि आकाश फ़लानी चीज़ के अंदर रखा हुआ है, तो तुरंत क्या पूछोगे? 'वो चीज़ कहाँ रखी है फिर?' आत्मा आकाश है, सबकुछ उसमें है। कुछ भी इतना बड़ा नहीं होता कि उसमें आकाश समा जाए।

और यह भी सिर्फ़ एक रूपक है। क्यों? क्योंकि आकाश को भी आप कह सकते हैं कि मन के आयाम में तो आ गया न, हम बात कर लेते हैं वगैरह-वगैरह। आकाश की तो फिर भी बात हो सकती है; आत्मा ऐसा आकाश है जिसकी बात भी नहीं हो सकती। कोई शब्द उच्चारित करोगे उसके बारे में तो कोई सीमा दे दोगे आत्मा को,

कोई प्रतीक बना लोगे, कोई छवि खड़ी करोगे। और मन छटपटाता है, मन कहता है, 'आत्मा जो भी चीज़ है, उसको पकड़ क्यों न लूँ? कुछ तो सिद्धांत बता दो, क्या होती है, कैसी होती है, रंग क्या होता है? नाम क्या होता है? तरीका क्या है उसको छू लेने का?'

जानते हो मन ये क्यों पूछ रहा है? क्योंकि मन बड़ा नहीं होना चाहता। अहंकार कहता है, 'आत्मा को पाने का जो सही तरीका है, वो नहीं अपनाऊँगा।' सही तरीका क्या है? बहुत बड़े हो जाओ, आकाशवत हो जाओ। 'मैं छोटा तरीका अपनाऊँगा।' छोटा तरीका क्या है? 'मैं जैसा हूँ, मैं वैसा ही रहूँगा, मैं आत्मा के बारे में जानूँगा, मैं आत्मा का ज्ञान हासिल करूँगा। मैं आत्मा बनना नहीं चाहता, मैं आत्मस्थ हो विलीन और लुप्त नहीं हो जाना चाहता, मैं छोटू ही रहकर के आत्मा का ज्ञान पा लेना चाहता हूँ।' यह अहंकार की चाल होती है।

प्र४: प्रणाम, आचार्य जी। इस विषय पर आपने जो बात कही, मैंने पूरी कोशिश की समझने की, पर ज़्यादा समझ नहीं पायी। मैं एक संस्था के पास गयी थी और वहाँ एक दीदी हैं जो कहती हैं कि आत्मा उनके अंदर आती है और बात करती है।

आचार्य: मत बुलवाइए।

(श्रोतागण हँसते हैं)

प्र५: प्रणाम आचार्य जी, मैं एक जैन परिवार से हूँ और जब धर्म की बातें होती हैं तब बोला जाता है कि भगवान महावीर तीर्थंकर जो थे, 'जीव' शब्द का प्रयोग होता है, कि उनका जीव तीर्थंकर बनने से पहले इतने भवों में गया था, ये किया था, वो किया था; उसके बाद उनका जीव तीर्थंकर के पर्याय में आया। तो यहाँ पर आत्मा की बात मैं थोड़ा-थोड़ा समझा, पूरा नहीं समझा। लेकिन फिर यह जीव क्या है?

आचार्य: हम जीव हैं। चेतना, छोटू बेबी, उसको अपनी माँ से चिपकना ज़्यादा प्रिय होता है अपनी विशालता की अपेक्षा — इस भाव को जीव कहते हैं।

समझ रहे हो?

चेतना अपनेआप को अपनी माँ से, माने देह से ही जोड़कर देख ले तो जीव कहलाती है। चेतना जो देहाभिमानी हो जाती है, जीव कहलाती है। छोटे बच्चे होते हैं न? मम्मी के पास ही रहेंगे, स्कूल नहीं जाएँगे। जबकि स्कूल में उसकी तरक्की है, बेहतरी है, पर वो बच्चा क्या कर रहा है? वो मम्मी से चिपका हुआ है। इस मम्मी से चिपकने को जीवभाव कहते हैं।

प्र५: तो आचार्य जी, क्या हम अपनी वृत्तियों को भी जीव बोल सकते हैं?

आचार्य: जिसको आप वृत्ति कहते हैं उन्हें सांख्य में, वास्तव में वेदान्त में भी, प्रकृति के गुण कहा जाता है। वो प्रकृति में होते हैं, तो जो प्रकृति का बच्चा है, चेतना, उसमें भी होते हैं।

प्र६: आचार्य जी, सादर नमस्कार। जैसा आपने बताया कि हर शरीर के साथ एक चेतना होती है। यहाँ पर कई अलग-अलग शरीर हैं, तो क्या हमारी कई चेतनाएँ हैं?

आचार्य: हाँ अलग चेतनाएँ हैं।

प्र६: और दूसरे जो चौरासी-लाख योनियों की बात आती है कि चौरासी-लाख योनियों में भटकने के बाद ये शरीर प्राप्त हुआ है और इसका हमें उद्धार करना है — तो ये क्या है? और ये चेतना अलग-अलग कैसे हैं? ये शरीर मरता है तो चेतना का क्या होता है?

आचार्य: शरीर ही चेतना है। चेतना का कुछ नहीं होता; वो धूल में बैठ जाती है।

प्र६: तो क्या हमारी कई चेतना हैं?

आचार्य: बिलकुल! जितने लोग यहाँ बैठे हैं, उतनी ही चेतनाएँ नहीं हैं यहाँ पर, आपकी जो चेतना थी प्रश्न पूछने से पहले, वो अब बदल चुकी है। तो चेतनाएँ अनंत हैं, चौरासी-लाख का जो आँकड़ा है वह प्रतीक है अनंतता का। कि जैसे आप बोलते हो न फ़लाना हज़ार बहाने बनाता है। इसका क्या मतलब है? ठीक एक-हज़ार बहाने बनाता है? नौ-सौ-अट्ठानवे नहीं बना सकता, एक-हज़ार-दो नहीं बना सकता? हज़ार बहाने का क्या अर्थ है? अनंत, बहुत ही सारे! यही कहा जाता है। चौरासी-लाख योनियाँ माने चेतना के अनंत रंगरूप हैं। "मन के बहुतक रंग हैं छिन-छिन बदले सोय"[2], यही है चौरासी-लाख योनियाँ।

इसका ये मतलब नहीं है कि आप खरगोश बन जाओगे, खरगोश आपके भीतर ही बैठा हुआ है। जिस धूल से आप मनुष्य बन गए, उसी धूल से तो खरगोश भी आता है न? तो आपमें भी धूल है, खरगोश में भी धूल है। खरगोश में आप हैं, आपके भीतर खरगोश है। खरगोश की मूलवृत्ति है डर और सतर्कता। आप डरे हुए नहीं रहते? आप भी खरगोश हो। खरगोश आपमें ही मौजूद है।

जब आप बहुत डर जाओ तो आप कह सकते हो अभी आप खरगोश योनि में हो। जब आप बहुत चालाकी दिखाओ तो आप कह सकते हो अभी आप सियार योनि में हो। जब आप एकदम डरपोक, बल्कि कायर हो जाओ तो आप कह सकते हो आप गीदड़ योनि में हो। तो अभी ही यहाँ अनंत योनियाँ हैं जो लगातार परिवर्तित भी हो रही हैं। मरकर योनि परिवर्तन नहीं होगा, योनि परिवर्तन प्रतिपल हो रहा है। आप किसी एक ही योनि में नहीं हैं, आप मनुष्य होते हुए भी लगातार योनि परिवर्तन में हैं।

सारी बातें मन को संबोधित करके कही गई हैं। सब योनियाँ मन के लिए हैं, क्योंकि मुक्ति भी किसको चाहिए? मन को चाहिए। योनियाँ सब मन के लिए हैं। जिन लोगों ने ये बातें कही थीं, उन्हें बड़ा अचरज होता होगा कि उनकी बातों का किस

---

2 मन के बहुतक रंग हैं छिन छिन बदले सोय।
एक रंग में जो रहै ऐसा बिरला कोय।।
~ **कबीर साहब**

तरीके से बेढंगा अर्थ किया गया। वो बहुत ऊँचे लोग थे, वो मन की मुक्ति के साधक थे। उन्होंने जो कहा मन मात्र को कहा, माने चेतना मात्र को संबोधित करके कहा, पर हमने उस बात का बिलकुल स्थूल अर्थ कर लिया। हमने कहना शुरू कर दिया कि तुम शक्कर ज़्यादा खाते हो, मरकर चींटी बन जाओगे — ये बेढंगी बात है, एकदम बचकानी, दो साल के बच्चों को शोभा देती हैं ऐसी बातें, प्रौढ़ों को नहीं।

अगर आप शक्कर की ओर बार-बार भाग रहे हो तो आप अभी ही चींटी हो। और शक्कर की ओर भागने से ही आप चींटी नहीं हो गए। जो भी कोई अपने लालच की वस्तु की ओर भाग रहा है उसे चींटी बोल सकते हो। जो भी कोई मिठास पर मरता है, किसी भी तरह की मिठास, शब्दों की मिठास, रूप की मिठास, उसे आप चींटी बोल सकते हो; मरने की प्रतीक्षा मत करो, आप पशु योनियों में अभी ही हो। इसीलिए कहा जाता है कि निचली योनियों में गिरने से बचो और ऊँची योनि की तरफ़ प्रस्थान करो। निचली योनियों में गिरने से बचने का क्या अर्थ है? कि जानवरों जैसी वृतियों से बचो, जानवरों जैसी वृत्तियाँ प्रदर्शित करना ही निचली योनियों में प्रवेश है।

प्र६: जब कृष्ण बात करते हैं कि जो व्यक्ति मृत्यु के समय मुझे याद रखता है वो ऊँची गति को प्राप्त होता है तो कृष्ण किस मृत्यु की बात कर रहे हैं? वो कौनसी स्थिति है?

आचार्य: प्रतिपल की मृत्यु की। इसका उत्तर मैंने दिया है। आप कहाँ थे? कल ठीक इसी प्रश्न का उत्तर दिया है। कल ही दिया न? इसी को मृत्यु बोलते हैं।

(श्रोतागण हँसते हैं)

आप कौनसी योनि में विचरण कर रहे थे? आधे घंटे तक मैं इसी का उत्तर दे रहा था।

मृत्यु प्रतिपल हो रही है। कृष्ण का स्मरण भी इसीलिए प्रतिपल करना है। मृत्यु क्या है? किसी ऐसी चीज़ से संबद्ध हो जाना — मन की मृत्यु — किसी ऐसी चीज़ से जुड़ जाना जो परिवर्तित हो जाती है, उसको मृत्यु बोलते हैं। और आप जुड़ गए थे यह सोचकर कि यह चीज़ परिवर्तित होगी नहीं। आप चाहते थे आप जिससे जुड़े हो वो नित्य रहे, अमर रहे, शाश्वत रहे, पर वो बदल जाता है — ये मौत है, मौत लगातार होती है। और मृत्यु लगातार दुख देती जाती है क्योंकि आपकी आशा खंडित हो रही है। आपकी आशा थी नहीं बदलेगा, वो बदल गया, चोट लगी।

इसीलिए कृष्ण का नाम चाहिए ताकि चोट न लगे, वह मृत्यु से बचाते हैं। मृत्यु से कैसे बचाते हैं? कृष्ण हैं तो किसी और से चिपटोगे ही नहीं। कृष्ण हैं तो किसी ऐसी चीज़ से सम्बन्ध बैठाओगे ही नहीं जो नाशवान है। कृष्ण माने ब्रह्म, कृष्ण माने वो जो बदल नहीं सकता क्योंकि वह मन में है ही नहीं, वो मन में समाएगा ही नहीं; मन में जो कुछ है बदल जाएगा। कृष्ण कोई पुरुष, कोई व्यक्तित्व, या अवतार भर नहीं हैं। ब्रह्म को कृष्ण कहते हैं। गीता में कृष्ण ब्रह्म हैं सीधे। तो जो कृष्ण के साथ है वो नाशवान चीज़ों से सम्बद्ध नहीं है, अतः उसे मृत्यु का सामना नहीं करना पड़ेगा; बस ये है।

प्र७: आचार्य जी, प्रणाम। अभी आपने बताया कि शरीर और चेतना अलग-अलग नहीं हैं। इससे पहले मैंने आपसे समझा है कि खुद को चेतना जानो, आप शरीर नहीं हो। तो फिर इसमें द्वन्द्व पैदा हो रहा है मेरे अंदर।

आचार्य: बेटा, तुम हो तो शरीर ही, क्योंकि शरीर न हो तो चेतना नहीं हो सकती, लेकिन तुम्हें बढ़कर के आकाश हो जाना है। हो तो तुम मिट्टी ही, क्योंकि मिट्टी न हो तो पौधा नहीं हो सकता, लेकिन उस पौधे को बड़ा वटवृक्ष हो जाना है। वटवृक्ष होने के लिए ज़रूरी है कि मैं तुम्हें यही सीख दूँ कि तुम मिट्टी के ही आलिंगन में मत पड़े रहो।

क्योंकि जैसे-जैसे पेड़ उठता है, ऐसा लग सकता है कि उसकी पृथ्वी से दूरी बढ़ती जा रही है। तो इसलिए ये सीख देनी पड़ती है कि पृथ्वी के ही आलिंगन में, आग़ोश में मत पड़े रहो, तुम उठो।

वही जो माँ वाला रूपक है न, वो बिलकुल सटीक है यहाँ पर। बच्चा है छोटा, माँ से आया है और माँ से ही उसे सबकुछ मिलता है तो वो माँ से बिलकुल चिपका रहना चाहता है। लेकिन इसमें उसका कल्याण नहीं होगा। उसका कल्याण इसमें है कि एक अवस्था के बाद वो धीरे-धीरे संसार में बाहर निकले, और अपनी जो संभावना है उसको साकार करके दिखाए। यह काम है चेतना का।

तो तात्विक रूप से यह बात बिलकुल सही है कि तुम शरीर ही हो, लेकिन सीख देने के लिए यह कहना पड़ेगा कि तुम प्रकृति से परे हो, तुम देह नहीं हो, देहभाव का त्याग करो। समझ में आ रही है बात ये? ये दो हैं विरोधाभासी बातें, लेकिन इनको साथ लेकर चलना पड़ेगा। यथार्थ यही है कि तुम शरीर ही हो लेकिन शरीर तुम्हारी संभावना नहीं है, नियति नहीं है।

शरीर तुम्हारा यथार्थ है, हो शरीर ही, लेकिन सीख यही दूँगा कि तुम शरीर नहीं हो ताकि तुम शरीर से बंधकर न रह जाओ। शरीर से बँधे रह गए तो वो हो नहीं पाओगे जो होने के लिए शरीर ने ही तुम्हें पैदा किया है। जैसे तुम्हारे माध्यम से, तुम्हारी चेतना के माध्यम से स्वयं शरीर ही मुक्ति पाना चाहता हो! जैसे पृथ्वी का प्रेम हो आकाश से, तो वह पेड़ को उपजाती है कि जाओ, आकाश को चूम लो — ऐसे समझो। और पेड़ अगर आकाश की ओर नहीं बढ़ रहा है तो पृथ्वी को भी अच्छा नहीं लगेगा।

प्र७: मैं यह पूछना चाह रही हूँ कि जैसे चेतना बड़ी होकर आत्मा हो जाना चाहती है। तो चेतना विस्तार करना चाहती है? विस्तार करने का मतलब कि हमारे विचार ऊँचे हो जाना चाहते हैं क्या? और इसमें अहम् का क्या रोल है?

आचार्य: चेतना के विस्तार का अर्थ होता है अपने देहभाव से मुक्ति।

प्र७: और फिर इसमें अहम् का क्या रोल है?

आचार्य: अहम् ही चैतन्य होता है। चेतना के लिए दो चाहिए। जब आप कहते हैं, 'मैं चैतन्य हूँ', तो उसमें दो चाहिए होते हैं, एक द्रष्टा और एक दृश्य। अहम् नहीं है तो

संसार नहीं होगा, संसार नहीं है तो चेतना नहीं हो सकती, क्योंकि जो हमारी सामान्य चेतना होती है वह द्वैतात्मक होती है, उसमें दो चाहिए होते हैं — एक मैं और एक संसार, एक द्रष्टा और एक दृश्य। तो चेतना के लिए आवश्यक है कि चेतना के केंद्र में 'मैं' बैठा हो, 'मैं'।

कृष्ण कहते हैं गीता में कि अहंकार प्रकृति का एक तत्व मात्र है। वो भी शरीर से ही उठता है — शरीर जो कि मिट्टी है, जो कि प्रकृति है। वो शरीर से उठता है लेकिन उसके पास एक बड़ी अद्भुत शक्ति होती है। वो शक्ति होती है 'चुनाव' की। चुनाव की शक्ति न होती तो कृष्ण ने अर्जुन को गीता का उपदेश न दिया होता। अगर सबकुछ पहले से ही तय होता तो अर्जुन को समझाने की कोई ज़रूरत न होती क्योंकि अर्जुन को जब कृष्ण समझा रहे हैं तो अर्जुन के पास न समझने का भी अधिकार है। यदि सबकुछ पहले से तय होता तो ये भी तय कर दिया जाता कि अर्जुन समझेगा-ही-समझेगा। ऐसा नहीं होता है।

तो अहंकार के पास चयन की शक्ति होती है, उसे चुनना होता है अपनी बढ़ोतरी को। मैं चुनता हूँ कि अपनी माताजी को ससम्मान, सप्रेम कहूँगा कि मुझे अब आगे जाने दो, ऊपर बढ़ने दो। ठीक वैसे ही जैसे आचार्य शंकर ने अपनी माताजी को कहा था।

प्र८: तो आचार्य जी, यह जो अलग-अलग शरीर मिले हुए हैं, कोई जानवर के शरीर में आ गया, कोई मनुष्य के शरीर में है, तो यह एक संयोग है?

आचार्य: और आपको क्या लगता है? आप श्रेय लेना चाहते हैं कि ये जो आपको शरीर मिला है वो एक पदक की तरह मिला है कि आपने अतीत में, माने पिछले जन्मों में बड़ी उम्दा करतूतें की थीं इसीलिए अब आपको पुरस्कार स्वरूप यह मनुष्य शरीर भेंट किया गया है?

प्र८: सुना तो यही था आचार्य जी।

आचार्य: ये जो पूरा मेरा वक्तव्य था कि मैंने अतीत में बड़ी ज़बरदस्त करतूतें की थीं इसीलिए मुझे अब पुरस्कार स्वरूप ये पदक प्रदान किया गया है, इसमें से आपको किसकी दुर्गंध आ रही है? अहंकार की। ये अहंकार मात्र है, कहना कि मैं सर्वश्रेष्ठ हूँ, इसलिए देखो मुझे मनुष्य योनि मिली है। आप सर्वश्रेष्ठ हैं अपनी दृष्टि में। एक छोटा सा अमीबा भी है न, उसकी दृष्टि में वही सबकुछ है। आप कहेंगे आप सर्वश्रेष्ठ हैं इसीलिए आपको जानवरों का माँस खाने का अधिकार है। शेर कहेगा, 'मैं सर्वश्रेष्ठ हूँ, मुझे मनुष्य को खाने का अधिकार है।' अगर आप वास्तव में सर्वश्रेष्ठ होते तो शेर कभी आपको मार ही नहीं पाता। पर आप हत्थे चढ़ जाइए उसके और उसको बोलिए, 'मैं तो सर्वश्रेष्ठ हूँ, मनुष्य योनि में हूँ।' वो कहेगा, 'ये सब बातें आध्यात्मिक लोगों को बताना, हम इतने बेवकूफ़ नहीं हैं।'

अच्छे काम इसलिए नहीं करिए कि उससे आगे अच्छा जन्म मिलेगा। अच्छे काम इसलिए नहीं करने हैं कि अगले जन्म में अमीर परिवार में पैदा हो जाएँगे। अच्छे काम इसलिए करने हैं क्योंकि आप अभी बेचैन हैं, तड़प रहे हैं। आपको अपनी वर्तमान स्थिति को ठीक करना है इसलिए शुभ कर्म करिए। शुभ कर्म भविष्य को और अगले-पिछले जन्म को ध्यान में रखकर मत करिए। शुभ कर्म अपनी वर्तमान हालत को ध्यान में रखकर करिए। लोग पूछते हैं, कहते हैं, 'अगर अगला जन्म नहीं होता तो फिर कुछ भी अच्छा करने की ज़रूरत क्या है? खाओ-पियो, मौज करो!' मैं पूछता हूँ, 'तुम मौज कर रहे हो क्या?' खाने-पीने से अगर मौज हो सकती है तो कर लो।

"आपको अपनी वर्तमान स्थिति को ठीक करना है इसलिए शुभ कर्म करिए। शुभ कर्म भविष्य को और अगले-पिछले जन्म को ध्यान में रखकर मत करिए।"

तुम वह मरीज़ हो जो ऐसा मरीज़ है, इतनी बुरी हालत में रोगी है कि कहता है, 'मैं तो मौज कर रहा हूँ।' कल्पना करिए आप अस्पताल जाएँ, वहाँ एक मरीज़ पड़ा हुआ है, उसकी आँतें बाहर आयी हुई हैं, हाथ में किडनी है, उसका अचार बना हुआ है, बोलता है तो दाँत उछल-उछलकर बाहर आते हैं, खोपड़ा आधा उसका बैक्टीरिया खा गए हैं, और वो बोल क्या रहा है? 'मैं तो मौज कर रहा हूँ!' हममें से ज़्यादातर लोग ऐसे ही होते हैं।

अध्यात्म इसलिए नहीं है कि इस व्यक्ति का अगला जन्म अच्छा हो जाएगा। अध्यात्म इसलिए है ताकि यह अपने वर्तमान कष्ट से मुक्ति पा सके। मुक्ति का अर्थ यही होता है, मुक्ति का अर्थ और कुछ नहीं है। आपको वर्तमान में जो कष्ट है उससे मुक्ति पा जाइए, यही मुक्ति है। इसीलिए भारत में जो उच्चतम आदर्श है वो अगले जन्म की मुक्ति को नहीं माना गया, जीवनमुक्त को माना गया। जीवनमुक्त माने अभी चाहिए मुक्ति, अभी। अभी तरकर दिखाओ, आगे के लिए लंबित मत करो कि आगे मुक्ति मिलेगी। अभी मुक्त जीवन जी कर दिखाओ, यह हुई सूरमाओं वाली बात। पुण्य इकट्ठा नहीं करने हैं, तत्काल अपनी बेड़ियाँ काटनी हैं।

आपको दिखता नहीं है — आप गीता का हवाला देते हैं, कृष्ण निष्काम कर्म की बात कर रहे हैं। निष्काम कर्म का अर्थ ही यही है कि आगे की बात पर ध्यान नहीं देना है, जो अभी सही है, जो अभी कृष्णधर्मा है, तुम वो करो। तो आप अभी कर्म कैसे कर सकते हैं अगले जन्म को ध्यान में रखकर? फिर निष्काम कर्म का क्या हुआ? समस्या अभी है, समाधान अभी करना होगा।

(श्रोताओं से पूछते हुए) किसी का सिरदर्द हो रहा है? हाथ उठा दीजिए, मैं चाहता हूँ उठाएँ।

अरे भाई! किसी को शौचालय जाना है? उठा दो हाथ, उठा दो।

(कुछ श्रोतागण हाथ उठाते हैं)

हाँ! अगले जन्म में भेजूँगा।

(सब श्रोतागण हँसते हैं)

दबाव अभी है तो राहत अभी चाहिए न, या अगले जन्म में चाहिए? अध्यात्म इसीलिए है ताकि आपको आपके कष्टों से अभी राहत मिल सके। दो-सौ साल बाद राहत पाकर क्या करोगे? रो तो अभी रहे हो।

मैं बताता हूँ, हम क्यों तत्काल नहीं राहत पाना चाहते हैं, क्योंकि तत्काल राहत चाहिए तो तत्काल कीमत भी चुकानी पड़ती है। इतना बड़ा हमारा कलेजा नहीं है, तो हम बातें टाल देते हैं अगले जन्म में। कितनी गहरी साज़िश है न ये? तत्काल राहत चाहिए तो तत्काल विद्रोह करना होगा, क्रांति करनी होगी। इतना हममें साहस नहीं तो हम कहते हैं, 'हम धीरे-धीरे पुण्य वगैरह इकट्ठा कर रहे हैं। अगले जन्म में कुछ बेहतर होगा मामला।'

प्र९: मैं माफ़ी चाहूँगा आचार्य जी, दोबारा से वो धृष्टता कर रहा हूँ।

आचार्य: नहीं नहीं, बिलकुल पूछिए।

प्र९: बड़ा बचकाना सवाल है, कई बार समाचार पत्रों में पुनर्जन्म को लेकर चीज़ें देखी हैं...

आचार्य: झूठ है, एकदम झूठ है। (बाकी श्रोताओं से) आप भी जानते हैं कौनसी घटनाओं के बारे में बता रहे हैं।

> "निष्काम कर्म का अर्थ ही यही है कि आगे की बात पर ध्यान नहीं देना है, जो अभी सही है, जो अभी कृष्णधर्मा है, तुम वो करो।"

जिन्हें पता नहीं होता न कि पुनर्जन्म जैसी कोई चीज़ होती है, उनके साथ ये घटनाएँ घटती भी नहीं हैं। जिन्हें पता नहीं होता न कि ऐसी घटनाएँ घट जाएँ तो तुरंत अखबार में छपेगा तुम्हारा नाम, उनके साथ ऐसी घटना नहीं घटती।

अब समझ लो कि ऐसी घटनाएँ क्यों घटती हैं — आपको पता है कि ऐसा एक सिद्धांत है जो समाज में प्रचलित है, वो चीज़ आपके साथ भी होने लगती है। कई बार यह आपकी खुली साज़िश होती है, खुला झूठ होता है; कई बार ये आपके साथ अचेतन तरीके से होता है। आपको सही में लगने लगता है कि आपके साथ ऐसा हो रहा है जबकि वह सिर्फ़ एक सुनी हुई चीज़ है, जिसको आप अपने जीवन में अभिनीत कर रहे हैं। और फिर उसके साथ जो टीआरपी मिलती है उसका तो कहना ही क्या!

आप यहाँ से बाहर निकलिए, कहिए, 'आचार्य जी बड़े गज़ब के आध्यात्मिक आदमी हैं, उनके सामने बैठा तो मुझे अपने पिछले अठारह जन्म याद आ गए।' चार दिन तक देश भर के नैश्नल टीवी पर आप-ही-आप चलेंगे। और आप बिलकुल उसमें सजीव चित्रण करिए, बताइए, 'देखिए, मैं न पहले ऐसा था, वैसा था, मैं ऐसा करता

था, वैसा किया करता था।' और आप ये नहीं भी कर रहे हो तो आपके आसपास वाले कर देंगे। कोई छोटा बच्चा, दो-चार ऐसी बातें बोल दे उसके माँ-बाप तुरंत ढिंढोरा पीटते हैं कि देखो हमारे घर ऋषि ने जन्म लिया है। इन सब चीज़ों से बड़े फ़ायदे होते हैं। अभी एक वहाँ पर बछड़ा पैदा हो गया, उसके दो सिर थे। वो बेचारा गरीब आदमी उसके यहाँ पर बछड़ा पैदा हुआ था, उसको लोगों ने इकट्ठा करके तीन-चार लाख रुपये दे दिये। उसकी कुल उपलब्धि क्या है, उसने तो कुछ किया भी नहीं। पर उसे तीन-चार लाख मिल गए तुरंत।

पिछले सब जन्मों का सांकेतिक अर्थ है। क्या अर्थ है? वो धूल जो आज तुम्हारे रूप में है, वही धूल कभी राजा थी, कभी मंत्री थी, कभी ऋषि थी, कभी घोड़ा थी, कभी गाय थी, कभी नदी थी, कभी पहाड़ थी, तो सब तुम्हारे एक अर्थ में पिछले जन्म थे। हम इतने पुराने हैं कि आज तक जो कुछ हुआ है इस पृथ्वी पर हम सबमें भागीदार रहे हैं, तो एक अर्थ में हमने बहुत सारे जन्म ले लिये हैं अब तक — वो सांकेतिक बात है।

पुनर्जन्म तो निश्चित रूप से होता है, और मैं उससे पूर्णतया सहमत हूँ। पर हम यह नहीं समझ पाते हैं कि पुनर्जन्म वास्तव में किसका होता है। हम ये सोचते हैं कि ये जो हमारा व्यक्तिगत अहंकार है, यही जन्म लेगा। जैसा मैं कहता हूँ कि हम सोचते हैं अभी महेश मरेगा, रमेश बन जाएगा और रमेश को ये याद होगा कि मैं पिछले जन्म में महेश था। नहीं, ये सब नहीं है। आपके निश्चित रूप से अनंत जन्म हो चुके हैं, ठीक उसी तरह जैसे सागर की एक-एक बूँद अनंत बार अलग-अलग लहरों का रूप ले चुकी है। उसी तरह आप भी अनंत बार अलग-अलग रूप ले चुके हैं। धूल ही तो है न जो सबकुछ बनाती है। डायनासोर खत्म हो गए क्या? न, धूल बने, वो धूल आज आपके शरीर में है।

एवोगैड्रो नंबर (६.०२२×१०^{२३}) में $१०^{२३}$ आता है, इसका मतलब समझ रहे हो? कितनी सारी यूनिट्स हो गई हैं। एक मोल ऑक्सीजन का जो अभी मेरी नाक से निकल रहा है, वो आप तक ज़रूर पहुँच रहा है क्योंकि उसमें इतनी सारी यूनिट्स मौजूद हैं। मेरा जीवन आपका जीवन बनता जा रहा है। बल्कि आप ये समझिए, एक के आगे आपको २३ शून्य लगाने हैं, इस दुनिया में आज तक जो भी व्यक्ति जीवित रहा है, जो भी, उसके शरीर का कुछ-न-कुछ अंश आपके शरीर में मौजूद है — ये है पुनर्जन्म का अर्थ।

लेकिन जहाँ तक आपकी बात है, मैं जिससे अभी बात कर रहा हूँ, जिस विशिष्ट चेतना से मैं अभी बात कर रहा हूँ, उसका यह एकमात्र जन्म है और उसको यदि कष्ट है तो उसे अपने कष्टों का तत्काल उपचार करना चाहिए। अपने कष्टों के उपचार के लिए अगले-पिछले जन्म पर निर्भर मत रहो। सही कर्म अभी करो।

प्र१०: प्रणाम आचार्य जी, सही कर्म के विरुद्ध एक तर्क जो दिया जाता है, बूढ़ों से लेकर बच्चों तक, वो महाभारत की एक कथा से आता है कि मरने के बाद मोक्ष मतलब स्वर्ग दुर्योधन को भी प्राप्त हुआ था। मुझे स्वर्ग या नर्क में ज़्यादा रुचि नहीं है, लेकिन कहानी में ऐसा अंत लाने की लेखक को क्या ज़रूरत थी?

आचार्य: कि अगर विरोध करना भी है तो कृष्ण का करो। पानवाले, चायवाले, रिक्शेवाले को क्यों परेशान करते हो? दम है तो जाओ भिड़ जाओ कृष्णा से। मिल जाएगा स्वर्ग, तुरंत स्वर्गवासी करेंगे वो। क्षुद्रता के विरुद्ध यह बात कही जाती है कि अगर विरोध ही करना है तो कम-से-कम विरोध में तो थोड़ी ऊँचाई दिखाओ, थोड़ा दम दिखाओ।

एक वीडियो है मेरा, उसमें मैंने शायद शीर्षक ही यही दिया था, 'भिड़ जाओ ऋषियों से'। बहुत होशियार बनते हो, बहुत तर्क चलाते हो, तो जाओ और उपनिषदों के ऋषियों के विरुद्ध तर्क चलाओ और दिखाओ कि तुम्हारे तर्क कैसे सफल होते हैं। छोटे-मोटे बच्चों को पकड़ना, उनपर अपने तर्क चला देना, ये बात ठीक नहीं है न। तो इसीलिए यह कहा जाता है कि रावण को भी मुक्ति मिल गई। बता रहे हो, 'दुर्योधन को स्वर्ग मिल गया', जो भी बात है। कहीं तो ऊँचाई दिखाओ। अगर खलनायक ही बनना है तो सुपरविलन बनो।

क्षुद्रता मत दिखाओ, पेटिनेस मत दिखाओ, उससे कुछ नहीं मिलता।

अब बन मत जाना तुम। यह तर्क दुर्योधन बनने के लिए नहीं दिया गया है। ये तर्क क्षुद्रता के विरोध में दिया गया है। आशय यह नहीं है कि तुम दुर्योधन ही बन जाओ। आशय यह है कि किसी भी तरह की क्षुद्रता न दिखाओ।

8.

ब्रह्म क्या?

- ब्रह्म सच है - न देवता, न ईश्वर, न भगवान
- कल्पना, और कल्पना से आगे

ब्रह्म सच है - न देवता, न ईश्वर, न भगवान

(अद्वैत बोधस्थल, २०२०)

आचार्य प्रशांत: देवता ज़रूर आदमी का ही एक परिवर्धित संस्करण है, ब्रह्म नहीं। उपनिषद् और भारतीय दर्शन विशेष इसीलिए रहा है क्योंकि उपनिषदों ने विश्व को वो दिया जो कहीं और से नहीं आया, क्या? कुछ ऐसा जो आयामगत रूप से तुमसे भिन्न है; कुछ ऐसा नहीं जो तुम्हारा ही एक हज़ार गुना बड़ा विस्तार है। उसको आत्मा बोल लो, उसको ब्रह्म बोल लो।

तो क्या कहा उपनिषदों ने? उपनिषदों ने कहा कि सच्चाई जो है वो तुमसे आयामगत रूप से अलग है—ये पहली बात। दूसरी बात, वो सच्चाई तुम्हारे भीतर ही है, क्योंकि अहम् हो तुम, और साफ़ हो गए तो वही सच्चाई बन जाओगे तुम; ये है विशिष्टता उपनिषदों की। इस विशिष्टता को बहुत ध्यान से समझो। पहली बात; जो सर्वोपरि है, जो सच्चा है, जो प्रथम है, वो तुम्हारे जैसा बिलकुल नहीं है, वो तुमसे आयामगत रूप से अलग है, डाइमेंशनली डिफ़्रन्ट् (आयामगत रूप से भिन्न) है। दूसरी बात; वो तुमसे इतनी दूर का है, इतनी दूर का है कि तुमसे डाइमेंशनली डिफ़्रन्ट् है लेकिन फिर भी बहुत-बहुत निकट है तुम्हारे, तुम्हें बस अपने भ्रम छोड़ने हैं।

समझ में आ रही है बात?

अन्यथा तो एक बालकथा बनानी बहुत आसान है। वो बालकथा कैसी होगी? वो बालकथा ऐसी होगी कि आप अपने ईश्वर की कल्पना कर लें बिलकुल उसी तरीके से, जैसे आप गाँव के बड़े ज़मींदार की या राज्य के बड़े राजा की कल्पना करते हैं। क्या? कि वो किसी ऊँचे सिंहासन पर बैठा है ईश्वर। ये देख रहे हो न, ये कल्पना कहाँ से आ रही है? आप देख रहे हो कि आपका राजा कहाँ बैठता है? ऊँचे सिंहासन पर। तो आपने कहा, "ईश्वर तो भाई सब राजाओं से ऊपर है, तो वो एकदम ही ऊँचे सिंहासन पर बैठता होगा", तो आपने कह दिया, "वो (ईश्वर) आसमान पर बैठता है।"

ये बिलकुल बचकानी बात है न? जैसे बच्चों ने परिकथा लिखी हो।

फिर, राजा का सब जगह शासन चलता है; राजा जिस पर प्रसन्न हो जाता है उसे माला फेंक देता है और राजा जिस पर कुपित हो जाता है उसका गला कटवा देता है। तो वैसे ही आपने अपनी ईश्वरी कल्पना कर ली कि अगर वो (ईश्वर) तुम पर मेहरबान हो गया तो तुमको तमाम तरह की नियामतें बक्श देगा, न जाने कैसे-कैसे दिव्य तुमको पुरस्कार मिल जाएँगे, वरदान मिल जाएँगे। और अगर वो तुम पर कुपित हो गया तो

तुम पर तमाम आफ़तें आ जानी हैं। ये वही राजा वाला काम चल रहा है न, कि नहीं चल रहा है? ऐसे काम वो राजा और ज़मींदार ही करते थे। तो आमतौर पर हमने जो कल्पना की है ईश्वर की, वो और कुछ नहीं है, वो यही ज़मींदारी और राजे-रजवाड़ों की ही परम्परा का एक रूप है।

उपनिषद् जो कह रहे हैं वो चीज़ बिलकुल अलग है। उपनिषद् कह रहे हैं, "तुम, तुम्हारी कल्पनाएँ, तुम्हारे राजा, तुम्हारा सबकुछ जो बड़े-से-बड़ा है, महत्-से-महत् है, तुम्हारा सबकुछ जो छोटे-से-छोटा है, आण्विक-से-आण्विक है; उन सबसे अलग है सच्चाई। तुम और वो जो तुम्हारी दृष्टि में बड़े-से-बड़ा है वो सब एक ही तल पर हैं।"

नहीं समझे?

एक तरीका ये है कहने का, कि इस तल पर (सामने के मेज़ का उदाहरण बताते हुए) मैं यहाँ (एक सिरे) पर हूँ और इधर को (मेज़ के एक छोर से दूसरे छोर) प्रगति होती है। ठीक है? जैसा हम मानते हैं, कि हम इस तल पर हैं, उधर (एक छोर) को हम कह देते है कि वो उन्नति की दिशा है, इधर (दूसरे छोर) को कह देते हैं "अवनति की दिशा है," तो हम कह देते हैं, "इधर को (मेज़ के एक ओर से दूसरी ओर) प्रगति होती है।" यहाँ पर ये (रिकार्डर) बैठा हुआ है, ये कौन है? मोटा है, देखो ये मोटा है। तो ये कौन होगा? ये राजा है। और ये (कलम) ऐसा ही है सिकुड़ा सा, ये कौन है?

प्रश्नकर्ता: प्रजा।

आचार्य: ये प्रजा है। तो हमने कह दिया, "जी ये (कलम) प्रजा है, ये (रिकार्डर) राजा है।"

और ये (मोबाइल) देखो, ये कैसा है?

प्र: और बड़ा।

आचार्य: तो ये कौन हो गया फिर? ये ईश्वर हो गया।

ये ईश्वर की या गॉड की प्रचलित कल्पना रही है कि हम पीछे, राजा आगे, और राजा से आगे यहाँ कहीं देवी-देवता। और उनसे भी आगे? ईश्वर।

ठीक है?

उपनिषद् जो बोल रहे हैं इसीलिए वो बात लोगों के गले उतरती नहीं; वहाँ बात दूसरी कही जा रही है। वहाँ क्या बात कही जा रही है? वहाँ कहा जा रहा है, 'अरे बच्चे! ये सबकुछ जो यहाँ पर हो रहा है, ये सब प्रकृति का तल है। तुम, तुम्हारे राजे, तुम्हारे देवी-देवता, तुम्हारा ऊँचे-से-ऊँचा, तुम्हारा नीचे-से-नीचा; ये सब क्या हैं? सब यहीं हैं, सब प्रकृति के अंदर हैं। और सत्य क्या है? वो प्रकृति से परे है, वो प्रकृति का स्रोत है, वो प्रकृति का पितामह है।'

बात समझ में आ रही है?

इसीलिए ब्रह्म गॉड नहीं है। ब्रह्म के लिए दुनिया की किसी और भाषा में कोई शब्द ही नहीं है। ब्रह्म के समानांतर किसी दर्शन ने कभी कुछ पाया ही नहीं; ब्रह्म के लिए भी, आत्मा के लिए भी। इसीलिए तो मुझे बहुत निराशा होती है, बल्कि क्रोध भी उठता है जब लोग कहने लग जाते हैं कि "आत्मा तो रूह होती है न?" तुम पागल हो गए हो? तुमने आत्मा को रूह बना दिया; यहाँ ऋषियों ने कितनी कोशिश से क्या बात समझाई, और तुमने आत्मा को रूह बना डाला। आत्मा यहाँ है (मेज़ के तल से ऊपर), और तुम्हारी रूह और जो भी तुमने तमाशे कर रखे हैं, वो सब कहाँ हैं? वो सब यहाँ हैं (मेज़ के तल पर)।

आत्मा का ही दूसरा नाम ब्रह्म है, उन्हीं का नाम सत्य है; वही परम, वही मुक्ति, वो एक है। वो ऊपर है; और ऊपर भी ऐसे नहीं कि यहाँ (ज़मीन से ऊपर) कहीं है, बस बियॉन्ड (परे), ट्रांसेंडेंटल (सामान्य मानव अनुभव, ज्ञान और समझ से बाहर)। समझ में आ रही है बात? तो गॉड नहीं है ब्रह्म। गॉड का अधिक-से-अधिक अनुवाद हो सकता है- ईश्वर; और ईश्वर को तो हम जानते ही हैं कि वेदान्त ने कहा कि "माया है।" तो जिसको गॉड कहा जाता है आमतौर पर, वो माया के अतिरिक्त कुछ नहीं है।

जीवन का उद्देश्य ईश्वर तक पहुँचना नहीं है, जीवन का उद्देश्य ब्रह्मलीन हो जाना है।

तुमने कभी 'ईश्वरलीन' नहीं सुना होगा; ईश्वर को तो कहते थे 'ईश्वरप्राप्ति'। लेकिन 'ब्रह्मप्राप्ति' नहीं सुना होगा; जैसे ईश्वरलीन नहीं सुना वैसे ब्रह्मप्राप्ति नहीं सुना होगा। ब्रह्म में लीन होते हैं; क्योंकि यहाँ (प्रकृति) से ऊपर उठ गए तो तुम वो रहे ही नहीं जो तुम यहाँ थे, अब तुम्हारा लय हो गया, लय माने? मिट गए। समझ में आ रही है बात? तो ब्रह्म में लीन होते हैं। ब्रह्म में लीन होने का मतलब है- अहंकार मिट गया। और, ईश्वर की प्राप्ति होती है उसमें क्या होता है? अहम् कहने लग गया, 'मुझे ईश्वर भी मिल गया।' वो बहुत अलग बात है और बहुत छोटी बात है।

फिर बोल रहा हूँ, बिलकुल बच्चों वाली बात है कि किस ईश्वर की आराधना करते हो, कौनसा गॉड कैसा है, और गॉड क्या कह रहा है, और गॉड ने फिर ऐसा किया और फिर गॉड ने कहा।

"ब्रह्म में लीन होने का मतलब है- अहंकार मिट गया।"

ब्रह्म कभी कुछ कहता है? ब्रह्म कभी कुछ करता है? लेकिन जिसको तुम गॉड कहते हो वो करता भी है, कहता भी है, और सब चलता है उसका। ब्रह्म से कभी प्रार्थना की है? ब्रह्म का कोई मंदिर होता है? गॉड का होता है, सब देवी-देवताओं के लिए मंदिर होते हैं। ब्रह्म का कोई मंदिर नहीं हो सकता, और ब्रह्म को कोई प्रार्थना नहीं हो सकती। सभी देवी-देवताओं की मूर्तियाँ होती हैं, ब्रह्म की कोई मूर्ति भी नहीं हो सकती।

गॉड रचनाकार होता है, वो दुनिया बनाता है, ब्रह्म ने दुनिया नहीं बनाई। वास्तव में अगर तुम पूछोगे कि दुनिया किसने बनाई, तो "दुनिया अहम् ने बनाई, ब्रह्म ने नहीं बनाई।" अभी आज हम बात कर रहे थे न, कि दुनिया तो भाई जिसको दिखे उसी के लिए है। तुम ब्रह्म से पूछोगे कि दुनिया किसने बनाई, ब्रह्म कह रहा है, "हैं? मेरे लिए तो कोई दुनिया ही नहीं है। मेरे लिए तो सिर्फ़ मैं ही मैं हूँ, अखण्ड, अद्वैत।" ब्रह्म से पूछोगे, "दुनिया कहाँ से आई?" तो ब्रह्म क्या बोले, "है कहाँ दुनिया? हम ही हम हैं। तो दुनिया उसी के लिए होगी बाबा! जिसको दिख रही है।"

किसको दिख रही है दुनिया?

प्र: हमको।

आचार्य: तो तुम्हीं ने बनाई दुनिया। बोले, "दुनिया कहाँ से आई?" "तन्ने ही तो बनाई।"

कोई ईश्वर नहीं चाहिए दुनिया बनाने के लिए, तुम्हारा अहंकार काफ़ी है; वही बना डालता है।

आ रही है बात समझ में?

तो ब्रह्म गॉड नहीं है। ब्रह्म को सूचित करने वाला कोई शब्द दुनिया की किसी भाषा में नहीं है; ब्रह्म को और आत्मा को भी। आत्मा के लिए तो फिर भी अंग्रेज़ी ने 'सेल्फ' (स्व) निकाल लिया। और सेल्फ ऐसे निकाल लिया कि अहंकार को सेल्फ नाम से सम्बोधित करते थे तो आत्मा के लिए सेल्फ में बड़ा एस लगा देते हैं। तो चलो किसी तरह से जुगाड़ करके काम चल गया, कि आत्मा के लिए बना दिया सेल्फ विथ अ कैपिटल एस, पर ब्रह्म के लिए तो कोई शब्द ही नहीं है, कहाँ से लाओगे?

आ रही है बात समझ में?

उपनिषदों का उद्देश्य आपको किसी देवी-देवता तक या ईश्वर तक ले जाना नहीं है। उपनिषदों का उद्देश्य है- ब्रह्मविद्या; आप ब्रह्मविद हो जाएँ। और जो ब्रह्मविद हो गया वो ब्रह्म ही हो जाता है।

समझ रहे हो?

"जो समस्त देवों का अधिपति है"; वो जो ऊपर बैठा है वो नीचे के सब देवताओं का अधिपति है, ठीक वैसे जैसे तुम्हारा अधिपति है। क्योंकि वहाँ ऊपर से देखो तो ये नीचे के जितने देवी-देवता और ईश्वर हैं, और जितने राक्षस और असुर हैं, और जितने आदमी और जीव-जंतु हैं इनमें कोई अंतर नहीं है; क्योंकि ये सब कहाँ हैं? प्रकृति के तल पर। ब्रह्म की दृष्टि से चाहे ईश्वर हो और चाहे असुर हो, एक बराबर हैं, क्योंकि सब प्रकृति के तल पर हैं; सब आदमी की कल्पना के भीतर के हैं; सबकुछ करते हैं, कुछ नहीं करते हैं; सब आते हैं और सब जाते हैं।

इसीलिए तो फिर कबीर साहब ने बोला था न, कि "ऐसा नहीं है कि सिर्फ़ आदमी ही मरते हैं, सब चाँद-तारे भी मरते हैं और तुम्हारे जितने देवता हैं वो भी मरते हैं।" क्या थीं पंक्तियाँ ठीक-ठीक?

प्र: "साधो ये मुर्दों का गाँव!

पीर मरे, पैगम्बर मरि हैं, मरि हैं ज़िंदा जोगी,

राजा मरि हैं, परजा मरि हैं, मरि हैं बैद और रोगी।

साधो ये मुर्दों का गाँव!

चंदा मरि हैं, सूरज मरि हैं, मरि हैं धरणी आकासा,

चौदह भुवन के चौधरी मरि हैं इन्हूँ की का आसा।

साधो ये मुर्दों का गाँव!

नौहूँ मरि हैं, दसहूँ मरि हैं, मरि हैं सहज अठ्ठासी,

तैंतीस कोटि देवता मरि हैं, बड़ी काल की बाज़ी।"

आचार्य: "तैंतीस कोटि देवता मरिहैं," ये बात समझ में आ रही है? ये देवता भी मरेंगे। काहे को मरेंगे? ये सब प्रकृति के तल पर ही हैं, तुम्हारे जैसे ही हैं; ये सब नाशवान हैं। अविनाशी कौन है? मात्र वो जो काल के परे है; क्योंकि काल के अंदर जो है काल उसको खाएगा।

समझ में आ रही है बात?

> "साधना का अंत क्या है?
> देवता की प्राप्ति नहीं,
> अहंकार का अंत।"

तो इसीलिए देवी-देवताओं का पूजन, या ईश्वर का पूजन, ये कामचलाऊ चीज़ें हैं; वेदान्त में इनका कोई विशेष महत्व नहीं। या इनका महत्व है भी तो बस एक माध्यम के तौर पर; कि एक ज़रिया हैं, एक तरीका, एक विधि हैं, कि इनके निकट आओगे तो उसके माध्यम से ऊपर जाने की सहूलियत हो सकती है, प्रेरणा मिल सकती है, लेकिन ये अंत नहीं हैं अपनेआप में; कोई भी देवता अपनेआप में साधना का अंत नहीं हैं।

साधना का अंत क्या है? देवता की प्राप्ति नहीं, अहंकार का अंत।

साधना का अंत है- अहम् का अंत।

कल्पना, और कल्पना से आगे

(अद्वैत बोधस्थल, २०२०)

आचार्य प्रशांत: जितनी दूर तक तुम्हारी कल्पना जा सकती है, (ब्रह्म) उससे आगे का है; और उसके आगे का हमें कुछ चाहिए, क्योंकि कल्पना जितनी भी दूर तक जाती है, अपने साथ कचरा ही लेकर वापस आती है। ब्रह्म सत्य हो-न-हो, हमारे लिए आवश्यक ज़रूर है, क्योंकि ब्रह्म के अतिरिक्त जो कुछ है वो तो काम आता दिख नहीं रहा; और ब्रह्म सिर्फ़ उन्हीं के लिए है जिन्हें ब्रह्म के अतिरिक्त जो कुछ है वो काम आता न दिख रहा हो। ये बात समझिएगा अच्छे से।

अगर आपको संतुष्टि वहीं मिल गई है जहाँ तक आपकी कल्पना जाती है, उसी क्षेत्र में आपको मिल गई संतुष्टि, तो आपको कल्पना का फिर उल्लंघन करने की ज़रूरत क्या है? फिर 'अणोरणीयान्' (सूक्ष्म-से-सूक्ष्म भेद) की आवश्यकता क्या है? अणु तक तो आपकी कल्पना जा रही थी न; अणु माने समझ लो पदार्थ का वो छोटे-से-छोटा टुकड़ा जो आदमी की कल्पना में, आदमी के सिद्धांतों में आ सकता है। और महत् समझ लो समूचे अंतरिक्ष का विस्तार; वो अधिकतम है जिसकी आदमी कल्पना कर सकता है। अगर इसी विस्तार में, अगर इसी क्षेत्र में, अगर इसी स्पेक्ट्रम (वर्ण-क्रम) में आपको शान्ति मिल ही गई, तो ब्रह्म का क्या करना है! जो चाहते थे वो यहीं मिल गया।

ब्रह्म सिर्फ़ उनके लिए है जिनको अणु के भीतर भी खोज लेने के बावजूद चैन न मिले।

हम तो अधिक-से-अधिक यही कहते हैं न, 'चप्पा-चप्पा छान मारेंगे।' अब चप्पा-चप्पा छानने में यही मतलब है कि यहाँ-वहाँ, कोने-कतरे, हर जगह देख लिया। खोजी ऐसा चाहिए जो एक-एक अणु, एक-एक एटम के भीतर भी घुसकर के खोज आए, कि कहीं यहाँ तो सत्य नहीं छुपा, कहीं यहाँ तो वो नहीं है जिससे मुझे शान्ति मिलेगी! और वो वहाँ भी खोज ले और उसके बाद कहे, 'नहीं मिला', उसको मिलता है। ये वैज्ञानिक दृष्टिकोण है, समझो। यूँही जो सस्ता विश्वास कर ले, जो ऐसी ही कही-सुनी धारणा पर चलता हो बस, उसके लिए नहीं है। पक्का अन्वेषक चाहिए, जो अणु के भीतर घुसकर खोज लाया है, और जो बिलकुल बाहर तक निकल गया है। वो कह रहा है, 'बताओ कहाँ है? बात क्या है? सच्चाई क्या है? जहाँ कहीं भी पदार्थ है, मैं पूरा उसको जानना चाहूँगा।' न्यूक्लिअर-साइंस (नाभिकीय विज्ञान) से लेकर के कॉस्मोलॉज़ी (ब्रह्मांड-विज्ञान) तक, सब एकसाथ शामिल हो गया इसमें।

माने ब्रह्म बस उनके लिए है जिनको सबसे पहले इस दुनिया की जानकारी गहराई से हो। और उससे मेरा मतलब सूचना इत्यादि नहीं है, कि सिकंदर ने किस साल भारत पर आक्रमण किया था। उन्हें संसार की प्रकृति का पूरा ज्ञान होना चाहिए — इस संसार का स्वरूप क्या है? नेचर क्या है इसका? प्रकृति क्या है इसकी? वो बिलकुल पता होना चाहिए। जो उतनी गहराई से पता करता है सिर्फ़ वही गहराई से निराशा पा पाता है। औरों को चूँकि गहराई से कुछ पता ही नहीं होता, तो उन्हें फिर गहरी निराशा भी नहीं होती; उनकी उम्मीद बची रहती है न। भई तुम गए ही नहीं अणु के भीतर खोजने के लिए, तो तुम अपनेआप को ये उम्मीद देकर के बहला सकते हो, 'अणु के भीतर है न अभी। हमने वहाँ तलाशा नहीं है, वहीं पर है, तो जब जाएँगे वहाँ तो मिल जाएगा; हमने आरक्षित कर रखा है, रिज़र्व्ड है वहीं, अणु के भीतर बैठा हुआ है वो। वो तो अभी तक हम वहाँ गए नहीं! लेकिन जिस दिन जाएँगे, मिल जाएगा।' अरे तुम जाओ तो, तुम्हें वहाँ भी नहीं मिलेगा।

तो पूर्ण निराशा सिर्फ़ उनको मिलती है, जो पूर्ण खोज करते हैं। पूरी खोज करने से फ़ायदा ये नहीं होगा कि तुम्हें मिल जाएगा; पूरी खोज करने से फायदा ये होगा कि तुम्हें पूरी निराशा मिल जाएगी।

खोज पूरी होती है निराशा के पूरे हो जाने पर, 'नहीं है भाई, नहीं है।' जो आलसी लोग होते हैं वो पूरा खोजते ही नहीं, वो एक तरह की बेईमानी है, कहते हैं, 'अगर पूरा खोज लिया और नहीं मिला तो बदलना पड़ेगा, मिटना पड़ेगा। इससे अच्छा ये है कि पूरा खोजो ही मत; फिर चलेगा।'

> "पूरी खोज करने से फ़ायदा ये नहीं होगा कि तुम्हें मिल जाएगा; पूरी खोज करने से फायदा ये होगा कि तुम्हें पूरी निराशा मिल जाएगी।खोज पूरी होती है निराशा के पूरे हो जाने पर।"

कोई कीमती गहना घर में खो गया है, घर के नौकर से कहा गया है कि खोजो ज़रा। ये रात में बहुत देर से पता लगा कि वो गहना खो गया है; मान लो कोई अँगूठी है, आधी रात के बाद पता चला, 'अरे, अँगूठी कहाँ है?' नौकर सोने जा चुका था, उसे जगाया गया, कहा, 'हम भी खोज रहे हैं, तुम भी खोजो।' वो खोज रहा है, थोड़ी देर में वो कहता है, 'सारे कमरे खोज लिये हैं, लेकिन आज आप वहाँ लॉन में बहुत देर तक थे न, और आप पौधों के साथ काम भी कर रहे थे, खुर्पी लेकर गुड़ाई भी कर रहे थे, तो वो लॉन में ही होगी, मिल जाएगी सुबह; लॉन में ही होगी, सुबह मिल जाएगी।' और ऐसा भरोसा दिलाकर के वो चला जाता है सोने।

उसके लिए बहुत ज़रूरी है ये आशा बनाकर के रखना कि अँगूठी लॉन में ही कहीं इधर-उधर गिरी हुई है, सुबह मिल जाएगी। ये आशा बनाकर रखनी क्यों ज़रूरी है? ताकि वो सोने जा सके। अगर लॉन में खोज ली और नहीं मिली, फिर क्या होगा? फिर तो रात भर ढुँढाई चलेगी, सड़क पर ढुँढाई चलेगी, पूरे मोहल्ले में ढुँढाई चलेगी;

रात भर सोने को नहीं पाओगे। अगर सोना है तो एक ही तरीका है; चीज़ तो मिली नहीं है, सोना फिर भी है; चीज़ मिली न हो, फिर भी चैन की नींद सोना चाहते हो तो तरीका क्या है? अपनेआप को बोल दो, 'मिली तो नहीं है, पर है वहीं पर, तो जब चाहेंगे खोज लेंगे।'

लेकिन अगर तुमने खोज लिया तो मुसीबत में पड़ जाओगे, क्योंकि खोजने जाओगे, पाओगे नहीं; अँगूठी लॉन में है नहीं, हम भरोसा यही दिलाये हुए हैं कि अँगूठी लॉन में है। इसीलिए आम आदमी कभी भी किसी भी चीज़ को गहराई से परखता ही नहीं है। वो यही मानता है, अपनेआप को यही मनवाए रहता है, 'मेरे ही घर का लॉन है, और उसमें मेरी वो अँगूठी पड़ी हुई है। हाँ, अँगूठी कीमती है, लेकिन अपने ही लॉन में है, कहीं बाहर थोड़े ही है। जब भी चाहेंगे अँगूठी उठा लेंगे, यहीं सामने लॉन में है।'

तुम जिन भी चीज़ों को कीमती मानते हो बताओ वो तुमको पूरी तरह उपलब्ध हैं या उनकी बस उम्मीद है, या कल्पना भर है? कभी परखकर देखा है कि वो चीज़ें वास्तव में तुम्हारे पास हैं भी क्या? तुम्हारे लिए, उदाहरण के लिए, बहुत कीमती बात है सुरक्षा। हम रिश्ते बहुत सारे बनाते ही ये सोचकर हैं कि इनसे सुरक्षा मिलेगी। हम कहते हैं, 'ये सब आड़े वक्त पर हमारे काम आएँगे', है न, क्यों? बहुत सारे लोग तो शादी भी यही बोलकर करते हैं, कि बुढ़ापे में कोई रहेगा देखभाल करने के लिए। दोस्त-यार भी ऐसे ही बनाए जाते हैं, कि कौन काम आ जाएगा। यहाँ परखा तो कभी गया नहीं है, बस अपनेआप को ये बता दिया गया है कि जब चाहेंगे हमें इनसे मदद मिल जाएगी; जब चाहेंगे लॉन से अँगूठी उठा लेंगे। नहीं मिलेगी मदद, जैसे नहीं है लॉन में अँगूठी। कोई ही होता है जो बिलकुल परखने जाता है, 'मेरे रिश्ते क्या मुझे वाकई वो दे पाएँगे जो मैं इनसे उम्मीद लगाए बैठा हूँ, चुपचाप मन में?' और जब वो परखता है तो उसको पता चलता है कि लॉन में अँगूठी नहीं है भाई!

जैसे वाल्मीकि डाकू को पता चला था। उसने परख लिया एक दिन, पत्नी को पकड़ ही लिया। कहते हैं, कोई ऋषि जा रहे थे जंगल से, उनको लूटने की कोशिश की। ऋषि बोले, 'लूट ले, लेकिन जिनके लिए लूट रहा है वो तेरे काम नहीं आएँगे।' डाकू बोला, 'अगर आपकी बात सही है', वाल्मीकि बोला, 'अगर आपकी बात सही है तो आपको ससम्मान जंगल से बाहर निकालने की ज़िम्मेदारी मेरी है। लेकिन अगर आपकी बात गलत है, तो सिर कटेगा आपका।' वो उनको बोलता है, 'यहीं रुको!' अपने दो-चार लोगों से वहीं पकड़वाकर बोला, 'यहीं रुके रहो। मैं घर जा रहा हूँ, पता करके आता हूँ, इन्होंने जो बोला सही है कि नहीं।' घर जाता है, पत्नी को पकड़ता है, बोलता है, 'बता, ये जो मैं पाप कर रहा हूँ, मेरे साथ नर्क जाएगी?' पत्नी में भी न जाने कहाँ से ईमानदारी आ गई उस क्षण, वो बोलती है, 'नर्क छोड़ दो, इन सब पापों के लिए तुम जेल जाओगे, मैं तो भी साथ नहीं जाऊँगी।' पता चल गया, कि लॉन में अँगूठी नहीं है बाबा! इतने दिनों तक माने ही बैठे थे कि अपना ही लॉन है, अपनी ही अँगूठी है; नहीं है। ज़िन्दगी बदल गई।

जैसे कि कोई बेटा हो, बाप मर गया हो, और एक बंद तिजोरी छोड़ गया हो बेटे के लिए। उसको बोल गया हो, 'इसमें बहुत सारी सोने की ईंटें हैं, निकाल लेना जब ज़रूरत होगी।' और अब बेटा बिलकुल काहिल हो गया है, और जितना पैसा तिजोरी से बाहर है वो सारा फूँक रहा है, दबाकर के बिलकुल, अय्याशी में; कुछ काम-धाम नहीं, सिर्फ़ अय्याशी। क्या भरोसा है उसको? तिजोरी में सोने की ईंट है। और तिजोरी की चाबी कहीं इधर-उधर रखी हुई है, वो खोलकर के जाँचना भी नहीं चाहता कि अंदर है कि नहीं; बाप जी बोल गए हैं तो होगा-ही-होगा। एक दिन कोई कोंची करता है, कि देख तो ले तिजोरी। वो खोलता है, देखता है ईंट तो है, वो ईंट ही है बस लेकिन; बाप राम ईंटें रख गए हैं दो-चार, तिजोरी के अंदर। अब ज़िन्दगी बदलनी पड़ेगी न, क्योंकि अब निराशा आ गई।

वो निराशा हम आने नहीं देते, हम अपनेआप को पता ही नहीं लगने देते कि लॉन में अँगूठी नहीं है, क्योंकि उसके बाद मेहनत करनी पड़ेगी; इस लड़के को अब मेहनत करनी पड़ेगी, डाकू वाल्मीकि को ज़िन्दगी बदलनी पड़ी थी।

उपनिषदों का काम है हमें झूठ के प्रति निराश कर देना।

इतना ही मत कह दो कि ये जो ग्रन्थ हैं ये तो बड़ा निराश कर देते हैं। साथ में ये भी बताओ किसके प्रति निराश करते हैं तुमको। झूठ के प्रति निराश करते हैं न! जो सोना तुम्हारी तिजोरी में है ही नहीं, उसके प्रति निराश करते हैं न! जब उस झूठे सोने के प्रति निराश हो जाओगे, तो फिर सम्भावना बनेगी कि अब जीवन में असली सोना कमा पाओ। समझ रहे हो न?

जब लॉन में अँगूठी के होने की कल्पना से आज़ाद हो जाओगे, निराश हो जाओगे, तब संभावना बनेगी कि खोज पाओ कि वास्तव में अँगूठी कहाँ पर है। जो चीज़ है ही नहीं, उसको सच मानकर के जो जी रहा हो, उसको कैसे कोई सुख मिलेगा! इसी को तो माया कहते हैं।

माया का अर्थ है — उसको अस्तित्वमान मान लेना जो है ही नहीं। जो है ही नहीं, उसकी हस्ती को सच मान लेना ही माया है।

> "सवाल बहुत ज़रूरी है कि पूछे जाएँ, ताकि हम जिन झूठे आधारों पर जी रहे हैं उनसे हमें आज़ादी मिले।"

पचासों चीज़ें हैं जिन पर हमारा जीवन आधारित है, हम उन्हें कभी परखते नहीं। हो सकता है कि हम अपने व्यवसाय में बड़े जिज्ञासु किस्म के आदमी कहलाते हों, ज़बरदस्त तरीके के प्रश्न करते हों; कोई आप कॉर्पोरेट जॉब करते हैं, वहाँ आपका काम ही यही है कि आप गहरे, तीखे सवाल पूछें। खेद की बात ये है कि उतने ही सूक्ष्म, पैने सवाल हम कभी अपने व्यक्तिगत जीवन में नहीं पूछते, न हम उनसे पूछते हैं जो हमारे निकट के लोग हैं; और अपनेआप से पूछने का तो सवाल ही नहीं पैदा होता।

समझ में आ रही है बात?

वो सवाल बहुत ज़रूरी है कि पूछे जाएँ, ताकि हम जिन झूठे आधारों पर जी रहे हैं उनसे हमें आज़ादी मिले। एक बार को झटका लगता है, निराशा होती है, अफ़सोस होता है, ज़िन्दगी की नींव हिल जाती है बिलकुल, लेकिन फिर उसके बाद नया भवन खड़ा होता है । जो चीज़ जर्जर है, उसमें तुम रह तो वैसे भी सकते नहीं, या रह सकते हो? एक जर्जर-सी इमारत है, वो खड़ी हुई है, उसको देखकर के तो ऐसा लगता है कि वो इमारत है; बाहर से हो सकता है तुमने लीपा-पोती करा दी उसमें, तो देखने से कैसा लग रहा है? कि वो भईया इमारत है, और तुम अपनेआप को ये दिलासा दिये हुए हो कि मेरे पास है, मेरे पास है। वही, लॉन में अँगूठी है। तुमने अपनेआप को दिलासा दे रखी है, ताकि तुम्हें श्रम न करना पड़े, 'मेरे पास इमारत है।' रह सकते हो उसमें? जो लॉन में अँगूठी है, उसको बेचकर के पैसा कमा सकते हो?

उस इमारत में तुम रह नहीं सकते, क्योंकि वो इस काबिल नहीं है कि उसमें रह सको। लॉन में जो अँगूठी है उसको बेचकर कुछ कमा नहीं सकते, क्योंकि लॉन में अँगूठी है ही नहीं। तो वैसे भी ये जो चीज़ है वो तुम्हारे किसी काम की तो है नहीं, तो इसको अगर ढहा दिया ऋषियों ने, तो कुछ बुरा किया तुम्हारे साथ? वो जो लॉन में अँगूठी थी जिसके प्रति ऋषियों ने तुम्हें निराश कर दिया, अरे बाबा, वो थी कहाँ! पर तुम अभियोग ये लगाओगे — 'मेरे लॉन में अँगूठी थी, और मैं तो बड़ा खुश रहता था, इन ऋषियों ने आकर के साबित कर दिया कि कोई अँगूठी नहीं है; बड़े बुरे हैं!' हैं! थी कब अँगूठी? तुम कह रहे हो, 'इन्होंने मेरी अँगूठी छीन ली।' वो तुम्हारी कल्पनाओं में थी, तुम्हारी कल्पना छीन ली न? तुम्हारा झूठ छीन लिया, अँगूठी नहीं छीन ली, क्योंकि अँगूठी तो तुम्हारे पास कभी थी ही नहीं।

लोग आते हैं, कहते हैं, 'आचार्य जी, जब से उपनिषद् पढ़े हैं, तब से सम्बन्धों में दरार आने लग गई है।' अरे, दरार कैसे आएगी, हवा में कभी दरार आते देखी है? कुछ होगा तो न दरार आएगी! वो सम्बन्ध थे ही नहीं, काल्पनिक थे। दरार क्या है? तुम माने बैठे थे कि लॉन में अँगूठी है, तुम माने बैठे थे कि कोई सम्बन्ध है। वो जो तुम्हारी झूठी मान्यता थी, अध्यात्म ने वो तोड़ी है, तुम्हारा सम्बन्ध थोड़े ही तोड़ दिया अध्यात्म ने।

अध्यात्म तो सुन्दर और सुदृढ़ सम्बन्ध बनवाता है। वो तो सिर्फ़ झूठ को तोड़ता है; और झूठ माने वो जो है ही नहीं। तो जो सम्बन्ध था ही नहीं, उसके न होने को अगर उजागर कर दिया उपनिषदों ने, तो तुम्हारे साथ बुरा किया कि अच्छा किया?

एक खोखली जर्जर इमारत, उसमें रंग-रोगन कराकर के तुम खुश होते रहते थे कि मैं तो देखो इस इमारत का मालिक हूँ। उससे तुम्हें मिल क्या रहा था? बस एक झूठा आश्वासन। रह सकते थे उस इमारत में? एक रात भी सो सकते थे? उसकी छत पर बैठ सकते थे? दिल-ही-दिल में तुम्हें पता तो था ही कि इस इमारत की हैसियत क्या है, उसके आस-पास भी टहलते तो ज़रा दस फ़ीट की दूरी बनाकर, कि क्या पता कब कौनसी ईंट गिर पड़े। ऋषियों ने आकर इमारत गिरा दी; अब कम-से-कम नई

नींव खुदेगी, नई इमारत खड़ी होगी। लेकिन कृतज्ञ होने की जगह हम क्या कहते हैं, 'अरे! मेरा ताजमहल गिरा दिया।' ताजमहल नहीं था, हवा-महल था; महल ही नहीं था, कुछ नहीं था वो।

समझ में आ रही है बात कुछ?

असत्य के प्रति, झूठ के प्रति निराश हो जाना बहुत ज़रूरी है। जब तक झूठ से ही आशा लगी हुई है सच की, तब तक सच न तुम्हें चाहिए, न तुम्हें मिलेगा। अध्यात्म बस यही सीधे-सीधे कहता है, 'बुद्धू मत बनो, कितना बुद्धू बनाते हो खुद को!' ये जैसे समझ लो कि प्रथम श्लोक है, क्या? 'कितना बुद्धू बनाते हो खुद को!'

लॉन क्या है? अतिशय सूक्ष्म से अतिशय बृहद के बीच में जो कुछ भी आता है, वो लॉन है; वहाँ अँगूठी नहीं है। तो ऋषि कह रहे हैं कि सत्य सूक्ष्म से भी सूक्ष्मतर, और बृहद से भी बृहदतर है। माने तुम्हारे लॉन से बाहर है अँगूठी, बाबा!

ये लॉन है, जितना इस मेज़ की सतह है, ये क्या है? लॉन। इधर (बायीं ओर) मामला सूक्ष्म, सूक्ष्म और सूक्ष्म होता जाता है, और उधर (दायीं ओर) मामला महत्, महत् और महत् होता जाता है। तुम सोच रहे हो, 'यहीं पर (मेज़ पर) है, वो जो मुझे चाहिए, मूल्यवान अँगूठी।' ऋषि कह रहे हैं, 'न, "अणोरणीयान्", अणु से भी छोटा है; उस तरफ़ होगा (मेज़ के बायीं ओर से बाहर)। या "महतो महीयान्", महत् से भी महत् है, तो उस तरफ़ होगा (दायीं तरफ़ बाहर)। यहाँ (मेज़ पर) तो नहीं है।' और ये (मेज़) क्या है? ये हमारा संसार है, हम कह रहे हैं, 'यहीं मिल जाएगा।' यहाँ नहीं मिलना है, यहाँ नहीं है; मानो तो, कि यहाँ नहीं है।

'अच्छा, संसार में नहीं है, माने संसार छोड़ना पड़ेगा क्या?'

नकली संसार छोड़ना पड़ेगा।

> "स्वयं को बदलना होगा; अन्यथा जगह बदलते रहो, संसार बदलते रहो, कोई लाभ नहीं होगा।"

तुम जैसे हो, तुम्हारे सामने वैसी ही मेज़ रहेगी; तुम और मेज़ एक हो। ये बहुत मूलभूत सिद्धांत है — कम्प्लीट सब्जेक्टिविटी, माने ऑब्जेक्ट कुछ होता ही नहीं, सब्जेक्ट ही सबकुछ है; विषय कुछ नहीं होता, विषयेता ही सबकुछ है। तो ये जो मेज़ है, ऑब्जेक्ट, ये (स्वयं की ओर इशारा करते हुए) इस सब्जेक्ट का ही प्रक्षेपण है, प्रोजेक्शन है। तो मेज़ नकली है न, झूठी है न, मेज़ में सच नहीं है, माने कौन झूठा है? मैं झूठा हूँ। जब तक मैं 'मैं' हूँ तब तक मेज़ मेज़ रहेगी; मेज़ में अगर सच नहीं मिल रहा, मतलब सच कहाँ नहीं है? मुझमें सच नहीं है। तो ऐसा नहीं कि ऋषि तुमसे कह रहे हैं, 'इस मेज़ में नहीं है, दूसरी मेज़ ले आओ, वहाँ मिल जाएगा। इस संसार में नहीं है, चलो संसार बदल लो। इस घर में नहीं है, चलो घर बदल लो। इस शहर में नहीं है, चलो शहर बदल लो।' न, तुम जैसे हो, तुम अपने सामने अपने जैसी ही मेज़ रखोगे। इस मेज़ में नहीं

मिल रहा, माने समझ लो तुम ही गलत हो। तो बदलना किसको है? स्वयं को। मेज़ के इस सिरे के पार जाना है, मेज़ के उस सिरे के भी पार जाना है — माने अपने सिरों के पार जाना है, अपने पार जाना है। बाहर ढूँढने से नहीं मिलेगा; कितनी भी मेज़ें बदलते रहो, कोई लाभ नहीं।

समझ में आ रही है बात?

तो स्वयं को बदलना होगा; अन्यथा जगह बदलते रहो, संसार बदलते रहो, कोई लाभ नहीं होगा।

और हम डरते क्या हैं? हम कहते हैं, 'ऋषि तो कह रहे हैं संसार में है नहीं, तो क्या संसार छोड़ दें? वैराग्य ले लें? जाएँ तो जाएँ कहाँ? ऐसे तो सब लोग छोड़कर जाने लगें तो आदमी की प्रजाति का क्या होगा?' लोगों को ऐसे-ऐसे सवाल उठते हैं। संसार कोई एक चीज़ थोड़े ही होता है, तुम जैसे हो वैसा संसार है। और तुम झूठे हो इसीलिए तुम्हारा संसार भी झूठा है, और तुम झूठे हो इसीलिए तुम्हारे संसार में अँगूठी है नहीं; तुम्हें बदलना है। तुम बदलो, एक नया संसार अपनेआप खड़ा हो जाएगा, और उस नये संसार में बिलकुल तुम्हारे जैसी और जितनी ही गुणवत्ता होगी; तुम फिर सच्चे हो तो संसार आ जाएगा सच्चा। क्या उस संसार में अँगूठी होगी? हो सकती है अँगूठी संसार में, अगर वो पहले तुम्हारे भीतर हो; ये निर्भर इस पर करता है कि तुम अँगूठी को मूल्य कितना देते हो। तुम अँगूठी को मूल्य दे दो, अपने भीतर स्थापित कर लो, वो तुम्हारे संसार में तुम्हें फिर हर जगह मिलेगी। भीतर नहीं है तो बाहर नहीं मिलेगी।

समझ में आ रही है बात?

बाहर जिन्हें नहीं मिल रही हो, वो समझ जाएँ कि बाहर मिल इसलिए नहीं रही है क्योंकि सर्वप्रथम भीतर नहीं है।

आ रही है बात समझ में?

9.

मोक्ष क्या?

❀ मुक्ति माने क्या?

मुक्ति माने क्या?

(अद्वैत बोधस्थल, २०२०)

प्रश्नकर्ता: आचार्य जी, अभी जो सत्य और माया की हार-जीत की बात हो रही थी, कि सौ बार अगर माया जीतती है तो एक ही बार सत्य जीतता है, तो उसमें मेरा प्रश्न ये है कि जो आखिरी जीत है, उसकी कोई निशानी होती है? क्योंकि कई बार ऐसा होता है कि माया सत्य का कोई चोला पहनकर आ जाती है, या कभी लगता है कि अब समझ आ गया लेकिन फिर मेरा खुद ही नॉक-आउट हो जाता है और फिर दोबारा यात्रा शुरू हो जाती है। तो कोई अंतिम बिंदु समझ आ जाएगा कि हाँ, अब ये समझ आ गया, अब रुकना है?

आचार्य प्रशांत: तुम पूछ ये रहे हो, 'मुझे पता कैसे चलेगा, मैं मुक्त हो गया?'

प्र: बीच में लगता है कि हाँ, अब थोड़ा शांत है, फिर कुछ होता है और फिर आगे शुरू हो जाती है दोबारा। तो वो आखिरी ठहराव कैसे पता लगती है कि अब आ गया?

आचार्य: ये सवाल नहीं उठता। जैसे किसी से पूछना नहीं पड़ता न कि क्या मुझे प्यास लगी है; वैसे ही। जैसे किसी दूसरे से नहीं पूछना पड़ता न, 'क्या मैं ज़िंदा हूँ?' वैसे ही। वो चीज़ बहुत-बहुत स्पष्ट होती है। सम्भव है कि तुम्हें इस चीज़ में भी धोखा हो जाए कि तुम्हें प्यास लगी है कि नहीं लगी है, पर मुक्ति में धोखा नहीं हो सकता क्योंकि धोखे से ही मुक्ति होती है। अगर अभी तुम्हें धोखा ही हो रहा है तो तुम धोखे से मुक्त कहाँ हुए!

और ऐसा नहीं है कि मुक्त पुरुष को किसी चीज़ के बारे में धोखा नहीं हो सकता। उसे धोखा हो सकता है, इस चीज़ के बारे में, उस चीज़ के बारे में (बाहर की वस्तुओं की और इशारा करते हुए)। ये पीछे एक एसी (वातानुकूलक) लगा है — तुम बाहर-बाहर एसी का कवर (आवरण) रखो, अंदर हीटर (तापक) लगा दो, उसे धोखा हो सकता है; वो सोचेगा, 'एसी है', अंदर हीटर लगा हुआ है।

> "मुक्ति में धोखा नहीं हो सकता क्योंकि धोखे से ही मुक्ति होती है। अगर अभी तुम्हें धोखा ही हो रहा है तो तुम धोखे से मुक्त कहाँ हुए!"

उसे अपने बारे में लेकिन तुम धोखा नहीं दे सकते। उसे उसके बारे में तुम धोखा नहीं दे सकते, बाहर की चीज़ों के बारे में तो धोखा हो ही सकता है।

प्र: एक स्पष्टता आ जाती है।

आचार्य: शून्यता! अपने बारे में विचार करने की कोई ज़रूरत नहीं बचती। 'मैं' नाम का मुद्दा खत्म हो जाता है। उसके पास मुद्दे रहेंगे, पर वो सब बाहरी मुद्दे रहेंगे। ये मुद्दा ज़रूर हो सकता है कि वो एसी खराब है, उसको बनवाना है भाई। ये मुद्दा भी हो सकता है कि फ़लानी चीज़ पढ़ी नहीं, पढ़नी ज़रूरी है, उसकी जानकारी चाहिए। लेकिन एक मुद्दा हमेशा के लिए निपट जाता है, कौनसा? 'मैं'। 'मैं' सम्बन्धित अब कोई अड़चन, जिज्ञासा, कलह-क्लेश नहीं रह जाता। 'मेरा क्या होगा? मैं कौन हूँ? मैं कहाँ जाऊँ? मैं क्या करूँ? मैं इतना छोटा क्यों हूँ? मेरे साथ ही बुरा क्यों होता रहता है? मैं बेहतर कैसे हो जाऊँ?' ये सब सवाल समाप्त हो जाते हैं। यही मुक्ति है।

मुक्ति, याद रखना, 'मैं' से होती है। बाकी इधर-उधर की चीज़ों से ये मत समझ लेना कि आदमी मुक्त हो गया है।

'तो अच्छा! ये मुक्त होकर भी पानी पी रहे हैं! पानी क्यों पी रहे हैं मुक्त होकर?' पानी तो पिएगा, कुर्ता भी पहनेगा, मास्क भी लगाएगा, वायरस (विषाणु) से थोड़े ही मुक्त हो गया है! अहंकार से मुक्त हुआ है। तो मास्क तो तब भी लगाएगा। ठीक है?

और मुक्ति माने ये भी नहीं होता कि हवा में उड़ने लगोगे। कहें, 'अब तो ये ग्रैविटी (गुरुत्वाकर्षण) से भी मुक्त हो गए होंगे! हवा में उड़ेंगे।' नहीं, हवा में नहीं उड़ेगा, वायरस भी लगेगा, बीमारी भी लगेगी, शरीर एक दिन मरेगा भी, काटोगे तो खून भी आएगा। ये बात ही मुझे बहुत अजीब लग रही है कि ये सब भी कहना पड़ रहा है, पर ये सब कहना इसलिए पड़ रहा है क्योंकि इस तरह के अन्धविश्वास खूब चल गए हैं कि जो आगे बढ़ जाते हैं उनको काटो तो दूध निकलता है!

प्र: नमन, आचार्य जी। मेरा इसी से सम्बन्धित प्रश्न है कि क्या आखिरी एक पड़ाव होगा या फिर क्या एक आखिरी निशानी होगी जिससे मुक्ति का पता चलेगा? आपने बताया कि ये उसको स्पष्ट पता होगा कि हो गया, तो हो गया।

आचार्य: नहीं, उसको पता भी नहीं होगा। उसे पता भी नहीं होगा, क्योंकि ये मुद्दा ही नहीं होगा। ये मुद्दा ही नहीं होगा कि मैं मुक्त हूँ या नहीं हूँ। सवाल ही खत्म हो गया। न तो वो ये कहेगा कि मैं मुक्त हूँ, न वो ये कहेगा कि मुझे मुक्त होना है। उसे इस तरह के न तो अब प्रश्न में रुचि है, न दावे में। न तो वो ये कहेगा, 'मुझे मुक्ति चाहिए', और न ही वो ये दावा करेगा कि मैं मुक्त हो गया। क्योंकि इन दोनों ही दावों में अभी कौनसा शब्द मौजूद है? 'मैं'।

वो 'मैं' की ओर अब ध्यान ही नहीं दे रहा। 'मैं' अब एक नॉन-इश्यू (गैर मुद्दा) हो गया है, 'मैं' नामौजूद हो गया है, वो उसके बारे में बात ही नहीं करना चाहता। जो चीज़ है ही नहीं, उसकी क्या बात!

प्र: जी, तो मेरा प्रश्न ये था कि कामनाएँ तो तब भी रहेंगी?

आचार्य: हाँ, रह सकती हैं।

प्र: रह सकती हैं? तब दिक्कत नहीं होगी कि वो गलत जी रहा है या सही जी रहा है?

आचार्य: कोई भी कामना फिर 'मैं' की पूर्ति के लिए नहीं होगी, फिर उनमें से कोई भी कामना इसलिए नहीं होगी कि मुझे फ़लानी चीज़ मिल जाए तो 'मैं' बेहतर हो जाऊँगा! वो तो बाहरी-बाहरी कामनाएँ होंगी। अरे! वही सब जो तुम कहते हो कि कर्म परमार्थ के लिए होगा, फिर स्वार्थ के लिए नहीं होगा। वैसे ही कामना भी होगी, परमार्थ के लिए होगी, स्वार्थ के लिए नहीं होगी, क्योंकि 'स्व' ही मिट गया। 'मैं' है नहीं, तो अब 'मैं' की कौनसी कामना!

और ये भी हो सकता है कि तुम पाओ कि वो बड़े-बड़े अभियानों में लगा हुआ है, ये कर रहा है, वो कर रहा है, यात्राएँ इधर-उधर, पचास चीज़ें! सब हो सकता है। ये बात नहीं है कि क्या बड़े-बड़े काम हो रहे हैं; बात ये है कि वो बड़े काम किसके लिए हो रहे हैं। 'मैं' के लिए नहीं हो रहे होंगे। और अगर छोटे भी काम 'मैं' के लिए हो रहे हैं तो वो बंधन में है और बहुत बड़े-बड़े काम भी हो रहे हैं, 'मैं' के लिए नहीं, तो मुक्त है।

तो ये नहीं देखना है कि बड़े काम कर रहा है, छोटे काम कर रहा है, ये है, वो है, यहाँ आ रहा है, जा रहा है, ऐसा कर लिया, वैसा कर लिया। ये देखना है कि किसके लिए, किसके लिए है ये सबकुछ।

एक आदमी चार-सौ करोड़ का घर बनाता है, ठीक है? और एक हो सकता है जो चार-सौ करोड़ का विश्वविद्यालय बना दे — अंतर समझना, ये अंतर है — और एक आदमी हो सकता है जो सिर्फ़ चालीस लाख का घर बना रहा है। इनमें से दो एक जैसे हैं और एक बिलकुल अलग। दो एक जैसे कौन हैं? क्या फ़र्क पड़ता है कि तुम्हारा घर चार-सौ करोड़ का है या चालीस लाख का है! बना तो 'मैं' के लिए है। और एक दूसरा आदमी है जो हो सकता है चार-सौ करोड़ इकट्ठा कर रहा हो, पर 'मैं' के लिए नहीं कर रहा है वो। ये अंतर है।

उपनिषद् महावाक्य

अहं ब्रह्मास्मि

अहं ब्रह्मास्मि

मैं ब्रह्म हूँ।

~ बृहदारण्यक उपनिषद्, प्रथम अध्याय, चतुर्थ ब्राह्मण, श्लोक क्रमांक १०

आचार्य प्रशांत: उपनिषदों की ज्ञात संख्या दो-सौ से ऊपर की है। उनमें भी जो मान्य उपनिषद् हैं मुक्तिका से, वो एक-सौ-आठ हैं। फिर इन एक-सौ-आठ में से भी कभी ग्यारह को, कभी तेरह को प्रमुख उपनिषद् गिना जाता है। अधिकांश उपनिषद् अति संक्षिप्त हैं। लेकिन फिर भी इनकी संख्या इतनी बड़ी है कि कुल मिलाकर श्लोक कई हज़ार हो जाते हैं।

और सब उपनिषद् संक्षिप्त भी नहीं हैं। छांदोग्य है, बृहदारण्यक है, और इसी तरह से कई जो आरंभिक उपनिषद् हैं वो सैंकड़ों सूत्रों के हैं। तो प्रश्न फिर यह उठता है कि इतने सारे सूत्रों में से किन सूत्रों को बिलकुल केंद्रीय मानें।

और देखा जाए तो सभी सूत्र केंद्रीय हैं। पढ़ने वाला अगर मर्मज्ञ हो तो सब श्लोकों में उसे एक ही बात दिखाई देगी। पर ऐसा होता नहीं है, पढ़ने वाले की ओर से अंतर होता है। जिन्होंने हमें श्लोक दिये थे, उनकी ओर से अंतर नहीं है। वो तो एक ही बिंदु से अपनी बात कह रहे थे, तो अलग-अलग श्लोकों में भी उन्होंने बात एक ही कही है। लेकिन पढ़ने वाले की ओर से अंतर होता है। पढ़ने वाले के लिए कुछ श्लोकों में उपनिषदों का मूल संदेश एकदम शुद्ध, स्पष्ट, और प्रकट हो जाता है और कुछ श्लोकों में उतना अधिक नहीं होता। ये अंतर पढ़ने वाले की ओर से है।

तो कुछ प्रमुख श्लोकों को फिर महावाक्य का स्थान दिया गया है। इस पर भी कोई एक मत नहीं है कि महावाक्य कौनसे होंगे। हम जिनको आमतौर पर महावाक्य कहते हैं, चार महावाक्य, वो वेदान्त की अद्वैत धारा के हैं। जिसमें 'तत्त्वमसि', 'अहं ब्रह्मास्मि', 'प्रज्ञानं ब्रह्म', 'अयं आत्मा ब्रह्म' आते हैं। ये अद्वैत वेदान्त की ओर से महावाक्य हैं। दूसरी धाराओं में दूसरे लोगों ने अन्य उक्तियों को महावाक्य का स्थान दिया है, जैसे 'सोऽहं'। लेकिन कुल मिला-जुलाकर के ये स्पष्ट है कि कुछ मुट्ठी भर श्लोक ऐसे हैं जिनको बड़ी सार्वजनिक मान्यता मिली है, उपनिषदों का केंद्र होने को लेकर के।

तो समूचे वेद सब लोग नहीं पढ़ते। उपनिषद् भी इतने ज़्यादा हैं कि शायद सब लोग न पढ़ें। पर ये जो दस, बीस या पच्चीस प्रमुख श्लोक हैं, प्रमुख उक्तियाँ हैं

उपनिषदों से, जिनको हम महावाक्य का स्थान देते हैं, अगर हम इनको भी समझ लें, तो बात गागर में सागर जैसी हो जाएगी।

तो श्रृंखला का आज आरंभ करते हैं। और जो पहला महावाक्य हम लेंगे वो है 'अहं ब्रह्मास्मि', बृहदारण्यक उपनिषद् से है। 'अहं ब्रह्मास्मि' अद्वैत वेदान्त की ओर से है।

'मैं जानूँ, या न जानूँ? अहम्, मैं, जानूँ या न जानूँ? मैं वो नहीं हूँ जो मैं स्वयं को समझता हूँ। तो क्या हूँ मैं? मैं वो हूँ जिसके बारे में कोई बात नहीं हो सकती।' इंद्रियाँ जिसके विषय में कोई सूचना नहीं दे सकती, मन जिसका चिंतन नहीं कर सकता, उसको ब्रह्म कहा गया है। 'मैं अपनेआप को जो कुछ भी जानता-सोचता हूँ वो बदलता रहता है, जो अनित्य है, वो सत्य नहीं हो सकता।'

'अहं ब्रह्मास्मि' ये बताने के लिए नहीं है कि आप ब्रह्म हो। 'अहं ब्रह्मास्मि' ऐसा ही नहीं है कि जैसे आप राजू को बता दो कि तुम रमेश हो। 'अहं ब्रह्मास्मि' राजू को एक दूसरी नयी पहचान देने के लिए नहीं है। ब्रह्म का रमेश, सुरेश आदि से कोई ताल्लुक नहीं। 'अहं ब्रह्मास्मि' वास्तव में नकार की बड़ी साहसी दहाड़ है। 'मैं देह नहीं हूँ। मैं मेरे विचार नहीं हूँ। मैं इस संसार का एक जीव नहीं हूँ। मैं दो व्यक्तियों से उत्पन्न एक देह नहीं हूँ। मैं मृत्यु की ओर लगातार बढ़ता अस्तित्व नहीं हूँ।'

'तो क्या हूँ मैं?'

अब एक रिक्तता आ जाती है। 'तो क्या हूँ मैं?' उस रिक्तता को भरने के लिए नाम दे दिया 'ब्रह्म', 'ब्रह्म हूँ मैं।' निश्चित रूप से ये बड़ी ऊँची और आखिरी बात है और ये कहने का अधिकार, 'अहं ब्रह्मास्मि', सिर्फ़ उसी को है जो सबसे पहले नकार की उस साहसी और कठिन प्रक्रिया से गुज़र चुका हो, जिसने मूल्य चुकाया हो।

जिसका अहम् अभी कह रहा है कि मैं देह हूँ, 'देह-अस्मि', वो 'ब्रह्म अस्मि' कैसे बोल देगा! 'मैं देह हूँ', जो अभी 'देह हूँ' बोल ही रहा है वो 'ब्रह्म हूँ' कैसे बोल देगा! दोनों बातें एक साथ चलेंगी ही नहीं। जो अभी अपनेआप को अपने नाम से ही संबोधित करता हो, 'मैं कौन हूँ? मैं रघु हूँ।' ये दोनों बातें एक साथ चलेंगी ही नहीं — आप रघु हो, तो आप ब्रह्म कहाँ से हो गए!

तो अति संक्षिप्त, अति सुंदर, अति गूढ़ और अति प्रचलित सूक्ति है ये उपनिषदों से, लेकिन साथ-ही-साथ ये अति दुरुपयुक्त उक्ति भी है।

'अहं ब्रह्मास्मि' कहने का अर्थ होता है कि मैं जैसा था वैसा मैं बचा नहीं। संसार मुझे जैसा दिखता था वैसा अब दिखता नहीं, क्योंकि मैं जैसा हूँ संसार मुझे उसी के अनुसार दिखता है। जो अभी वैसा ही है लगभग जैसा वो अतीत में होता था, जो अभी वैसा ही है लगभग जैसा उसकी देह ने सदा उसको बताया है; उसके लिए अनाधिकार होगा कहना 'अहं ब्रह्मास्मि'। उसके लिए 'अहं ब्रह्मास्मि' अधिक-से-अधिक एक

चेतावनी हो सकती है — 'फँसो मत! याद रखो!' तुम्हें एक मंत्र दिया जा रहा है जो तुम्हें बचाएगा। जब लगे कि तुम ये हो कि तुम वो हो, तो तत्काल स्मरण कर लेना 'अहं ब्रह्मास्मि'। इससे दुनियाभर के तमाम तरह की पहचानों का जो ज़हर होता है, वो तुम पर ज़रा कमज़ोर हो जाएगा।

जैसे ज़हर उतारने की, विष काटने की दवा हो 'अहं ब्रह्मास्मि'। तो 'अहं ब्रह्मास्मि' का हमारे लिए यही उपयोग है। जब दुनिया बहुत हावी हो रही हो, जब मन बहुत चंचल हो रहा हो, जब तमाम तरह की पहचानें और संबंध सिर चढ़कर बोल रहे हों तब अलार्म की तरह घनघना उठे, 'अहं ब्रह्मास्मि!' मंदिर की घंटी की तरह बज उठे, गूँज उठे, 'अहं ब्रह्मास्मि!' जैसे कोई झिंझोड़कर आपको जगा दे, 'अहं ब्रह्मास्मि!'

ऐसा नहीं है कि 'अहं ब्रह्मास्मि' याद कर लेने भर से आप देह और संसार के पाश से पूरी तरह मुक्त हो जाएँगे, पर कुछ सहायता मिलेगी। और अगर आप वाकई मुक्ति के इच्छुक हैं, तो आप उस सहायता को बार-बार लेंगे, बार-बार लेंगे। उस सहायता का आप अभ्यास करेंगे। और अभ्यास करते-करते फिर मुक्ति मिल ही जाती है। तो 'अहं ब्रह्मास्मि' को आप अपने यथार्थ की तरह न लें। 'अहं ब्रह्मास्मि' को एक बहुत दूरस्थ आदर्श की तरह लें। 'ब्रह्म हूँ नहीं मैं, पर होना था। देह, जीव, पुरुष, स्त्री, बच्चा, बूढ़ा हूँ नहीं मैं, पर बन गया हूँ।'

जो झूठ हमने पहन लिया है, उसको उतारकर जो सच हमारा स्वभाव है, उसकी ओर ले जाने का सूत्र है 'अहं ब्रह्मास्मि'। ये सूत्र लेकिन आपके काम नहीं आएगा अगर आपने असमय ही घोषणा कर दी कि मैं तो ब्रह्म हूँ ही।

ये सूत्र उन्हीं के काम आएगा जो सबसे पहले स्वीकार करें कि वो ब्रह्म नहीं हैं, वो तो कुछ और ही बने बैठे हैं — अमीर, गरीब, बाप, भाई, माँ, कुछ भी। जितनी ऊँची बात है 'अहं ब्रह्मास्मि', उतनी ही सावधानी बरतनी चाहिए इसका अर्थ करने में और इसके उपयोग में। अगर आपमें मुक्ति की उत्कट अभिलाषा है, और अपने यथार्थ के प्रति ईमानदारी और संवेदनशीलता है, तो ये संक्षिप्त सा सूत्र 'अहं ब्रह्मास्मि' अपनेआप में समर्थ है आपका जीवन बदल देने में, आपको मुक्त कर देने में।

तत्त्वमसि

तत्त्वमसि

वह ब्रह्म तू है।

~ छान्दोग्य उपनिषद्, अध्याय ६, अष्टम खण्ड, श्लोक क्रमांक ७

आचार्य प्रशांत: ‘तत्त्वमसि’, छान्दोग्य उपनिषद से है। ‘तुम वह हो’, ‘दैट यू आर।’

‘मैं कौन हूँ? मेरी पहचान क्या है?’ इसका उत्तर दिया जा रहा है। दुनिया में जो कुछ भी हो सकता है, उसका एक नाम होता है। अपने विषय में आप अपनी पहचान को बताते हुए जो कुछ भी बोलेंगे उसका एक नाम होगा। आप कहेंगे, ‘मैं मनुष्य हूँ, मैं पुरुष हूँ, स्त्री हूँ, मैं प्रौढ़ हूँ, मैं युवा हूँ, मैं आस्तिक हूँ, मैं नास्तिक हूँ, अमीर हूँ, गरीब हूँ।’

बहुत आसान है ये सब कहना और बहुत प्राकृतिक है ये सब कहना, क्योंकि इस तरह की पहचान हम गर्भ से ही लेकर के पैदा होते हैं। पहली पहचान तो शरीर ही हो जाती है न। हम कह देते हैं, ‘मैं शरीर हूँ।' तो ‘मैं शरीर हूँ’ से शुरुआत होती है और उसके बाद फिर बाकी सबकुछ आ जाता है, ‘मैं ज़्यादा पढ़ा-लिखा हूँ, मैं कम पढ़ा-लिखा हूँ।' ऋषि यहाँ कह रहे हैं, ‘मैं वह हूँ। तत्, तत् हूँ मैं, दैट।’ नाम नहीं दे रहे। ये नाम न देने में ही सारा भेद है।

‘मैं वह हूँ।’ ‘मैं वो हूँ जिसको कोई नाम नहीं दिया जा सकता।’ संसार में जो कुछ भी है उसको नाम दिया जा सकता है। तो माने शरीर और संसार से संबंधित मैंने अपनी जितनी पहचानें बना ली हैं, मैं उनमें से कोई नहीं हूँ। ‘मैं वह हूँ!’ मैं वह हूँ जिसका कोई नाम नहीं।

जो कुछ भी मन के दायरे में आएगा उसको नाम दिया जा सकता है। आप अपनी कल्पनाओं को भी नाम दे सकते हैं। आप वस्तुओं, व्यक्तियों को तो नाम देते ही हैं। आप विचारों, कल्पनाओं, भावों को भी नाम दे सकते हैं। मन की सीमा में जो कुछ आ गया उसको नाम दिया जा सकता है। तो मैं कुछ ऐसा हूँ जो मन के आगे का है। मैं कुछ ऐसा हूँ जिसके बारे में मन सोच भी नहीं सकता। वो मेरी पहचान है असली।

‘तो अगर वो मेरी पहचान है, तो मैं यहाँ क्या कर रहा हूँ? संसार में क्या कर रहा हूँ?’

आप चूँकि अपनी वास्तविक पहचान नहीं जानते इसलिए आप संसार में तृप्ति खोज रहे हो। आप यह कर रहे हो संसार में, इसको हम जीवन कहते हैं। वो वास्तव में एक खोज है। लेकिन वो उल्टी खोज है, वो व्यर्थ दिशा में खोज है।

हमें लगता है हम बस जी रहे हैं। हम जी नहीं रहे हैं। अगर हम अपने मन की गहराइयों का थोड़ा सा परीक्षण कर पाएँ तो हमें पता चलेगा कि हम जीते नहीं हैं, हम खोजते हैं। प्रतिपल मन कुछ खोजने में लगा हुआ है। हमें कुछ चाहिए।

तो हम एक झूठी पहचान लेकर के पैदा होते हैं। 'मैं शरीर हूँ, मैं जीव हूँ।' वो पहचान हममें अधूरापन संचारित करती है। 'मैं अधूरा हूँ।' 'मैं शरीर हूँ' माने मैं अधूरा हूँ। तो फिर हम जो पूरा जीवन जीते हैं उसमें बस हम पूरापन खोजते हैं। ये कर रहे हैं हम इस दुनिया में।

ये पूरापन मिलेगा नहीं क्योंकि आप दुनिया में अपनी जो भी पहचान खोजोगे वो मन के भीतर की ही होगी। और मन स्वयं से ही संतुष्ट नहीं है तो अपने भीतर की किसी पहचान से संतुष्टि कैसे मिल जाएगी उसको? उसने तो खोजने की शुरुआत ही इसलिए की थी क्योंकि वो स्वयं से ही परेशान था।

स्वयं से ही परेशानी का दूसरा नाम जन्म है। जन्म का अर्थ होता है परेशानी का जन्म होना। 'मैं स्वयं से संतुष्ट नहीं हूँ तो मैंने अपने इर्द-गिर्द एक संसार खड़ा किया। मैं उस संसार में संतुष्टि खोजूँगा', ये जन्म है। संतुष्टि खोज रहे हैं उल्टी दिशा में। ये उन लोगों की कहानी होती है जो काम बहुत करते हैं। जो कहते हैं, 'हम तो कर्मठ लोग हैं, हम कर रहे हैं।'

तो उपनिषद् इसीलिए ज्ञान बताते हैं। वो कहते हैं, 'कर क्या रहे हो? पहले ये तो देखो किस दिशा में कर रहे हो।' ज्ञान नहीं है तुम्हें, अपनी पहचान नहीं जानते। किस दिशा में कर्म करना है, कुछ नहीं जानते, कोई ज्ञान नहीं है। तुम जो करोगे वो तुम्हें भारी ही पड़ेगा। तो तुम्हारी अतृप्ति इसलिए नहीं है कि तुमने कुछ इकट्ठा नहीं कर लिया दुनिया में; तुम्हारी अतृप्ति इसलिए है क्योंकि तुम्हें पता ही नहीं कि कहाँ से आ रही है तुम्हारी अतृप्ति। तुम्हें पता ही नहीं है कि भीतर जो अतृप्त बैठा है, वो कौन है, वह उठा कहाँ से है। पहले उसको जानो।

झूठी पहचान से शुरुआत करोगे तो झूठा जीवन ही जीते रहोगे। झूठी पहचान से शुरुआत करोगे तो सौ और झूठी पहचानें ओढ़ने को विवश हो जाओगे। झूठी पहचान से शुरुआत मत करो। झूठी पहचान की जाँच-पड़ताल करो, परीक्षण करो। यह न कहो कि मैं तो वो हूँ ही जो मुझे लगता है कि मैं हूँ, अब आगे मुझे कुछ काम करने दो। नहीं! काम-वाम बाद में करना। पहले पूछो, 'जो मुझे लगता है, वो सही भी है क्या?'

आध्यात्मिक आदमी और सामान्य संसारी में यही अंतर होता है। सामान्य संसारी अहंकारी होता है। उसका अहंकार कहता है, 'मुझे जो प्रतीत हो रहा है, मुझे जो अनुभव हो रहा है, मेरी जो भावना है वो तो सत्य ही है। अब मैं अपनी भावना के अनुसार, अपने अनुभव के अनुसार काम करूँगा।'

आध्यात्मिक आदमी कहता है, 'काम बाद में, पहले ज़रा देख लें कि हमें जो प्रतीत होता है, हमें जैसा लग रहा है, सच्चाई वैसी है भी क्या? मेरे भीतर कोई विचार

आ रहा है, मैं देखूँ तो वो विचार कहाँ से आ गया। बाद में उस विचार पर अमल कर लूँगा।'

तो कुछ भी बन जाने से पहले कुछ विचार करिए। और जब भी जीवन पर कोई पहचान बहुत हावी होने लगे तो अपनेआप को स्मरण कराइए, 'तत् त्वम असि'।

प्रज्ञानं ब्रह्म

प्रज्ञानं ब्रह्म

प्रज्ञान ही ब्रह्म है।

~ ऐतरेय उपनिषद्, तृतीय अध्याय, प्रथम खंड, श्लोक क्रमांक २

आचार्य प्रशांत: आज का महावाक्य है, 'प्रज्ञानं ब्रह्म', ऋग्वेद के ऐतरेय उपनिषद् से।

प्रज्ञान ही ब्रह्म है। अच्छा, प्रज्ञान क्या होता है? ज्ञान से कैसे भिन्न है? इंद्रियों का जब संपर्क होता है इंद्रियों के ही विषयों से, तब ज्ञान उदित होता है। ज्ञान के लिए, साधारण ज्ञान के लिए, ज्ञानेंद्रियाँ चाहिए, ज्ञानेंद्रियों का विषय चाहिए, और मन चाहिए। एक अंतःकरण जिसमें मन हो, स्मृति हो, बुद्धि हो, तो फिर ज्ञान का निर्माण होता है या ज्ञान का अनुभव होता है।

इन तीनों में से कोई भी एक यदि नहीं है तो ज्ञान नहीं हो सकता — इन्द्रियाँ चाहिए, मन चाहिए, और एक विषय चाहिए। इन्द्रियाँ उस विषय की सूचना लाकर के देती हैं और मन उस विषय पर प्रक्रिया करता है बुद्धि और स्मृति के माध्यम से। तो फिर ज्ञान खड़ा होता है। अच्छी बात है। इसमें समस्या बस ये है कि ज्ञान का संबंध हमेशा किसी बाहरी विषय से होता है और जो बाहरी विषय होता है वो हमेशा जो भीतरी विषयेता है, विषयी है, वो उसकी छाया होता है।

अब छाया के साथ आप जब बहुत उत्सुकता जोड़ लेते हैं — जैसा कि ज्ञान की प्रक्रिया में होती है — तो उसके फिर दो-तीन नुकसान होते हैं। एक तो ये कि छाया को देखकर के जो छायाकार है, जिसकी छाया है, उसका बहुत कम पता लगता है। दूसरी बात, छाया को देखने से ये भ्रम हो जाता है कि छाया ही सच्ची है, और छाया अपनेआप में संपूर्ण और स्वतंत्र है। यह याद ही नहीं आता, ये कौंधता ही नहीं कि ये छाया तो किसी और का प्रतीक मात्र है। छाया तो किसी अन्य महत्वपूर्ण विषय की ओर संकेत मात्र है।

वो याद नहीं रहता तो जब आप ज्ञान की प्रक्रिया में होते हो और संसार का कोई विषय लेते हो, तो उससे उस विषय के बारे में जो पता लगता है सो लगता है, इतना निश्चित है कि ये पता लगना बंद हो जाता है कि वो जो विषय है बाहर, वो भीतर की ही किसी वस्तु की छाया है। तो इसलिए जो साधारण, भौतिक ज्ञान होता है, इंद्रियगत, मन-गत, बुद्धि-गत, स्मृति-गत, देह-गत, वास्तव में वो व्यावहारिक लाभ का और आध्यात्मिक भ्रम का कारण बनता है। व्यावहारिक रूप से तो लाभ हो जाएगा।

आपके सामने एक जानवर हो, हिंसक सा जानवर हो। आपकी इंद्रियाँ आपको बताएँगी कि सामने जानवर है। आँखें बोलेंगी जानवर दिख रहा है, कान बोलेंगे जानवर आवाज़ कर रहा है। मन के पास ये सूचना जाएगी। मन स्मृति से पूछेगा, 'कुछ पता है अतीत से?'

स्मृति बताएगी, 'हाँ, पता है अतीत से। चार महीने पहले भी दिखा था और इसने चार महीने पहले भी बड़ा परेशान किया था।'

मन बुद्धि से पूछेगा, 'स्मृति ने अभी-अभी कुछ सूचना दी है। अब क्या करना है?'

बुद्धि बोलेगी, 'भाग जाओ!' तो जो कर्मेन्द्रियाँ हैं वो भागना शुरू कर देंगी।

ये पूरी प्रक्रिया होती है, इसमें व्यावहारिक लाभ हो जाता है। जो देह है वो जानवर से बच जाएगी। लेकिन इसमें जो नुकसान होता है वो ये है कि अपने भीतर की ओर देखने का कोई सवाल ही पैदा नहीं होता। कोई संदर्भ ही ऐसा नहीं उठता कि पता चले कि देखने वाला कौन है उस जानवर को। इंद्रियाँ काम करती हैं जीव की रक्षा के लिए, माने देह की रक्षा के लिए। देह की रक्षा वगैरह हो जाती है। अहंकार का भी जो उसमें स्वार्थ है, वो सिद्ध हो जाता है, लेकिन आत्मज्ञान बिलकुल नहीं होता। बल्कि आप आत्मज्ञान से और दूर हो जाते हो।

तो साधारण जो ज्ञान है वो आत्मज्ञान के बल्कि विरुद्ध जाता है, विपरीत जाता है। साधारण ज्ञान में आपको जो दिख रहा है, उसमें बड़ी रुचि हो जाती है। वो रुचि आप को व्यावहारिक लाभ दिला देती है, लेकिन आध्यात्मिक तल पर आपको अपनी सच्चाई से और दूर कर देती है, क्योंकि आपके लिए वो बड़ी महत्वपूर्ण बात हो जाती है जो अभी दिख रहा है। वो इतना महत्वपूर्ण हो जाता है कि देखने वाले को जानने की आपमें कोई जिज्ञासा ही शेष नहीं रह जाती। सारी ऊर्जा बस जो दिख रहा है, विषय, उस पर जाकर के केंद्रित हो जाती है। कौन उस विषय को देख रहा है, इसका भीतर कोई प्रश्न ही नहीं उठता।

अब आते हैं प्रज्ञान पर। प्रज्ञान क्या है? इंद्रियाँ अपना काम करती रहेंगी। सामने अगर वो पशु है तो इंद्रियाँ तो उसको देखेंगी। इंद्रियाँ सूचना मन तक भी पहुँचाएँगी, मन स्मृति से भी पूछेगा, ये सब चलता रहता है। तो ज्ञान तो एक प्राकृतिक गतिविधि है। प्रज्ञान में दैवीयता है, प्रज्ञान में प्रकृति के थोड़ा आगे जाना पड़ता है। प्रज्ञान में कुछ ऐसा करना पड़ता है जो करने के लिए प्रकृति ने आपको तैयार नहीं किया है।

प्रज्ञान में अनुशासन से, जिज्ञासा से ये पूछना पड़ता है, 'पशु तो ठीक है, लेकिन उस पशु का पशु को देखने वाले पर प्रभाव क्या पड़ रहा है?' ठीक जिस क्षण में आँखें उस पशु को देख रही हैं, उसी क्षण में कोई मन को देख रहा है, ये प्रज्ञान है। जो सामने दिख रहा है, उसको आँखों ने देखा; और भीतर जो है, जो उसको देख रहा है, माने मन को — मन को किसी और ने देखा। किसने देखा? उसी ने देखा जिसको हम कल तत् कह रहे थे। वही तत् है।

आँखों ने देखा पशु को, आँखों के माध्यम से फिर मन ने पशु को देखा, और बुद्धि और स्मृति की सहायता से पशु को जाना। आँखें सिर्फ़ दिखाती हैं, बुद्धि और स्मृति की सहायता से मन उसको जानता है। ठीक है? ज्ञान वही है न। बिना स्मृति के तो कोई ज्ञान होता नहीं। मन ने उसको जाना, आँखों ने उसको देखा और कोई बैठा है जिसने इस पूरी प्रक्रिया को ही देख लिया कि ये क्या चल रहा है — ये प्रज्ञान है। प्रज्ञान में ज्ञान का अभाव नहीं है, प्रज्ञान में ज्ञान का अतिक्रमण है। ज्ञान तो है ही उसमें, बस ज्ञान एक-तरफ़ा होता है। ज्ञान आधा होता है। ज्ञान बस बाहर देखता है। प्रज्ञान देख लेता है कि भीतर कौन है जो बाहर देख रहा है। ज्ञान बस बाहर के प्रति चैतन्य होता है। प्रज्ञान भीतर के प्रति भी तत्क्षण सचेत हो जाता है।

पशु क्या कर रहा है, यह जानना ज्ञान है। और पशु सामने है तो मन क्या कर रहा है, ये जानना प्रज्ञान है। सामने पशु क्या कर रहा है, ये जानना ज्ञान हो गया, साधारण। और सामने जब पशु है, तो आपका मन क्या कर रहा है, ये जानना प्रज्ञान है।

महावाक्य कह रहा है, "प्रज्ञान ही ब्रह्म है।" जो सिर्फ़ बाहर को देखे वो बुद्धि। जो बाहर-भीतर दोनों एक साथ देख ले, वो बोध। बोध ही ब्रह्म है। भीतर जो प्रभावित हो रहा है, उसको वही देख सकता है जो अप्रभावित हो, उसी को साक्षी भी कहते हैं। तो साक्षी ही ब्रह्म है। बुद्धि को केंद्र बनाकर अगर कहें, तो बोध ही ब्रह्म है। साधारण बुद्धि बाहर देखती है। बोध बाहर-भीतर दोनों को देख लेता है। बोध ही ब्रह्म है।

जब मन देखता है पशु को, तो देखता ही नहीं है, उससे प्रभावित भी हो जाता है। आप जिस भी वस्तु को देखते हैं, उसको आप सिर्फ़ देखते ही नहीं हैं, उसको आप देखते ही उससे प्रभावित भी हो जाते हैं। अप्रभावित रहकर के देख लेना दोनों को, पशु को और मन को, ये साक्षित्व है। तो बोध ही ब्रह्म है। साक्षित्व ही ब्रह्म है। अंतर्दृष्टि ही ब्रह्म है।

कहीं किसी मान्यता के लिए, किसी विश्वास के लिए, किसी ऊटपटांग जटिलता के लिए ऋषियों ने कोई सम्भावना छोड़ी ही नहीं। दो शब्दों में सब समेट लिया — "प्रज्ञानं ब्रह्म!" और कुछ नहीं है ब्रह्म। बहुत तरह की बातें मत करने लग जाना। बहुत तरह की जटिलताएँ, किस्से-कहानियाँ मत खड़े कर लेना। जब देख रहे हो कहीं, तो देखने वाले को भी देखो, यही ब्रह्मत्व है। यही ब्राह्मी स्थिति है जिसका उल्लेख कृष्ण करते हैं। और कुछ भी नहीं, यही स्थितप्रज्ञता है, स्थित-प्रज्ञता, प्रज्ञ, प्रज्ञानं ब्रह्म।

ज्ञान बढ़िया बात है। ज्ञान से ज़रा सा और आगे जाओ, ज्ञानी को भी तो समझो। प्रज्ञान का लाभ ये होता है कि ज्ञान तो होता है पर आप ज्ञानी नहीं बनने पाते। नहीं तो ज्ञान का नुकसान ये है कि ज्ञान आया नहीं कि आप ज्ञानी बन जाते हो।

मन ज्ञानी है, साक्षी प्रज्ञानी है। ज्ञानी ज्ञेय विषय से कलंकित हो जाता है, रंजित हो जाता है — ज्ञान, ज्ञाता, ज्ञेय की त्रिपुटी बन जाती है। तीनों एक-दूसरे पर आश्रित हो जाते हैं। प्रज्ञानी ज्ञान-ज्ञाता-ज्ञेय ये जो पूरा त्रैत है, इसका द्रष्टा, इसका साक्षी रहता

है। कहता है, 'ठीक है, ज्ञान है, हम ज्ञान से अलग हैं।' अब ज्ञान तो रहेगा, लेकिन ज्ञान का जो दुष्प्रभाव होता है, जो साइड इफ़ेक्ट होता है वो नहीं रहेगा। अन्यथा ज्ञान अपने साथ बड़े दुष्प्रभाव लेकर के आता है।

"प्रज्ञानं ब्रह्म।"

दुनिया को जानते चलो, दुनिया को जानने वाले को भी जानते चलो। कोई भी अनुभव जब हो रहा हो, प्रत्येक अनुभव आपके ज्ञान के भंडार में थोड़ा कुछ जोड़कर ही जाता है। जब भी कोई अनुभव हो रहा हो, देखो कि वो अनुभव तुम पर क्या प्रभाव डाल रहा है। देखो कि तुम क्या बन गए अनुभोक्ता के तौर पर। विषय ने तुमको बदल दिया और तुम्हारी बदली हुई स्थिति ने विषय को बदल दिया। अब बताओ, सच्चाई बची कहाँ?

तुम्हारे सामने एक विषय आता है। उसके संपर्क मात्र से, उसके अनुभव मात्र से तुम बदल जाते हो। और जैसे ही तुम बदले तुम्हारे लिए वो विषय भी बदल गया। अब बताओ, यहाँ कितनी सच्चाई है?

एक जादू है, एक नशा है, मद। और फिर जब वो मद उतरता है और उसी विषय की ओर पुनः देखते हो तो कहते हो कि ये विषय तो वैसा है ही नहीं जैसा मुझे प्रतीत हुआ था। इस विषय में तो कुछ भी जादुई नहीं है। पर एक समय था जब ये विषय मेरे सिर चढ़कर बोल रहा था। किसी भी तरह से, मोह में भी हो सकता है। घृणा में भी हो सकता है। आकर्षण-विकर्षण, किसी भी तरह से।

फिर बड़ी हैरत होती है। 'मैं इस वस्तु को लेकर के इतना गंभीर, इतना आसक्त कैसे हो गया था?' क्योंकि उस वस्तु ने तुम्हें बदल दिया था। और जब तुम बदल गए तो तुम्हारे लिए वो वस्तु बदल गई। ऐसी सी बात है जैसे चुंबक के निकट लोहा आ जाए। लोहा भी क्या बन जाता है? लोहा भी चुंबक बन जाता है। विषय ने विषयेता को ही बदल दिया। तुम वो हो ही नहीं जो तुम्हारा स्वभाव है, विषय ने तुम्हारे स्वभाव को बदल दिया। और जब तुम बदल गए तो वो विषय तुम्हारे लिए और महत्वपूर्ण हो गया। प्रत्येक विषय तुमको इसी प्रकार बदलता है। कोई विषय ऐसा नहीं होता, तुम जिसके निकट जाओ और विषय की प्रकृति ये हो कि निकटता के कारण वो विषय तुम्हारे लिए अमहत्वपूर्ण हो जाए, कोई विषय ऐसा नहीं होता।

विषय सारे ऐसे होते हैं जो तुमको कुछ इस तरह से बदलेंगे कि तुम उस विषय को और मूल्यवान मानने लगो। यही माया है। हर विषय तुम पर अपने अनुकूल एक प्रभाव डालता है। उसमें आसक्ति ही नहीं शामिल है, उसमें अनासक्ति भी शामिल है। आकर्षण ही नहीं, विकर्षण भी शामिल है। लेकिन कोई विषय तुम्हारे सामने इसलिए नहीं आता है कि वो तुम्हारी चेतना से लुप्त हो जाए। हर विषय की अपनी प्रकृति होती है। वो प्रकृति भिन्न-भिन्न होती है।

लेकिन एक साझी बात प्रत्येक विषय में होती है संसार के — वो तुम्हारी चेतना में एक जगह बना लेना चाहता है किसी भी तरीके से। अच्छा बनकर, बुरा बनकर, ऊँचा बनकर, नीचा बनकर, प्राप्य बनकर, त्याज्य बनकर वो तुम्हारी चेतना में जगह बना लेना चाहता है। जैसे उसने तुम्हारी चेतना में जगह बनाई, वो तुम्हारे लिए और महत्वपूर्ण हो गया।

यहाँ तक भी कहानी होती तो खैरियत थी। अब अगला विषय तैयार खड़ा है। वो भी क्या चाहता है? तुम्हारी चेतना में जगह बनाना। और तुम्हारी चेतना में असीमित स्थान है नहीं। तुम ही सीमित हो। तो स्थान के लिए अब ये दोनों विषय क्या करेंगे? भीतर गृह-युद्ध, कलह, मचेगी लड़ाई। और लड़ाई तुम्हारे ही एक हिस्से और तुम्हारे ही दूसरे हिस्से के बीच में हो रही होगी और ये दोनों ही हिस्से नकली हैं क्योंकि ये दोनों ही हिस्से विषयों के प्रभाव से संक्रमित हैं।

पहले हिस्से पर एक विषय का प्रभाव है, दूसरे हिस्से पर दूसरे विषय का प्रभाव है। दोनों ही तुम्हारे ये भीतरी जो हिस्से हैं, ये स्वभाव से विलग हो चुके हैं, लेकिन दोनों ही अपनेआप को सत्य मान रहे हैं, और दोनों फिर आपस में टकराते हैं। दोनों जब टकराते हैं तो जीवन नर्क हो जाता है।

प्रज्ञान का अर्थ है — 'ये सबकुछ जब हो रहा है, मैं जान रहा हूँ, मैं देख रहा हूँ।' जैसी ये आँखें हैं जो बाहर के सब विषयों को देखती हैं, वैसे ही भीतरी आँखें हैं जो भीतर की सारी कार्यवाही को देखती हैं। जिसने भीतर की सारी कार्यवाही को देख लिया उसको फिर बहुत और उपाय नहीं करने पड़ते। 'प्रज्ञानं ब्रह्म'। हो गई ब्राह्मी स्थिति!

अयं आत्मा ब्रह्म

अयं आत्मा ब्रह्म

यह आत्मा ही ब्रह्म है।

~ माण्डूक्य उपनिषद्, अध्याय १, श्लोक २

आचार्य प्रशांत: अगला ब्रह्म वाक्य है, "अयं आत्मा ब्रह्म।" माण्डूक्योपनिषद् से है।

ब्रह्म से क्या आशय है? सीधे-सीधे समझें तो जगत का जो यथार्थ है, जगत के केंद्र में जो बैठा है, जगत में जो छुपा हुआ है, कूटस्थ है, उसको ब्रह्म कहा गया है। 'अयं आत्मा ब्रह्म' माने आत्मा ही ब्रह्म है।

क्या समझाना चाह रहे हैं ऋषि? इंद्रियाँ जगत की ओर देखती हैं और मनुष्य पूरे जीवन गतिशील रहता है, आतुर रहता है, चिंतित रहता है, और ठोकरें-परेशानियाँ भी सहता है ताकि वो दुनिया में जो ऊँचे-से-ऊँचा है, जो वास्तविक है उसको प्राप्त कर सके। वो जो जगत में उच्चतम है, उसी को ब्रह्म कहते हैं। वो जो जगत में वास्तविक है, उसको ब्रह्म कहते हैं। जगत में जो आप पाना चाहते हो, जिसके बिना आपकी कामना शांत ही नहीं होती, उसको ब्रह्म कहते हैं।

तो ऋषि कह रहे हैं, 'वो जो तुम पाना चाहते हो वो बाहर नहीं, भीतर है। यह आत्मा ही ब्रह्म है।' जब तक तुम अहंकार बने बैठे हो तब तक बाहर पाने लायक क्या है तुम्हें समझ में नहीं आएगा, तुम भ्रमित रहोगे। और तमाम तरह के जो विषय हैं दुनिया में तुम उनकी ओर दौड़ते रहोगे।

तो भीतरी अहंकार का सीधा संबंध बाहरी भ्रम से बनता है। भीतर जो भी अहंकार से संचालित है, बाहर वो तमाम तरह के विषयों की ओर दौड़ेगा। ये एक समीकरण हुआ। और भीतर जो आत्मस्थ हो गया वो बाहर ब्रह्म को पा लेगा, जैसे कि जो बाहरी ब्रह्म है वो भीतरी आत्मा से भिन्न है ही नहीं, जैसे कि आपको जो बाहर पाना है वो वास्तव में भीतर की ही वस्तु है।

अध्यात्म का जो प्रतिपाद्य विषय है वो एक तरीके से है ही यही — स्वयं में, संसार में, संबंध क्या रखना है। पुरुष और प्रकृति का रिश्ता क्या होना चाहिए। और ये बहुत महत्वपूर्ण उक्ति है उपनिषदों से इसलिए, 'अयं आत्मा ब्रह्म', क्योंकि यह बताती है कि बाहर की दिशा दौड़ते रहने भर से नहीं होगा, पहले भीतरी स्पष्टता होनी चाहिए। और जब भीतरी स्पष्टता आ गई तो बाहर का यथार्थ अपनेआप ही प्रकट हो जाएगा।

मनुष्य के लिए तो आत्मा और ब्रह्म में पहले आत्मा ही आती है न। महावाक्य में भी, 'अयं आत्मा ब्रह्म'। आत्मा ही ब्रह्म है क्योंकि जगत विषय है, विषयी हम हैं। पहले हम आते हैं; हम हैं तो जगत है। अहंकार पूरी सृष्टि का द्रष्टा और भोक्ता है। पहले अहंकार आता है, उसको ठीक कर लिया तो बाहर सब अपनेआप ठीक हो जाता है।

जो भीतरी है, अगर उसका शोधन कर लिया तो बाहर सब अपनेआप ठीक हो जाता है। माने जिसको हम ब्राह्मी स्थिति भी बोलते हैं वो वास्तव में बस आत्मस्थ होने का दूसरा नाम है। जो अहंकार को जितना समेटता जाएगा, जितना उसको पतला करता जाएगा, घटाता जाएगा, उसको हम कह सकते हैं कि उतना ब्रह्मलीन होता जाएगा।

"अयं आत्मा ब्रह्म।"

भीतर से आत्मस्थ, तो जगत फिर लुभाने वाला, भ्रमित करने वाला, दुख देने वाला मायावी प्रपंच नहीं रह जाता। भीतर से आत्मस्थ, तो जगत ही ब्रह्म है। अहंकार यदि आत्मा है, तो जगत ब्रह्म है। अहंकार के सामने होता है जगत। और अहंकार और जगत में हमेशा एक दूरी होती है। इसी दूरी का नाम है मनुष्य का दुख।

'मैं अहंकार हूँ, मेरे सामने जगत है और एक दूरी बनी हुई है। जो मुझे चाहिए मिल नहीं रहा। पूरा मैं उसको कभी पकड़ नहीं पा रहा।' इसी दूरी का नाम दुख है। और भीतर से जब आत्मा हो गए तो जगत ब्रह्म है और अब विशेष बात यह है कि आत्मा और ब्रह्म एक हैं। अहंकार और जगत में हमेशा दूरी रहती है लेकिन आत्मा और ब्रह्म एक हो जाते हैं। उस दूरी का नाम, हमने कहा, दुख था, तो आत्मा और ब्रह्म जब एक हो गए तो दुख मिट गया।

स्वयं और संसार के सही संबंध में ही दुख से निवृत्ति है। और वो सही संबंध जगत के परिवर्तन से नहीं शुरू होता, आत्मचिंतन से शुरू होता है, आत्मज्ञान पर खत्म होता है। आप भीतर से ठीक हो जाइए, दुनिया से आपको ठोकरें मिलनी बंद हो जाएँगी।

"अयं आत्मा ब्रह्म!"

एकमेवाद्वितीयं ब्रह्म

एकमेवाद्वितीयं ब्रह्म

ब्रह्म ही एकमात्र सत्ता है। उसके अतिरिक्त कोई अन्य दूसरी सत्ता नहीं है।

~ छान्दोग्य उपनिषद्, अध्याय ६, द्वितीय खण्ड, श्लोक १

आचार्य प्रशांत: "एकं एव अद्वितीयं ब्रह्म", छांदोग्य उपनिषद् से। ब्रह्म एक है, अद्वितीय है, उसके पीछे, उसके साथ, न उसके जैसा, या उससे भिन्न दूसरा कोई नहीं। आशय क्या है? बात क्या है?

समझने के लिए ये जानना पड़ेगा कि उपनिषद् हैं ही क्यों, और उपनिषद् किससे कहे गए हैं। उपनिषद् हैं जलते हुए मन को शीतल करने के लिए। और उपनिषद् कहे गए हैं एक भ्रमित मन से जो अपना भ्रम हटाना चाहता है। शिष्य आया है ऋषि के पास और वो समझना चाहता है जीवन के बारे में, स्वयं के बारे में क्योंकि उसे भ्रमित रहना स्वीकार नहीं। इस पृष्ठभूमि में खड़े होते हैं उपनिषद्।

तो मन की साधारण अवस्था क्या होती है? मन की साधारण अवस्था होती है विविधता की। वहाँ चीज़ें बँटी हुई रहती हैं। मन की साधारण अवस्था क्या होती है? मन की साधारण अवस्था होती है विघटन की, विविधताओं में खोए रहने की, विविधताओं के समक्ष चमत्कृत अनुभव करने की। ये दिख गया, ये दिख गया, काला दिख गया, फिर सफ़ेद दिख, फिर पीला, नारंगी दिख गया। और हर विविधता अपनेआप में कुछ आकर्षण लिए होती है।

कुछ विविधताएँ विकर्षक भी हो सकती हैं। लेकिन ये सब विविधताएँ मन के लिए बड़ा अर्थ रखती हैं। मन उन्हें बड़ी गंभीरता से लेता है। ये ही जीवन बन जाती हैं। आज ये चाहिए, कल वो चाहिए। जो चाहिए वो इसलिए चाहिए क्योंकि वो दूसरी वस्तुओं से भिन्न है।

तो ये बँटा हुआ जीवन जीता है आम मन, और ये जो बँटा हुआ जीवन है, यही दुख का मूल है, जिसमें आपके मन पर कभी एक विषय हावी है, तो कभी दूसरा विषय हावी है। कभी आप एक दिशा भागना चाहते हो, कभी दूसरी दिशा। कभी एक विचार आपको सही लगता है, तो कभी कोई दूसरा भाव आपको पकड़ लेता है। यही जो विविधता है और इस विविधता को सत्य मानने का जो हमारा हठ है, अनुभवों को ही सत्य मान लेने की जो हमारी भूल है, यही हमारे लिए दुख का मूल है।

अब आप समझिए कि 'अद्वितीय' और 'एक' शब्द इतने उपयोगी क्यों हैं, इतने विशेष क्यों हैं। क्योंकि मन की दुनिया में कुछ अद्वितीय होता नहीं। मन की दुनिया

में एकत्व जैसी कोई चीज़ होती नहीं। और मन इसीलिए फिर तमाम तरीके से दुख झेलता है। तो ऋषि यहाँ पर समझा रहे हैं कि इन सब विविधताओं के पार जो है, वो ही असली है। तुम्हें वहाँ पहुँचना है, वही तुम हो।

विविधताएँ तुम ढूँढते हो क्योंकि तुम्हें अपना ज्ञान नहीं। वो जो एक वस्तु तुम हो, एक वस्तु, उस एक वस्तु का तुम्हें ज्ञान हो जाए तो विविधताएँ फिर तुम्हारे लिए बहुत अर्थपूर्ण बचेंगी नहीं। अब तुम विविधताओं में क्रीड़ा कर पाओगे। अब तुम विविधताओं को हल्के हाथ से ले पाओगे। अब तुम्हारे लिए विविधता जी का जंजाल नहीं बन जाएगी।

इसी को ब्राह्मी स्थिति कहते हैं। यही उपनिषदों की सीख है और इसीलिए ये महावाक्य कहलाता है — 'एकमेवाद्वितीयं ब्रह्म'।

क्या ऐसे हो सकते हो तुम कि एक में तुम्हारी निष्ठा हो जाए और बाकी सब तुम्हारे लिए बस क्रीड़ा जैसा बचे? रंगमंच पर घटती घटनाओं जैसा हो जाए जिसके तुम द्रष्टा भर हो? अगर ऐसा हो जाए तो ऋषि कह रहे हैं, 'सुनो शिष्य, तुम अपने सब दुखों से पार चले जाओगे, अपने सब बंधनों से मुक्त हो जाओगे।'

उस एक को पकड़ो जिसके आगे नहीं कोई, जिसके पीछे नहीं कोई, जिसके जैसा नहीं कोई। और अगर तुम पाते हो कि तुमने जिन विषयों को, वस्तुओं को, विचारों को पकड़ रखा है जीवन में, उनमें अद्वितीयता नहीं है, तो फिर ज़रा गौर से पुनर्विचार करो कि क्या वो विषय वास्तव में पकड़ने लायक हैं? इतनी गंभीरता से लेने लायक हैं? एकनिष्ठ हो जाओ, एकाग्र हो जाओ। पहचानो कि क्या-क्या ठीक नहीं है, उससे हटते जाओ। और जो ठीक है, उस पर टिकते जाओ।

बँटा-बँटा विभाजित जीवन मत जियो। सौ टुकड़ों में बँट जाने से तुम्हारा क्षोभ नहीं बँट जाएगा। आईना अगर दूषित है, धूल जमी है उस पर, तो उसके सौ टुकड़े भी कर लोगे तो उन सबसे भी प्रतिबिंब धूल-धूसरित ही आएगा। एक! कोई एक है आपके जीवन में जिसके समक्ष बाकी सब महत्वहीन, गौण, त्याज्य हो जाता हो? और अगर वो एक नहीं है तो जीवन खंडित रहेगा।

तन पर थोड़ी चोट लगी हो तो पीड़ा अनुभव होती है न। और मन अगर खंडित ही हो, उसके टुकड़े ही हों, तो कैसा रहेगा? ये महावाक्य लगातार आपको ये याद दिलाने के लिए है। आपसे ये प्रश्न पूछने के लिए है लगातार, 'कितने टुकड़ों में बँटे हो?'

यहाँ तो कहा जा रहा है, 'अद्वितीय है ब्रह्म।' और हमारे जीवन में दूसरा, तीसरा, चौथा, पाँचवाँ, सौवाँ सब रहते हैं। और हमें कभी पता नहीं होता इसमें से कहाँ सार है, कहाँ असार। क्या रखने लायक है, क्या रखने लायक नहीं है। कभी कुछ ज़्यादा कीमती लगने लगता है। कभी कुछ दूसरा बहुत महत्वपूर्ण लगने लगता है। कुछ इस तरह से लुढ़कते-पुढ़कते व्यर्थ बीत जाता है जीवन।

जब सौ दिशाओं से माया पकड़ रही हो, तब अपनेआप से पूछना है, ‘कहाँ गया, ‘एकं’ कहाँ गया? एक कहाँ गया? एक जैसा कुछ है?’ और जैसे ही ये महावाक्य और इससे उठते प्रश्न आपको याद आएँगे, आप पाएँगे की विविधताओं के पाशों से अचानक थोड़े आप मुक्त हो गए; सौ चीज़ों ने आपके ऊपर जो बंधन कस रखे हैं, अचानक वो थोड़े शिथिल हो गए।

हर महावाक्य दवा की तरह है, बीमार मन के लिए औषधि, अति संक्षिप्त, किंतु अति उपयोगी। जिसने इन सूत्रों को मन में बसा लिया, ये सूत्र उसका मन साफ़ कर देंगे। इस भूल से बचिएगा! ये मत सोचिएगा कि ये महावाक्य ब्रह्म के एकत्व के बारे में है। वो बात सही है पर बाद की है। पहले ये महावाक्य हमारे जीवन में व्याप्त मायावी विविधता के बारे में है।

उपनिषदों की विधि नकार की है। तो जब वो कहें, ‘एक’, तो उसका अर्थ है, ‘नहीं अनेक’। एक को कैसे पढ़ना है? 'नहीं अनेक'। हमारे लिए ‘नहीं अनेक’ ही ज़्यादा उपयोगी है क्योंकि हमारे जीवन में अनेकता भरी हुई है। एकता का तो हमें वैसे ही कुछ पता नहीं। ये जो अनेकता हमारे जीवन पर छायी रहती है, इसके विरोध में, इसके नकार में है ये महावाक्य।

ब्रह्म के बारे में आपको नहीं बहुत कुछ बताया जा रहा कि ब्रह्म ऐसा है, ब्रह्म एक है, अद्वितीय है। यह मत सोचिएगा कि यहाँ पर ब्रह्म का वर्णन किया जा रहा है। आपके जीवन में समस्या ये नहीं है कि आपको ब्रह्मज्ञान नहीं है। आपके जीवन में समस्या ये है कि आपको मायाज्ञान बहुत ज़्यादा है। माया हर तरीके से आपके दिमाग में घुसी हुई है।

तो ये सूत्र ब्रह्म के विषय में आपको कोई सूचना इत्यादि देने के लिए नहीं है। ये सूत्र आपको आपके जीवन में जो सौ बंधन हैं, उनको नकारने की प्रेरणा देने के लिए है, बस।

सोऽहं

सोऽहं

मैं वह हूँ।

~ ईशावास्य उपनिषद्

आचार्य प्रशांत: 'सोऽहं', ईशावास्योपनिषद् से। 'वह मैं हूँ', या, 'मैं वह हूँ।' गुरु ने शिष्य को संबोधित करके सिखाया, 'तुम वह हो — तत् त्वम् असि', और बात बन गई। अब शिष्य बोल रहा है, अपनी ही चेतना से, अपने ही मुँह से, अपना ही अब स्वीकार है उसको। गुरु की सीख नहीं है, अपनी समझ है! 'सोऽहं, वह मैं हूँ।

"सोऽहं!"

क्या है सोऽहं? सोऽहं एक हुंकार है। मैं जीव हूँ? न। मैं पुरुष हूँ? न। मैं नारी हूँ? न। वृद्ध हूँ, युवा हूँ, बालक हूँ? न। धनी हूँ, निर्धन हूँ? न। किसी जाति का हूँ? न। उच्च कुल, निम्न कुल? कुछ नहीं। न, न!

तो मैं क्या हूँ?

मैं जो हूँ उसको कोई नाम नहीं दे सकते। तुम जो कुछ भी कहोगे कि मैं हूँ, मैं उसके विरुद्ध गर्जना करता हूँ।

तो क्या हूँ मैं? जो मैं हूँ, उसको कोई नाम नहीं दे सकते तो मैं बस ये कह रहा हूँ, 'सोऽहं! मैं वह हूँ!' मैं क्या हूँ? मैं कुछ कह नहीं रहा। मैं कुछ बताऊँगा नहीं। बताया जा नहीं सकता। बताने की चेष्टा की तो उसी पुराने जाल में फँस जाएँगे, मायाजाल, शब्दजाल। 'सोऽहं!' बस इशारा किया जा सकता है। इंगित किया गया है। उँगली दिखायी गई है, संकेत में।

तुम वह हो। मैं वह हूँ। सोऽहं! और इसके अतिरिक्त अगर तुमने मुझे कोई पहचान देने का प्रयास किया, तो झूठ भी होगा, अन्याय भी होगा। ये दुष्ट चेष्टा मत करना। मत कहना 'अहं देहास्मि'। नाहं, नहीं हूँ मैं। देह नहीं हूँ मैं। मन नहीं हूँ मैं। जैसे आदिशंकर ने, आचार्य शंकर ने निर्वाण षट्कम में कहा, "न ये हूँ, न वो हूँ। न पँचभूत हूँ, न प्राण हूँ, न लिंग हूँ, न जाति हूँ, न काल हूँ, न स्थान हूँ। मन में, समय और आकाश की सीमाओं में जो कुछ भी आ सकता है कुछ नहीं हूँ मैं।"

'नाहं' का ही दूसरा नाम 'सोऽहं' है। और क्यों आवश्यकता पड़ती है 'नाहं' कहने की, 'सोऽहं' कहने की? क्योंकि हम कहते रहते हैं 'देहं'। देहं! 'अहम् देह अस्मि। मैं देह हूँ। मैं देह हूँ।' 'देहं-देहं' करते रहते हैं, तो 'देहं' को नकारने के लिए कहते हैं

'नाहं'। लेकिन 'न' भर से मन का पेट नहीं भरता। वो पूछना शुरू कर देता है, 'अच्छा, देह नहीं हो तो क्या हो?'

अब ये प्रश्न खतरनाक है क्योंकि देह के विकल्प के रूप में अगर कुछ और कह दिया अपनेआप को, तो वो एक और देह बन जानी है। वो एक और सहारा बन जाना है जिस पर टिक कर माया खड़ी हो जाएगी। तो शुद्धतम तो है 'नाहं', लेकिन ज़्यादा उपयोगी है 'सोऽहं'।

ज़्यादा मीठा भी है 'सोऽहं'। फिर कोई तो है जो बोल रहा है कि मैं नहीं हूँ। उसको ये भी नहीं कह सकते कि वो शून्य है क्योंकि बोलने भर के लिए तो वो मौजूद है ही न। और ये भी नहीं कह सकते कि वो कुछ है। न ये कह सकते हो कि कुछ नहीं है, न ये कह सकते हो कि कुछ है। तो इसलिए बीच का एक ज़्यादा उपयोगी, ज़्यादा स्वीकार्य मार्ग निकाला गया — 'सोऽहं'।

'मैं नहीं कह रहा मैं देह हूँ, मैं नहीं कह रहा मैं संसार हूँ, मैं नहीं कह रहा कि मैं मन हूँ, चित्त हूँ, भाव हूँ, विचार हूँ, कुछ नहीं।' और मैं यह भी नहीं कह रहा कि मैं कुछ नहीं हूँ, क्योंकि कह दिया कुछ नहीं हूँ तो प्रश्न उठेगा कि ये सारी बातचीत किससे, किसको? ये दुख किसको, मुक्ति किसकी? तो मैं कह रहा हूँ, 'सोऽहं, सोऽहं, सोऽहं।'

कुछ कह भी दिया और नहीं भी कहा। जो कुछ सुनना चाहता था उसके कानों की प्यास भी मिटा दी और कहा कुछ ऐसे कि कहने में कोई दूषण भी नहीं होने पाया। साँप भी मर गया, लाठी भी नहीं टूटी। काम भी हो गया। क्या काम था? देह-भाव से मुक्ति, जीव-भाव से मुक्ति। वो काम भी हो गया और कोई वैकल्पिक पहचान भी नहीं उठाई।

और ये भी नहीं कह दिया, 'न ये हूँ, न वो हूँ, और बिलकुल ही कुछ नहीं हूँ।' वो बात शुद्ध होती लेकिन बहुत रुचती नहीं। और तड़पते मन को मुक्ति तो चाहिए-ही-चाहिए। उसे मुक्ति कुछ इस तरह से चाहिए कि बहुत अरुचिपूर्ण न हो। यदि बहुत अरुचिपूर्ण कोई बात कह दी तो मन अरुचि से ही इतना आहत हो जाएगा कि मुक्ति की तरफ़ बढ़ेगा ही नहीं। तो 'सोऽहं'।

जिज्ञासा शुरू होती है देह के बाद पूछने से, 'कोऽहं'। 'कौन हूँ?' आप जब पैदा होते हैं तो आप किस भाव के साथ पैदा होते हैं? देह-भाव, 'मैं देह हूँ।' फिर यदि सही संगति मिली और जीवन में आपने सही निर्णय लिये तो आप प्रश्न पूछेंगे, 'कौन हूँ मैं?' जिज्ञासा करेंगे, थोड़ी जाँच, तो पता चलेगा ये नहीं हूँ मैं, वो नहीं हूँ मैं, तो कहेंगे, 'नाऽहं!' नाऽहं से फिर आगे बढ़कर आप कहते हैं 'सोऽहं'। देहं, कोऽहं, नाऽहं फिर सोऽहं। बस।

सर्वं खल्विदं ब्रह्म

सर्वं खल्विदं ब्रह्म

सब ब्रह्म ही है

~ छांदोग्य उपनिषद्, अध्याय ३, चतुर्दश खंड, श्लोक १

आचार्य प्रशांत: 'सर्वं खल्विदं ब्रह्म', छांदोग्य उपनिषद् से। यह सब जो है, ब्रह्म है। और यह सब जो दिखता है, वो बड़े भेद लिये हुए दिखता है, विविधताएँ, विभिन्नताएँ, समताएँ, विषमताएँ। कोई भी वस्तु संसार में प्रतीत ही इसलिए होती है क्योंकि वो अन्य वस्तुओं से भिन्न होती है।

यहाँ पर जैसे पृथकता अनिवार्यता है। किसी भी वस्तु को, किसी भी विषय को अपना अस्तित्व बनाए रखने के लिए दूसरी वस्तुओं से, विषयों से भिन्न होना ही पड़ेगा। सफ़ेद पर सफ़ेद दिखाई नहीं देगा। काले पर काला दिखाई नहीं देगा। काले को अगर बचे रहना है तो उसे सफ़ेद से भिन्न होना ही पड़ेगा। ये वस्तुओं के लिए अनिवार्यता है, या इंद्रियों की विवशता है।

इंद्रियों को तो अनुभव सोखने हैं। और कैसे करोगे विषयों का अनुभव अगर विषय भिन्न-भिन्न नहीं दिखाई दे रहे हैं? अगर एक समरसता है बाहर, तो फिर अनुभव के लिए स्थान क्या बचा? कैसे हो पाएगा अनुभव? और इंद्रियों का राजा, मन, अनुभव का प्यासा है। इंद्रियाँ तो उसी के द्वारा प्रेषित की जाती हैं, कि जाओ, जाओ, जाओ और तमाम संसार से मेरे लिए अलग-अलग विषय खोज कर लाओ।

तो ये मन की विवशता है कि उसको अलग-अलग तरीके से संसार की वस्तुओं को देखना है। मन प्यासा है, तो संसार में भेद है, क्योंकि मन प्यासा है तो उसे संसार से ही अपनी प्यास बुझानी है। संसार से प्यास बुझानी है तो उसे संसार में विषय पता चलने चाहिए, विषयों का अनुभव होना चाहिए। विषयों का अनुभव ही नहीं हुआ तो वो अपनी प्यास बुझाने का प्रबंध या प्रयास कैसे कर पाएगा? तो इसलिए दुनिया को खंडित देखना, विषयों में बँटा हुआ देखना मन की मजबूरी है।

तो सब एक जैसा फिर कब दिखाई देगा? 'सर्वं खल्विदं ब्रह्म' कब होगा? सिर्फ़ तब होगा जब मन विषयों को लेकर के न कोई आग्रह रखे, न आशा रखे। जब तक मन में प्यास है, तब तक कोई चीज़ पसंद आएगी, कोई चीज़ नापसंद आएगी। कहीं आशा बैठेगी, कहीं निराशा बैठेगी। कुछ अच्छा कुछ बुरा, कुछ ऊँचा कुछ नीचा, कुछ समीप का कुछ दूर का ज़रूर प्रतीत होगा।

'सर्वं खल्विदं ब्रह्म', फिर ये सब जो बाहर है, इसके विषय में दिया गया वक्तव्य नहीं है बिलकुल। 'सर्वं खल्विदं ब्रह्म', हमारी अंतःस्थिति का वर्णन है। जब मन की प्यास बुझ जाती है, जब भीतर वाला बाहर टुकड़े-टुकड़े देखने का आग्रही नहीं रहता, तो बाहर टुकड़े दिखाई देने समाप्त हो जाते हैं। फिर बाहर जो दिखाई देता है उसे ब्रह्म कहते हैं।

क्या बाहर वस्तुएँ अलग-अलग नहीं दिखाई देंगी? स्थूल रूप से तो वस्तुएँ अलग-अलग ही दिखाई देंगी। मेज़ अलग है, कटोरा अलग है, पेड़ एक चीज़ है, पृथ्वी दूसरी चीज़ है। आत्मज्ञानी को भी पेड़ और पृथ्वी स्थूल रूप से, भौतिक रूप से तो पृथक ही दिखाई देंगे। पर जिस प्यास की हम बात कर रहे हैं वो प्यास मानसिक है, सूक्ष्म है। मानसिक तल पर, सूक्ष्म तल पर अब उसके लिए [illegible] और [illegible] में, मेज़ और कटोरे में कोई अंतर नहीं रह गया।

न मेज़ को लेकर के उसका कोई आंतरिक आग्रह है, न कटोरे को लेकर आंतरिक आग्रह है। इस अर्थ में मेज़ और कटोरा एक हो गए उसके लिए। न कटोरे से कुछ विशेष लेना-देना है, न मेज़ से कुछ लेना-देना है, तो इस अर्थ में मेज़ और कटोरा एक हो गए। ये समीकरण बैठ गया अब, 'सर्वं खल्विदं ब्रह्म'। 'न ये चाहिए न वो चाहिए, तो दोनों मेरे लिए बराबर हो गए।' ये और वो बराबर हो गए क्योंकि दोनों ही चाहिए नहीं।

दोनों को एक ही स्थान दे दिया गया है, क्या? भौतिक, व्यावहारिक, स्थूल। इस अर्थ में अब दोनों बराबर हो गए। हमारे लिए वस्तुएँ, स्थूल वस्तुएँ भी, सिर्फ़ स्थूल अर्थ नहीं रखतीं। हमारे लिए स्थूल वस्तुएँ सूक्ष्म अर्थ रखना शुरू कर देती हैं। जीवनमुक्त वो है जिसके लिए स्थूल वस्तुओं के बस स्थूल अर्थ हैं। मेज़ क्या है? मेज़ ऐसी चीज़ है जिस पर कटोरा रखा जा सकता है, स्थूल बात। कोई उसका सूक्ष्म अर्थ नहीं है।

सूक्ष्म अर्थ कब हो जाता है मेज़ का? तब हो जाता है जब आप कहते हो, 'यदि यह मेज़ मेरे घर आ गई तो इससे मेरे मन को शांति मिल जाएगी।' अब आपने स्थूल वस्तु का उपयोग कर लिया है अपनी सूक्ष्म प्यास बुझाने के लिए। आत्मज्ञानी के साथ ऐसा नहीं होता; स्थूल वस्तु उसके जीवन में भी होती है, पर उस स्थूल वस्तु का बस एक स्थूल स्थान होता है।

मेज़ है, तो मेज़ है, मेज़ जीवन की अभिलाषा नहीं है। मेज़ से कोई आंतरिक तृप्ति नहीं मिल जानी है। मेज़ किसलिए है? मेज़ इसलिए है कि उस पर कटोरा रख दो। तो स्थूल वस्तु का स्थूल उपयोग है। मेज़ पर कटोरा रख दिया। कटोरा किसलिए है? कटोरे में दाल है। दाल भी स्थूल है। उस दाल का क्या स्थूल उपयोग है? ये शरीर स्थूल है, इसको स्थूल दाल खिला देंगे, स्थूल शरीर चलता रहेगा।

इसमें कहीं भी किसी आंतरिक प्यास के मिटने की कोई आशा नहीं है। स्थूल मेज़, स्थूल कटोरा, स्थूल दाल, स्थूल शरीर — ये सब कार्यक्रम चल रहा है, इसमें मन

की अभिलाषा के तृप्त होने की कोई आशा नहीं है। ये भ्रम त्याग दिया गया है कि मेज़ से, कटोरे से, दाल से, या शरीर से, इन चारों में से किसी से भी मन को पूर्णता मिल सकती है, मन को तृप्ति मिल सकती है। ऐसी आशा, ऐसा भ्रम पूरी तरह त्याग दिया गया है। इस भ्रम को त्यागना ही आत्मज्ञान कहलाता है। यही आत्मज्ञान है, और इससे अधिक कुछ नहीं।

और जब बाहर की सब वस्तुएँ इस अर्थ में एक सी दिखने लगें, जब 'सर्वं खल्विदं ब्रह्म' हो जाए, तो उसी स्थिति को फिर ब्रह्मलीनता या ब्राह्मी स्थिति कह देते हैं। तो आत्मज्ञान की स्थिति और ब्राह्मी स्थिति भी एक ही हुए।

जब भीतर आत्मज्ञान है, तो फिर बाहर ब्राह्मी स्थिति है। ब्राह्मी स्थिति यही है — जो कुछ देख रहे हो, कह रहे हो, 'सर्वं खल्विदं ब्रह्म'।

किस अर्थ में 'सर्वं खल्विदं ब्रह्म' है? 'ये सब मेरे लिए एक जैसा है। दिन और रात में प्रकाश का अंतर होगा, मेरे लिए प्रयोजन का अंतर नहीं है क्योंकि मेरा न दिन से कोई प्रयोजन बचा, न रात से कोई प्रयोजन बचा। मेरे सब प्रयोजन पूर्ण हो गए। मैं पूर्ण हो गया, मैं निवृत्त हो गया। निर्वाण है।'

सब एक है तो विवेक का क्या होगा फिर? विवेक तो सिखाता है कि अंतर करो। 'सर्वं खल्विदं ब्रह्म' — ये अंतिम स्थिति है। विवेक आवश्यक है साधक के लिए। विवेक को हड़बड़ी में, जल्दबाज़ी में त्याग नहीं देना है। अष्टावक्र कहते हैं एक स्थान पर, 'करोगे क्या विवेक का?' लेकिन यह बात अष्टावक्र को ही शोभा देती है।

जब ऐसे हो जाओ, जब हरे और पीले में, सर्दी और गर्मी में, धूप और छाँव में तुम्हारे लिए कोई अंतर न रह जाए, सिर्फ़ तब तुम अधिकारी हुए विवेक को त्यागने के। उससे पहले विवेक बहुत आवश्यक है। हड़बड़ी में घोषणा मत कर देना कि सब तो एक जैसा है। राम और रावण एक हैं, पाप और पुण्य एक हैं, तो हमें पाप ही कर लेने दो न। ये अनर्थ हो जाएगा। ये बड़ा कुतर्क है।

पहले भेद करना सीखना होता है। और यदि भेद करने में निष्णात हो गए, तो उसका प्रसाद ये मिलता है कि आगे भेद करने की कोई आवश्यकता बचती नहीं। पहले इसमें और उसमें अंतर करना सीखना होता है। और जिसने अंतर करने की कला साध ली, वो वहाँ पहुँच जाता है जहाँ वो निरंतर हो जाता है; फिर निरंतर में स्थापित हो गया, अब उसको अंतर करने की कोई ज़रूरत नहीं रह जाती।

उस स्थिति के लिए है 'सर्वं खल्विदं ब्रह्म!' सिर्फ़ उसी स्थिति के लिए। कोई भी महावाक्य आरंभिक स्तर की मानसिकता या चेतना पर लागू नहीं होता। कोई भी महावाक्य साधारण मन पर उपयुक्त नहीं होता। न तो आप 'तत्त्वमसि' कह सकते हैं, न 'अहं ब्रह्मास्मि' कह सकते हैं, न 'सोऽहं' कह सकते हैं, न 'सर्वं खल्विदं ब्रह्म' कह सकते हैं। ये बातें सिर्फ़ उनके लिए हैं जो अंतिम बिंदु पर पहुँच चुके हैं।

तो इन बातों की उपयोगिता क्या है फिर? महावाक्य हैं किसलिए?

महावाक्य इसलिए हैं ताकि आपको ये स्मरण कराते रहें कि आपकी स्थिति से आगे भी कुछ है। किसी एक बहुत दूर की जगह की झलक दे देते हैं वो। पर वो झलक आपको इसलिए नहीं देते कि आप कल्पना करने लग जाएँ कि आप बैठे-बिठाए ही उस जगह पर पहुँच गए।

दूर की किसी जगह की झलक आपको इसलिए दी जाती है ताकि आपमें प्रेरणा का संचार हो, ताकि होश बना रहे, ताकि आप ये न सोच लें कि आप अभी जहाँ फँसे हुए हैं फ़िलहाल, वहीं फँसे रहना आपकी नियति है। तो किसी दूर की जगह से एक बात आपको सुना दी जाती है। उसी से आपको प्रमाण मिल जाता है कि आप जहाँ हैं उससे बहुत दूर, बहुत आगे भी कुछ है।

आप फिर अपनी स्थिति को अंतिम मानने से बच जाते हैं। आपमें एक उत्साह का संचार होता है कि फ़िलहाल मेरे जो बंधन हैं, मैं इनके विरुद्ध संघर्ष कर सकता हूँ, तोड़ सकता हूँ। लेकिन ये मत कर लीजिएगा कि आप जिन बंधनों में बैठे हैं, उन बंधनों में बैठे-बैठे ही कहना शुरू कर दें 'सर्वं खल्विदं ब्रह्म'। वो नहीं, एकदम नहीं।

आप जहाँ बैठे हैं, वहाँ तो आपको विवेक चाहिए। और विवेक का भरपूर प्रयोग करें ताकि एक दिन आप उस सुरमय, शांतिपूर्ण, जगह पर पहुँच सकें जहाँ चारों ओर बस यही गुँजित है — सब एक है, सब एक है, सब एक है; सब ब्रह्म है।

एतद् वै तत्

एतद् वै तत्

यह वास्तव में वह है

~ कठोपनिषद्, अध्याय २, वल्ली २, श्लोक ४

आचार्य प्रशांत: 'एतद् वै तत्', कठोपनिषद् से। 'यह वास्तव में वह है', या 'वो है।' 'यह' किसके लिए? 'यह' कहा गया है उसके लिए जो चारों तरफ़ प्रतीत होता है, विस्तृत है, अनुभव्य है; पूरा संसार। उसको कहा गया है, 'यह'। यह सबकुछ जो आपके अनुभव में आता है जिसको आप देख सकते हैं, सुन सकते हैं, छू सकते हैं, नाम दे सकते हैं, यह सबकुछ वास्तव में वह है।

यह भी वर्णन आखिरी स्थिति का ही है, ठीक वैसे ही जैसे 'अहं ब्रह्मास्मि'। किस स्थिति का वर्णन है ये? जब जितने भेद दिख रहे होते हैं वो मन के लिए महत्वहीन हो जाते हैं; मन के लिए सारे भेद महत्वहीन हो गए, जो कुछ भी दिख रहा है वो मन के केंद्र पर कोई असर ही नहीं डाल रहा। कुछ भी दिख रहा हो यहाँ-वहाँ, मन एक बिंदु पर स्थित हो गया है। चारों तरफ़ डोलते दृश्यों के साथ मन अब डोल नहीं रहा, सिर्फ़ तब अधिकार मिलता है कहने का कि ये जो कुछ है, ये वही है।

'ये अपनेआप में अब कोई अर्थ नहीं रखता मेरे लिए। पेड़ है, खम्बा है, सड़क है, अलग-अलग व्यक्ति हैं, चारों तरफ़ बिखरे हुए विषय हैं विविध, ये सब हैं। नेत्रों के लिए इनकी परस्पर पृथक सत्ता है, ये अलग-अलग दिखाई देते हैं, पर मन के लिए इनकी भिन्नता में अब कोई अर्थपूर्णता नहीं बची है। अब यह नहीं कह पाऊँगा कि एक व्यक्ति दूसरे व्यक्ति की अपेक्षा अधिक महत्व रखता है मेरे लिए।'

कब होता है ऐसा? तब होता है जब मन संसार से अपेक्षा रखना छोड़ दे। कब छोड़ता है अपेक्षा? जब वो अपनेआप में संतुष्ट हो जाता है। मन संतुष्ट हो गया है। मन अपनेआप में पूरा हो गया है।

अब उसके सामने कुछ काला लेकर के आओ, उसे उससे क्या लेना-देना; उसे काले का उपयोग अब नहीं करना है अपनी तृप्ति, संतुष्टि के लिए। उसके सामने सफ़ेद लेकर के आओ, वो भी बात बराबर है। चाहे काला लाओ चाहे सफ़ेद लाओ, काला-सफ़ेद दोनों ही उसके लिए अर्थहीन हो गए।

आँखें अभी भी काले को काले की तरह ही देखेंगी, आँखें सफ़ेद को सफ़ेद की तरह देखेंगी। व्यावहारिक रूप से बुद्धि भी काले का एक इस्तेमाल कर लेगी, सफ़ेद

का दूसरा इस्तेमाल कर लेगी, लेकिन काला-सफ़ेद, दुनिया के समस्त भेद, ये अब अस्तित्वगत रूप से मन के लिए अर्थवान नहीं रहे।

सर्दी हो, गर्मी हो, स्त्री हो, पुरुष हो, अमीरी हो, गरीबी हो, लाभ हो, हानि हो — मन ठहर गया है, मन शांत हो गया है। मन अब ये नहीं कहेगा कि ये एक है, वो दो है, वो तीन है, वो चार है, वो पाँच है। जब मन ऐसे भेद गिनता है तो जान लो कि अभी मन भेदों में कहीं-न-कहीं अर्थ खोज रहा है।

अब मन कह रहा है, 'एतद् वै तत्', ये सबकुछ जो है वो एक ही है। वो एक क्या है? वो कोई बाहरी चीज़ नहीं है। वो मन अपनी केंद्रीय स्थिति का वर्णन कर रहा है जिसका वर्णन किया नहीं जा सकता, तो बस इतना कह दिया, 'तत्'; 'एतद् वै तत्', ठीक वैसे जैसे 'तत्त्वमसि'।

बाहर हज़ार चीज़ें हैं जो बदल रही हैं, भीतर कुछ है वो बदल नहीं रहा। ये वो स्थिति है जिसकी ओर उपनिषद् आप सबको लाना चाहते हैं — सम स्थिति।

तो क्या बाहर शेर खड़ा हो और खरगोश हो, मन दोनों को एक ही तरह देखेगा? नहीं, पर मन का कोई बिंदु रहेगा भीतर केंद्रीय जो शेर को देख कर डरेगा नहीं। आँखों ने शेर को देखा, सूचना बुद्धि के पास पहुँची, बुद्धि ने स्मृति से पता किया कि शेर एक खतरनाक जीव होता है। बुद्धि शायद टाँगों को आदेश देगी कि चलो, यहाँ से हटो। लेकिन इस पूरी प्रक्रिया में आपकी जो केंद्रीय और गहन शांति है, वो भंग नहीं होगी। मन अभी भी 'तत्' के साथ ही रहेगा, इंद्रियाँ चाहे जो कर रही हों। ज्ञानेंद्रियों ने देख लिया, भीतर बुद्धि ने, जो सूचना आयी, उसके आधार पर निष्कर्ष ले लिया, और फिर कर्मेंद्रियों ने दौड़ लगा दी कि वहाँ से हटो अब।

ये सबकुछ चल रहा है, भीतर आप विश्राम में हैं। बाहर-बाहर खेल चल रहा है, भीतर जैसे कोई सो रहा है। भीतर कोई है जिसको बाहर के खेल से कोई अंतर ही नहीं पड़ रहा, जिसके लिए बाहर के खेल के सब तत्व, सब पात्र एक बराबर हैं। उन सबको एक बराबर रखकर वो कह रहा है, 'एतद् वै तत्' — ये जो कुछ है वही है। इनमें मुझे कोई भेद नहीं दिखता। इन सबको मैं एक संयुक्त, साझा नाम दे देता हूँ — ये वही हैं। नाम क्या है? नाम कुछ नहीं है। नाम तो जिनका होता है वो सब बाकी दुनिया के विषय होते हैं। पर फिर भी इशारा करना है तो कह दिया 'तत्', 'वह'।

सारे औपनिषदिक साहित्य का उद्देश्य आपको दुख से मुक्ति दिलाना है, और दुख है संसार का दास बन जाने में। दुख है सर्दी में सर्द हो जाने में, गर्मी में गर्म हो जाने में। पहाड़ पर चढ़ गए तो ऊँचे हो गए, खाई में गिर गए तो नीचे हो गए। पहाड़ पर आपका शरीर चढ़ जाए, आप न चढ़ें। खाई में आपका शरीर गिर जाए, आप न गिरें। आप कहाँ रहें? आप जहाँ के हैं आप वहीं के रहें। वो जगह संसार की नहीं है। वो जगह संसार से अस्पर्शित रहनी चाहिए, अनछुई!

अमीरी में आप अमीर हो जाते हैं, गरीबी में आप गरीब हो जाते हैं। अमीरी में आपको अमीर नहीं हो जाना है, गरीबी में आपको गरीब नहीं हो जाना है। हुआ होगा कोई जिसका कोई नाम है, जिसकी कोई देह है, वो अमीर हो गया, ठीक है। फिर कोई दिन आया, उसका पैसा छिन गया, वो गरीब हो गया; आप जहाँ थे वहीं रहें। जो आपका मूल स्वरूप है, आप उसी में स्थापित रहें। आप पूर्ण हैं, पूर्ण रहें। अमीरी आपमें कुछ जोड़ नहीं सकती, गरीबी आपमें कुछ घटा नहीं सकती।

ये वेदान्त का संदेश है। जो ऐसा रहने के लिए संकल्पित हो जाता है, वही फिर जीवन में आनंदित रहता है और मुक्त हो पाता है।

नायमात्मा बलहीनेन लभ्यो

नायमात्मा बलहीनेन लभ्यो

जो बलहीन होता है उसको आत्मा प्राप्त नहीं होती।

~ मुण्डकोपनिषद्, तृतीय मुण्डक, द्वितीय खंड, श्लोक क्रमांक ४

आचार्य प्रशांत: “नायमात्मा बलहीनेन लभ्यो”, मुण्डक उपनिषद्। “जो बलहीन होता है उसको आत्मा प्राप्त नहीं होती।” उसे आत्मा का लाभ नहीं होता। हम सोचते हैं कि यहाँ कहा जा रहा है कि आत्मा प्राप्त करने के लिए बल चाहिए। उससे बेहतर तरीका है इस श्लोक को देखने का कि समझो कि ये श्लोक बल की परिभाषा बता रहा है।

बल फिर क्या हुआ? सारा बल मन के आत्मा के प्रति खिंचाव में है। उसी को बल कहते हैं। इस श्लोक से ये अर्थ मत लगा लीजिएगा कि जो बलवान होते हैं उनको आत्मा मिलती है।

बलवान माने क्या? कहाँ से बलवान? बुद्धि से बलवान, शरीर से बलवान, धन से बलवान। कैसा बल? बात कुछ और है। आपमें अगर आत्मा के प्रति लगाव है तो आप बलवान हैं।

बलवान होकर आप आत्मा को नहीं पाएँगे, आत्मा को पाना चाहते हैं तो बलवान हो जाएँगे। ये दोनों बहुत अलग-अलग बातें हैं। और बस इन्हीं दो बातों से दुनिया में दो श्रेणी के लोग पैदा हो जाते हैं, लोगों में दो श्रेणियों का विभाजन हो जाता है। एक वो जो सोचते हैं कि पहले बल इकट्ठा करेंगे उससे आत्मा मिल जाएगी।

आत्मा माने क्या? आत्मा माने आनंद, तृप्ति, अंतिम संतुष्टि, उसको आत्मा कहते हैं। तो एक श्रेणी के लोग वो होते हैं जो कहते हैं, ‘पहले बल पैदा करेंगे और उस बल से फिर हमें आत्मा मिल जाएगी।’ ये आम संसारी है। वो ज़िन्दगी भर यही करता रहता है। वो कहता है, ‘मुझे इस तरह का बल मिल जाए, उस तरह का बल मिल जाए, मैं ऐसे संसाधन जुटा लूँ, मैं इस तरह की सुरक्षा, सिक्योरिटी वगैरह सब अपने लिए कर लूँ। और ये सब कर लूँगा तो मुझे आत्मा मिल जाएगी।’ आत्मा माने तृप्ति, कंटेट्नमेंट।

ये गलत है बात! तो इस श्लोक का वो वाला अर्थ नहीं कर लेना है कि पहले बल आएगा, फिर आत्मा आएगी। न, श्लोक का अर्थ बिलकुल दूसरा है। श्लोक का अर्थ है आत्मा उसको मिलती है जिसको आत्मा से प्रेम होता है; ये अर्थ है।

‘नायमात्मा बलहीनेन लभ्यो’ — आत्मा उसको मिलती है जिसको आत्मा से प्रेम होता है; और कुछ चाहिए ही नहीं। और कोई अर्हता नहीं है, किसी तरह की और कोई

पात्रता, एलिजिबिलिटी दिखानी नहीं है, प्रेम चाहिए। प्रेम है तो बल आ जाएगा। प्रेम ही बल है। जिसको आत्मा से प्रेम है उसको आत्मा मिल जाएगी।

तो आत्मा, उपनिषद् कहता है, बहुत ज्ञानी को नहीं मिलती, बहुत प्रवचन करने वाले को नहीं मिलती। इस तरह के कई कोटि के लोग हैं जिनको उपनिषद् नकार देता है कि नहीं-नहीं-नहीं। बहुत सुनने वाले को भी नहीं मिलती, बहुत बोलने वाले को भी नहीं मिलती, बहुत श्रम करने वाले को नहीं मिलती। तो किसको मिलती है? बहुत प्रेम करने वाले को मिलती है।

जिसको प्रेम है आत्मा से उसे आत्मा मिल जाएगी। प्रेम ही बल है। आपके जीवन में अगर आपको बल की कमी लगती है, अगर आपको लगता है कि ताकत नहीं है आपके पास, तो आपको प्रेम चाहिए। ताकत की कमी इसलिए नहीं होती कि आपने संसार में संसाधन नहीं जुटाए। हम सोचते हैं कि मेरे पास ताकत इसलिए नहीं है क्योंकि मेरे पास पैसा नहीं है। नहीं, तुम्हारे पास ताकत इसलिए नहीं है क्योंकि तुम्हारे पास प्रेम नहीं है।

प्रेम का बल पैसे और अन्य संसाधनों के बल पर हमेशा भारी पड़ेगा। और ये बहुत ज़बरदस्त गलतफ़हमी है कि अगर आप कमज़ोर हो तो इसलिए क्योंकि आपको अच्छा अतीत नहीं मिला, या अच्छी शिक्षा नहीं मिली, या अच्छी संगति नहीं मिली, या आप अच्छी जगह पर नहीं हुए, या अच्छा पैसा नहीं है आपके पास।

लोग इसी तरह के कारण गिनाते हैं ये बताते हुए कि वो कमज़ोर क्यों हैं। वो कहते हैं, 'मैं कमज़ोर इसलिए हूँ क्योंकि मेरा परिवार कमज़ोर था।' नहीं, आप कमज़ोर इसलिए हो क्योंकि आपके पास प्रेम नहीं है। और कोई वजह नहीं होती है बलहीनता की।

प्रेमहीनता ही बलहीनता है। प्रेम से बड़ा बल कोई दूसरा होता नहीं। मैं कह सकता हूँ, प्रेम के अलावा कोई दूसरा बल होता ही नहीं। तो ताकत सबको चाहिए, लेकिन ताकत वैसे नहीं मिलेगी जैसे आप सोचते हो। बंदूक से नहीं ताकत आ जाएगी। आप सोचते हो जेब में पैसा और कंधे पर बंदूक रख कर चलोगे तो आप ताकतवर हो गए। नहीं, ताकत वहाँ से नहीं आएगी।

ताकत ऐसे भी नहीं आएगी कि आप समाज में ऊँचे-ऊँचे लोगों को जानते हो या आपने अमीर लोगों से संबंध बना लिये, रिश्ते कर लिये, तो आप में ताकत आ जाएगी। न, वहाँ से भी नहीं आएगी। आत्मा से रिश्ता बनाने पर बल आता है। ताकतवर और प्रसिद्ध लोगों से रिश्ता बनाने पर कोई बल नहीं आ जाएगा। जिसने आत्मा से रिश्ता बना लिया उसको बल मिल गया।

अब समझ में आ रहा है क्यों 'नायमात्मा बलहीनेन लभ्यो'?

अरे! बलहीन माने? प्रेमहीन। तो जब आत्मा से प्रेम ही नहीं है तो तुम्हें आत्मा क्यों मिलेगी? ठीक है? तो कुल मिला-जुलाकर समझना इसको, बल माने प्रेम। प्रेम ही बल है। ज़िन्दगी में अगर कमज़ोरी पा रहे हो, डरे-डरे रहते हो, असुरक्षित रहते हो, तो कारण बस एक है — प्यार नहीं है तुम्हारे पास। प्रेमहीन हो, लवलेस हो।

प्रेम जाना होता तो कमज़ोर नहीं रह सकते थे। दुनिया की सारी ताकत बस उसी में है, प्रेम में। प्रेम है जो आपको ताकत के अक्षय स्रोत से जोड़ देता है। तो प्रेम में ही ताकत है। ताकत का अक्षय स्रोत क्या? आत्मा। प्रेम पुल बन जाता है आपके और आत्मा के बीच में। तो आपको भी ताकत मिलने लग जाती है।

मन एव मनुष्याणां कारणं बन्धमोक्षयो:

मन एव मनुष्याणां कारणं बन्धमोक्षयो:

'मन' ही मनुष्यों के बंधन और मोक्ष का कारण है।

~ ब्रह्मबिंदुपनिषद्, श्लोक २

आचार्य प्रशांत : "मन एव मनुष्याणां कारणं बन्धमोक्षयो:", ब्रह्मबिंदुपनिषद्।

मन ही मनुष्यों के लिए बंधन और मुक्ति दोनों का कारण है। कितनी सुंदर बात है! कितनी सरल, कितनी आखिरी! जैसे ऋषि हमारे लिए कोई जटिलता, कोई समस्या छोड़ ही न देना चाहते हों। जैसे उनको पता हो कि अगर हमारे अनुमान, हमारी कल्पना, हमारे विचार के लिए उन्होंने थोड़ा सा भी स्थान छोड़ दिया, हमें भटकने की अगर उन्होंने थोड़ी सी भी छूट दे दी, तो हम जान-बूझकर ही भटक जाएँगे।

बात उन्होंने ऐसी कर दी है जिसके बाद भटकने के लिए कोई सम्भावना बचती ही नहीं। मन ही सबकुछ है। एक बिंदु पर लाकर उँगली रख दी है, ब्रह्मबिंदुपनिषद् है, और कह दिया है, 'इस बिंदु के अतिरिक्त और कुछ नहीं।' बस ये एक बात जान लो, ये एक सूत्र जान लो; इसी एक सूत्र में जैसे सारे महावाक्य समाहित हों।

"मन एव मनुष्याणां कारणं बन्धमोक्षयो:" — मन ही सबकुछ है। हटाओ जटिलताएँ सारी, कितने तुमने शब्द पकड़ लिये, कितने सिद्धांत, कितनी बातें, कितने मार्ग, कितने ग्रंथ, कितनी धाराएँ, वो सारी बात एक जगह जाकर के रुक जाती है — मन की हालत क्या है? नहीं, 'हालत' भी जैसे उतना सटीक नहीं हुआ — मन की 'नीयत' क्या है? क्योंकि मन की नीयत ही तय करेगी कि मुक्ति मिलती है या बंधन।

नीयत कैसे तय करेगी? ऐसे कि जो चाहोगे, जिसकी नीयत होगी, जिसकी इच्छा होगी, वही मिल जाना है। बंधन चाहोगे, बंधन मिल जाएगा; मुक्ति चाहोगे, मुक्ति मिल जाएगी। मन के इरादे, मन की जिज्ञासा, मन के झुकाव, मन की कामना, मन के प्रेम के अतिरिक्त जैसे और किसी बात का कोई महत्व होता ही नहीं। क्या चाह रहे हो? तुम्हारा मन व्याकुल किसके लिए है? किसकी ओर झुके हुए हो? किसके लिए आतुर हो? प्रेम किससे करते हो? बस, कुल इतनी सी बात है!

मुक्ति से प्रेम करते हो, मुक्ति तुम्हारे लिए तैयार खड़ी है। तमाम तरह के बंधनों से मोहित हो, लालायित हो, लोभित हो, बंधन भी मिल जाएँगे। 'मन एव!' — 'एव' का बड़ा महत्व है। 'मन ही!' और किसी भी तत्व को पूरी तरह नकार दिया गया है तुम्हारी स्थिति के संदर्भ में। जीव की, मनुष्य की जो भी स्थिति चल रही है, उसका कारण 'मन एव' है, मन ही, मन के अतिरिक्त कोई नहीं।

दोष मत दे देना कि संसार की वजह से हुआ, या और बहुत बातें थीं। जन्म से ही स्थितियाँ ठीक नहीं मिलीं, कुछ संयोग घटित हो गए, या दुर्भाग्य रह गया — इस तरह के कोई बहाने मत बना लेना।

मन! और मन की स्थिति क्या है, इस पर नियंत्रण पूरा है तुम्हारा। तुम तय करते हो। मन तुम्हारे पीछे-पीछे चलता है। ये जो तय करने का हमारे पास सामर्थ्य है, क्षमता है, शक्ति है, स्वतंत्रता है, यही सबकुछ है। यही स्वतंत्रता अगर बिगड़ गई तो हमें बंधनों में फँसा देती है। यही स्वतंत्रता यदि प्रेम की तरफ़ झुक गई, मुक्ति की तरफ़ झुक गई, तो आपको आकाश दिला देती है। मन के अलावा कुछ नहीं। 'मन एव!' मन ही!

ऋषि हमें भटकने की ज़रा सी भी मोहलत देना ही नहीं चाहते। उन्हें पता है कि थोड़ा सा भी अवकाश दिया, ज़रा सी ढील दी तो पतंग हमारी कट ही जानी है। वो ढील हमें नहीं दे रहे। उन्होंने कह दिया, 'मन ही', बाँध दिया हमको। मन के अतिरिक्त कुछ नहीं। मन पर नज़र रखो, सारा अध्यात्म यही है।

वेदान्त की कुल बात यही है — मन ही सबकुछ है। मन का हाल-चाल लेते रहो। मन के मौसम की जानकारी लगातार मिलती रहे। अवलोकन रुकना नहीं चाहिए। यही आत्मज्ञान है — निरंतर मन का पता हो। ये न हो कि मन के आकाश पर बादल घिर आए हैं, और आपने छत पर पापड़ सूखने को डाल दिये हैं। ये न हो कि मन में आँधी-तूफ़ान चल रहा है, और आप निर्भय-निष्कंटक पर्यटन पर निकल रहे हैं।

पता रखे रहो मन में चल क्या रहा है, और इतना नहीं आसान होता। तो कहोगे, 'मेरा ही मन है, मुझे तो पता ही होगा।' किसको अपने बारे में बहुत पता होता है! आत्मज्ञान इतना सहज होता तो सभी आत्मज्ञानी होते। हमें नहीं पता होता है कि हमारे भीतर क्या हो रहा है। हम अपने ही मन से परिचित नहीं होते। मन को देखते रहो — यही आत्मज्ञान है।

देखोगे तो संभव है, अपेक्षित है बल्कि, कि कोई बहुत सुंदर दृश्य देखने को नहीं मिलेंगे; क्योंकि भीतर हमारे अधिकांश कूड़ा-कचरा ही होता है। तो वितृष्णा में मुँह मत फेर लेना, डर मत जाना, और ग्लानि में दबकर के स्वयं से झूठ मत बोलने लगना; जो भी दिखाई दे, उसे देखे जाना।

अच्छा कुछ दिखाई नहीं देगा, लेकिन 'देखना' अच्छा है; ये अंतर समझो। बात ये नहीं है कि दृश्य कैसा दिखाई दे रहा है, बात ये है कि द्रष्टा की नीयत साफ़ है या नहीं। दृश्य अच्छा नहीं दिखाई देगा, लेकिन 'देखना' अच्छी बात है। उसे देखो, देखने से ही सफ़ाई हो जाती है। दृश्य तो द्रष्टा का प्रतिबिंब मात्र है। द्रष्टा साफ़ होगा, दृश्य अपनेआप ठीक हो जाएगा।

द्रष्टा साफ़ होगा देखने से ही। कूड़ा-कचरा भी अगर ईमानदारी से देखोगे तो द्रष्टा साफ़ हो जाता है। बात ईमानदारी की है। वही बात, कि नीयत क्या है। नीयत ठीक

होनी चाहिए। नीयत ठीक है तो सब ठीक हो जाता है। "मन एव मनुष्याणां कारणं बन्धमोक्षयो:।"

संसार से मुक्त कर देती हैं ये पंक्तियाँ हमें! संसार नहीं तुम्हारे सुख या दुख, संपदा या विपदा का कारण है, तुम स्वयं हो। कितनी बड़ी शक्ति मिल गई न! कितना बड़ा सामर्थ्य! लेकिन साथ-ही-साथ जो सुख मिलता था अपनी स्थिति के लिए दूसरों को दोष देने में, उस सुख का भी त्याग करना पड़ेगा।

अपने जीवन पर जिनको शक्ति चाहिए हो, उनको दुर्बलता से मिलने वाले सुख का त्याग करना होता है। दुर्बलता में कई तरह के सुख होते हैं, हम जानते ही हैं। एक तो ये कि सहारा मिल जाता है; दूसरी बात, अपनी स्थिति के लिए दूसरों को उत्तरदायी ठहराने का भी एक रस होता है। इन सब रसों-सुखों को दूर करना पड़ेगा, तब जाकर के अपने जीवन पर अधिकार का आनंद मिलता है।

ऋषि हमें समझाते हैं, 'उस आनंद से बड़ा कुछ नहीं, वो आनंद ही आत्मा है। वही है जो पूर्ण स्वतंत्र है। वही है जिसके ऊपर किसी का बस नहीं चलता। वही है जो एकछत्र है। वही है जो कूटस्थ है। वही है जो अद्वितीय है।'

कुछ अपने साथ अच्छा हो रहा हो, मन की ओर देख लेना; अच्छाई वहाँ होनी चाहिए। कुछ अपने साथ बुरा हो रहा हो, मन की ओर देख लेना; बुराई पहले वहाँ मिलेगी। बस इतना ही।

तत्सत्यं स आत्मा

स य एषोऽणिमैतदात्म्यमिद सर्वं तत्सत्यं स आत्मा तत्त्वमसि श्वेतकेतो इति भूय एव मा भगवान्विज्ञापयत्विति तथा सोम्येति होवाच।।

वह जो यह अणिमा है, एतद्रूप ही यह सब है। वह सत्य है, वह आत्मा है। और हे श्वेतकेतो! वही तू है। ऐसा कहे जाने पर श्वेतकेतु बोला – 'भगवन्! आप मुझे फिर समझाइए'। तब आरुणि ने 'अच्छा सोम्य!' ऐसा कहा।

~ छान्दोग्योपनिषद्, षष्ठाऽध्यायः, अष्टमः खण्डः, श्लोक ७

आचार्य प्रशांत: "तत्सत्यं स आत्मा।" वेदान्त का जो बड़े-से-बड़ा योगदान रहा है मानवता को, वो ये बताने में है कि सत्य न तो संसार में है, न ही संसार के पार किसी ईश्वरीय ताकत में है।

देखिए, दो तरह के लोग होते हैं आमतौर पर। एक जिनको हम कह देते हैं पदार्थवादी, भौतिकता से ग्रस्त, मटीरियलिस्ट (भौतिकवादी), उनका सत्य संसार में होता है। वो कहते हैं, 'फ़लानी चीज़ सत्य है, ढिकानी चीज़ सत्य है, और इन चीज़ों को पा लेंगे तो ज़िन्दगी बच जाएगी।' या कई बार वो कहते हैं कि दुनिया में ही कुछ चीज़ें हैं जो गड़बड़ हैं, उनसे अगर हम अपनी रक्षा कर लेंगे तो भी जीवन सफल हो जाएगा। ये सब भौतिकतावादी लोग हैं, मटीरियलिस्ट हैं। इन्होंने सत्य को संसार में बैठा रखा है।

सत्य किसको कहते हैं? जिसमें तुम्हारा दृढ़-से-दृढ़ विश्वास हो कि वो बदल नहीं सकता, तुम्हें धोखा नहीं देगा, उसको सत्य बोलते हैं। शास्त्र कहते हैं कि जो नित्य है, वही सत्य है। सत्यता की पहचान ही नित्यता है। नित्यता माने क्या? जो आज है, वही कल रहेगा। समय की धारा जिस पर कोई प्रभाव नहीं डाल सकती। जो समय से परे है, वो सत्य है। तो माने जिस पर तुम्हारा पूरा निश्चय हो जाए, यकीन हो जाए, उसे सत्य बोलते हैं।

ज़्यादातर लोगों का तो पूरा यकीन दुनिया पर ही रहता है, संसार पर ही रहता है। तो ये पहली कोटि के लोग हुए जो संसार पर बड़ा दृढ़ निश्चय किये हैं।

फिर आता है तथाकथित धार्मिक आदमी, ये दूसरी कोटि का है। ये क्या करता है? ये कहता है, 'ये दुनिया जो है, ये तो छलावा है। इसमें कुछ नहीं रखा। और दुनिया से बड़ी बात, दुनिया से बेहतर बात कोई ईश्वर है, जो कहीं आसमानों में, किसी और लोक पर बैठा है। और वहाँ बैठकर के वो इस धरती का, पूरे जगत का संचालन कर रहा है।' तो इस किस्म के लोगों ने किसी और लोक की कल्पना की और सत्य को वहाँ बैठा दिया, कि सत्य वहाँ बैठा है।

तो दो तरह के लोग हमको मिल गए फिर — सांसारिक और धार्मिक। जो सांसारिक आदमी है वो कहता है, 'संसार में सत्य है।' जो धार्मिक आदमी है वो कहता है, 'किसी और लोक में सत्य है, जहाँ पर भगवान या ईश्वर बैठा हुआ है।'

वेदान्त बिलकुल अलग है। और वेदान्त जो बात कहता है वो साधारणतया कभी आपकी कल्पना में आती ही नहीं, इसलिए हमें ऋषियों के अनुगृहीत होना चाहिए।

वेदान्त कहता है, 'न तो इस दृश्य-लोक में, न ही किसी और लोक में, सत्य सिर्फ़-और-सिर्फ़ तुम्हारे भीतर है।'

'वो जो आत्मा है, वही सत्य है', जो कि छांदोग्य उपनिषद् का ये श्लोक हमसे कह रहा है। जो आत्मा है, वही सत्य है। आत्मा के अलावा कोई सत्य नहीं। और ये बहुत बड़ी बात है, क्योंकि एक तो ये आपके भीतर से इस भ्रम को हटा देती है कि बाहर वाले आप किसी की पूजा कर लोगे, चाहे बाहर के किसी पदार्थ की, चाहे बाहर के किसी ईश्वर की, तो उससे आपको कुछ मिल जाएगा। ये बात आपको बार-बार आपके भीतर भेजती है। अपने मन को देखो, क्योंकि बाहर के संसार को जो देख रहा है वो भी तुम्हारा मन है, और किसी और लोक के ईश्वर की जो कल्पना कर रहा है, वो भी तुम्हारा मन ही है। तो तुम्हारा मन ही सबकुछ है। जो लोग संसार को पूजते हैं, वो भी एक तरह से अपने मन को ही पूज रहे हैं; क्योंकि संसार क्या है? मन का प्रक्षेपण है।

और जो लोग किसी काल्पनिक ईश्वर को पूजते हैं, वो भी अपने ही मन को पूज रहे हैं, क्योंकि उस ईश्वर की कल्पना तुम्हारे ही मन ने की है।

वेदान्त कहता है, 'जब मन ही सबकुछ है, तो मन की शुद्धता ही जीवन का आखिरी औचित्य है। मन को साफ़ करो। साफ़ मन को ही आत्मा कहते हैं, और वही सत्य है। उसके अलावा कोई दूसरा सत्य होता नहीं।'

वेदान्त ने सब झाड़-झंखाड़, घास-फूस काट डाला, कोई भ्रम नहीं छोड़ा। सफ़ाई कर दी बिलकुल। सारे बादल छाँट दिये। कुल मिलाकर ये एक बात बोल दी, 'न हमें दुनिया से कोई लेना-देना है, न किसी तथाकथित दुनिया बनाने वाले से कोई लेना-देना है। न नीचे वालों से हमारा कोई बड़ा मतलब है, न ही किसी काल्पनिक ऊपर वाले से हमारा बड़ा मतलब है।'

न नीचे वाला, न ऊपर वाला; हमारा कौन है बस? अंदर वाला, भीतर वाला। ये वेदान्त है। सत्य तुम्हारे ही भीतर है, और अगर तुम उसको वहाँ नहीं पा सकते, अपने भीतर, तो तुम कहाँ पाओगे?

"मोको कहाँ ढूँढे बंदे, मैं तो तेरे पास में"

~ कबीर साहब

संतों ने बाद में यही बात हमको गा-गाकर समझायी। समझ हम तब भी नहीं पाए, वो अलग बात है।

तो अपनी शुद्धि करो। अपने मन की शुद्धि करो। मन तुम्हारा जैसा होगा, संसार तुम्हें वैसा ही दिखता है, "यथा दृष्टि तथा सृष्टि।" इसी तरीके से मन तुम्हारा जैसा होता है, उसी के अनुसार तुम किसी परलोक की या पारलौकिक ईश्वर की कल्पना कर लेते हो। मन को साफ़ करो।

मन ही साफ़ होकर के जिस जगह पहुँच जाता है उसका नाम आत्मा है। और उस आत्मा के अतिरिक्त कोई दूसरा सत्य होता ही नहीं है।

मन को गंदा क्या करता है? यही सब जो आपके रोज़मर्रा के अनुभव में आपके गुण-दोष आते हैं, यही मन की गंदगी माने जाते हैं। आपका मोह, आपका भय, जो आपके भीतर भ्रम है, ईर्ष्या है, नशा है — यही सब मन के दोष हैं। इन्हीं की सफ़ाई करनी होती है। यही असत्य हैं। इनको साफ़ कर दिया तो जो शेष रह जाता है वो सत्य है। उसी का नाम आत्मा है। वही वास्तविक 'मैं' है।

और जब कहते हो दुनिया में आपकी बड़ी निष्ठा है, तो यही तो कहते हो न, 'मेरी दुनिया।' आपने ही तो देखी है दुनिया, और किसकी दुनिया होती है! इसी तरह से आप बोलते हो आपकी किसी ईश्वर में बड़ी निष्ठा थी, तो यही तो बोलते हो न, 'मेरा भगवान', आपका ही तो भगवान है।

तो जब दुनिया से भी पहले 'मैं' को ही आना है, 'मेरी दुनिया', और ईश्वर से भी पहले 'मैं' को ही आना है, तो वेदान्त कहता है, 'भाई! बाकी बातें छोड़ो। पहले 'मैं' की सफ़ाई कर लो।' इस 'मैं' की जिसने सफ़ाई कर ली, वो तर गया। साफ़ 'मैं', शुद्ध 'मैं' को ही आत्मा कहते हैं। ये हमको यहाँ पर उपनिषदों के ऋषि शिक्षा दे रहे हैं।

कहीं इधर-उधर मत पड़ो, कहीं मत भटको। पहले खुद को साफ़ करो। जीवन तुम्हारा इसीलिए है कि स्वयं को अज्ञान के बंधन से मुक्ति दो। हमारा जन्म, हमारा जीवन तरह-तरह के बंधनों में है। और उन सब बंधनों में जो मूल बंधन है वो है — अज्ञान, नासमझी, बेहोशी; हम जानते नहीं हैं।

तुम जानो! जब जान जाओगे तो फिर ये भी जान जाओगे कि दुनिया में सही कर्म क्या करना है। लेकिन तुम स्वयं को ही नहीं जानते — स्वयं को माने किसको? जो बंधनों में बँधा हुआ 'मैं' है, तुम उसको ही नहीं जानते, तो तुम दुनिया में कर्म क्या करोगे! जब तुम्हें यही नहीं पता तुम कौन हो, तो तुम्हें कैसे पता चलेगा कि तुम्हें करना क्या चाहिए? वेदान्त कहता है, 'देखो, तुम कौन हो। तुम एक बद्ध और पीड़ित चेतना हो।'

अब जान लो कि तुम्हें जीवन में वो सारे कर्म चुनने हैं जो तुम्हें बंधन और पीड़ा से मुक्ति दिला दें। उसी मुक्ति का नाम सत्य है। उसी मुक्ति का नाम आत्मा भी है।

और ये बात प्रकृति के इतनी विपरीत जाती है, हमारी साधारण सोच के इतनी विपरीत जाती है कि मैं कह रहा था कि ऋषियों का हमें बहुत ज़्यादा कृतज्ञ होना चाहिए; बड़ा उन्होंने हमें उपकृत किया। नहीं तो ख़ुद बैठकर के तो दस-हज़ार साल में आदमी ये बात न सोच पाए कि बाहर कुछ नहीं है, बाहर को देखने वाला 'मैं' ही हूँ।

तो सच्चाई भी अगर जाननी है तो पहले भीतर की सफ़ाई करनी पड़ेगी। जब देखने वाली आँखें ही साफ़ नहीं हैं, तो बाहर कैसे सच्चाई दिखेगी आपको! तो ये बात स्वयं तो आदमी कभी न सोच पाता।

भारत का ये बड़े-से-बड़ा उपहार रहा है पूरे विश्व को — आत्मा, सेल्फ़। इतनी विश्व में धार्मिक परंपराएँ हुई हैं, धाराएँ हुई हैं; आत्मा लेकिन भारत की विशिष्ट देन है। आत्मा की बात आपको कहीं नहीं मिलेगी। बाहर आपको 'रूह' वगैरह की बात मिल जाती है। 'सोल' वगैरह की बात कर लेते हैं, पर वो 'आत्मा' नहीं है, वो तो 'मन' ही है।

'आत्मा' बिलकुल एक अलग आयाम की बात है। और वो बात किसी ने नहीं की। वो बात सिर्फ़ वेदान्त ने की है, इसीलिए वेदान्त सभी प्रकार के दर्शन में सर्वोपरि है। और सभी प्रकार की धार्मिक धाराओं का आधार है वेदान्त। मैं कहता हूँ कि दुनिया का कोई भी आपको धर्मग्रंथ यदि समझना है, तो पहले आपको वेदान्त समझना पड़ेगा। वेदान्त समझ लीजिए तो बाकी सब धर्मग्रंथ आपको समझ में आ जाएँगे।

दुनिया में धर्म के नाम पर जो इतना कलह, क्लेश, लड़ाई है, वो भी इसीलिए है क्योंकि लोग अपने धर्मग्रंथों को ही समझते नहीं। ज़्यादातर लोग तो खैर पढ़ते भी नहीं हैं, पर जो पढ़ भी लेते हैं, वो समझते नहीं हैं। क्यों नहीं समझते? क्योंकि उन्हें वेदान्त की शिक्षा नहीं मिली है। दुनिया का कोई भी ग्रंथ आपको जानना है तो पहले आपको वेदान्त समझना पड़ेगा, क्योंकि बात सारी मन और आत्मा की है, बस।

बाकी तो जितने शब्द हैं, वो सब मन और आत्मा का किसी-न-किसी रूप में प्रतिनिधित्व बस करते हैं। तो मन, मन, मन — सबकुछ मन मात्र है। सब बंधन मन है, सब अनुभव मन है, जन्म मन है, मृत्यु मन है, और इस पूरे चक्र में जो पीड़ा पा रहा है, उसका नाम भी मन ही है। मन के अतिरिक्त तथ्य कुछ नहीं; आत्मा के अतिरिक्त सत्य कुछ नहीं। बस, इतनी सी कुल वेदान्त की सीख है।

मन के सिवा कोई तथ्य नहीं होता — और यहाँ तथ्य और कल्पना एक में आ गए, मन ही है जो तथ्य देखता है, और मन ही है जो कल्पना करता है।

मन के अतिरिक्त कोई तथ्य नहीं होता, और आत्मा के अतिरिक्त कोई सत्य नहीं होता। आत्मा तक जाना ही जीवन का लक्ष्य है। वही एकमात्र सत्य है, बाकी सब कपोल-कल्पना।

नमस्कार!

धर्मं चर, धर्मान्न प्रमदितव्यम्

वेदमनूच्याचार्योऽन्तेवासिनमनुशास्ति। सत्यं वद। धर्मं चर। स्वाध्यायान्मा प्रमदः। आचार्याय प्रियं धनमाहृत्य प्रजानन्तुं मा व्यवच्छेसीः। सत्यान्न प्रमदितव्यम्। धर्मान्न प्रमदितव्यम्। कुशलान्न प्रमदितव्यम्। भूत्यै न प्रमदितव्यम्। स्वाध्यायप्रवचनाभ्यां न प्रमदितव्यम्।।

वेद के शिक्षण के पश्चात् आचार्य आश्रमस्थ शिष्यों को अनुशासन सिखाता है। सत्य बोलो। धर्म सम्मत कार्य करो। स्वाध्याय के प्रति प्रमाद मत करो। आचार्य को जो अभीष्ट हो वह धन (भिक्षा से) लाओ और संतान-परंपरा का छेदन न करो (यानी गृहस्थ बनकर संतानोत्पत्ति कर पितृऋण से मुक्त होओ)। सत्य के प्रति प्रमाद (भूल) न होवे, अर्थात् सत्य से मुख न मोड़ो। धर्म से विमुख नहीं होना चाहिए। अपनी कुशल बनी रहे, ऐसे कार्यों की अवहेलना न की जाए। ऐश्वर्य प्रदान करने वाले मंगल कर्मों से विरत नहीं होना चाहिए। स्वाध्याय तथा प्रवचन कार्य की अवहेलना न होवे।

~ तैत्तिरीय उपनिषद्, शिक्षावल्ली, अनुवाक ११, मंत्र १

आचार्य प्रशांत: "धर्मं चर, धर्मान्न प्रमदितव्यम्", तैत्तिरीय उपनिषद् से है। धर्म पर चलो, धर्म का आचरण करो, और धर्म से कभी डिगना नहीं चाहिए।

आमतौर पर उपनिषदों का आचरण से बड़ा कम सम्बन्ध रहता है। उपनिषद् जानने की, बोध की, ज्ञान की बात करते हैं। आचरण कैसा करना है कैसा नहीं, ये बातें जो निम्नतर ग्रंथ हैं उनके लिए छोड़ दी जाती हैं। नीति-शास्त्र हो गए, और अन्य तरीके की पुस्तकें हैं जो बताती हैं कि फ़लानी चीज़ अच्छी है, बुरी है, पाप है, पुण्य है, उचित है, अनुचित है। ये सब काम उपनिषद् साधारणतया करते नहीं।

फिर यहाँ पर तैत्तिरीय क्यों कह रहा है, 'धर्मं चर', धर्म से डिगो मत? कारण है। हर व्यक्ति की जिज्ञासा तो यही होती है न, 'करूँ क्या?' तो ऋषि ने अपने ही बड़े सूक्ष्म तरीके से बता दिया है कि धर्म करो! और साथ-ही-साथ फिर ऋषि बार-बार ज़ोर देते हैं होने पर, कि तुम्हारी जो आंतरिक सत्ता है, जो अहम् की स्थिति है, वो ठीक होनी चाहिए।

इन दोनों बातों को मिलाइए तो क्या आपको पता चलता है? वो कह रहे हैं कि वही तो करोगे जो तुम होओगे। और अगर प्रश्न तुम्हारा ये है कि क्या करूँ, मेरे लिए क्या करना अच्छा है, तो ऋषि का उत्तर ये है कि तुम अच्छा कर पाओ इसके लिए पहले तुम्हें अच्छा होना पड़ेगा।

धर्म अच्छा है। तुम्हारे आचरण के लिए धर्म अच्छा है, लेकिन तुम धर्मोचित आचरण कर तभी पाओगे जब भीतर से तुम धार्मिक हो जाओगे। और भीतर की धार्मिकता का क्या मतलब होता है? तमाम तरह की परंपराओं को, कर्मकांडों को, रीति-रिवाज़ों को आत्मस्थ कर लेना? नहीं!

भीतर की धार्मिकता का मतलब होता है — मन का स्पष्टता, बोध, शांति, सत्य, मुक्ति के प्रति अनवरत अनुराग। ये है भीतर की धार्मिकता। भीतर जो है वो लगातार झुका हुआ है, किसके सामने? सच्चाई के सामने। भीतर जो है उसके प्रेम की धार अटूट है, किसके लिए? मुक्ति के लिए! ये भीतरी धार्मिकता है। जब भीतर ऐसी धार्मिकता होती है तो वो बाहर के आचरण में स्वतः ही परिलक्षित होती है, भीतर अगर है नहीं तो बाहर परिलक्षित क्या होगी! बाहर फिर अधिक-से-अधिक उसका आडम्बर किया जा सकता है।

उपनिषदों का सारा ज़ोर आंतरिक स्वास्थ्य पर है। वो कह रहे हैं, 'भीतर से तुम स्वस्थ होओ; आगे का काम अपनेआप हो जाएगा।' दुनिया में क्या करना है, क्या नहीं, किधर जाना है, किधर नहीं, क्या चुनना है, क्या छोड़ना है — ये सब तुम स्वतः जान जाओगे अगर भीतरी चक्षु तुम्हारे खुले हुए हैं। और भीतर ही अगर अंधेरा है तो बाहर रोशनी करके क्या मिल जाएगा? जिसके पास आँखें नहीं हों, उसको तुम सूरज के नीचे भी खड़ा कर दो तो उसको दिखाई क्या देगा?

फिर आगे हमें ऋषि कह रहे हैं कि धर्म से कभी डिगना मत। ये बात पहले वक्तव्य से ज़्यादा महत्वपूर्ण है। धर्म पर अडिग रहना, ये छोटी बात है। धर्म से डिग मत जाना, ये ज़्यादा उपयोगी, ज़्यादा महत्वपूर्ण बात है; क्योंकि धर्म से डिगाने वाले कारक बहुत हैं, और लगातार मौजूद हैं। उन्हीं के प्रति सतर्क रहना होता है। उन कारकों के प्रति सतर्क रह लो, तो फिर तो धर्म पर अडिग रह ही जाओगे।

मन तो आत्मा को ही चाहता है, और यदि उसको डिगाने वाली, कँपाने वाली, विचलित करने वाली शक्तियाँ, वृत्तियाँ न हों, तो मन तो सीधा आत्मा की ओर ही चला जाएगा। पर जाता नहीं है न! मन को इधर-उधर, दायें-बायें, ऊपर-नीचे खींचने के लिए बहुत सारे विक्षेप मौजूद रहते हैं। उन्हीं विक्षेपों के कारण ऋषि कह रहे हैं, 'डिगना मत!'

तुम बस यह देख लो कि क्या है जो तुमको धर्म के विपरीत खींच रहा है, उसके प्रति सतर्क रहो। सारी जो प्रक्रिया है वो नकार की है, नेति की है, सावधानी की है, सतर्कता, सजगता की है। जो अच्छा है, जो शुभ है, जो उत्तम है, जो आत्मा है, उसको जीवन में लाने की ज़रूरत नहीं होती। ज़रूरत होती है उसके विरुद्ध सतर्कता की जो अशुभ है, जो अनात्मा है। उसको ही जानना जैसे समस्त उपनिषदों का प्रतिपाद्य विषय है।

ब्रह्मविद्या, मैं कहा करता हूँ, एक अर्थ में माया का ज्ञान है; क्योंकि ब्रह्म का तो क्या ज्ञान होगा, वो तो अज्ञेय है। तो ज्ञान किसका होना है? ज्ञान अपना होना है। हमारे भीतर जो माया बैठी है, जो हमें लगातार कँपित करने के लिए आतुर रहती है उसका ज्ञान होना है, ताकि उससे बच सको। जिसको जान गए उससे बच जाओगे। जिसके प्रति अभी अंधेरे में हो, उसके ग्रास बन जाओगे। ये उपनिषदों की शिक्षा है।

यही यहाँ पर ऋषि की देशना है — 'धर्मं चर', धर्म पर टिके रहो! और धर्म पर टिकने के लिए बाहरी आयोजन बहुत काम नहीं आएँगे, भीतरी स्पष्टता ही काम आती है। उस भीतरी स्पष्टता के प्रति लगाव को प्रेम कहते हैं। उसी भीतरी स्पष्टता के विरुद्ध जो आंतरिक अंधेरे खड़े रहते हैं, उनको जानने को ज्ञान कहते हैं। वो भीतरी स्पष्टता फिर दुनिया में तुमसे सारे सही काम करा देगी, या ऐसे कह लो कि वो भीतरी स्पष्टता आ गई तो बाहर जो कुछ भी करोगे वो शुभ ही होगा।

फिर शुभ-अशुभ की पहचान इससे हो जाएगी कि आप कर क्या रहे हो। जो आप कर रहे हो — अगर आप भीतरी तौर पर धार्मिक हो — वो फिर शुभ है। जो भी कर रहे हो, शुभ है। इतना आपको आंतरिक सशक्तिकरण और इतनी बड़ी ज़िम्मेदारी देते हैं उपनिषद्। भीतर से ठीक रहो!

भीतर से ठीक होना तुम्हारा कर्तव्य है। और भीतर से अगर ठीक हो, तो बाहर स्वेच्छानुसार, मुक्तेच्छा से विचरण करना तुम्हारा अधिकार है। अब यहाँ सशक्तिकरण भी आ गया, अधिकार भी आ गए, कर्तव्य भी आ गए; सब आ गया!

उत्तिष्ठत जाग्रत प्राप्य वरान्निबोधत

उत्तिष्ठत जाग्रत प्राप्य वरान्निबोधत।
क्षुरस्य धारा निशिता दुरत्यया दुर्गं पथस्तत्कवयो वदन्ति।।

उठो, जागो, वरिष्ठ पुरुषों को पाकर उनसे बोध प्राप्त करो। छुरी की तीक्ष्ण धार पर चलकर उसे पार करने के समान दुर्गम है यह पथ — ऐसा ऋषिगण कहते हैं।

~ कठोपनिषद्, अध्याय 1, वल्ली 3, श्लोक 14

आचार्य प्रशांत: "उत्तिष्ठत जाग्रत प्राप्य वरान्निबोधत", कठोपनिषद् से है। 'उठो, जागो, और योग्य, श्रेष्ठ जनों के पास जाकर ज्ञान प्राप्त करो!' ये वेदान्त की सीख भी है, और इसी में वेदान्त का उपाय और विधि भी वर्णित है। दोनों चीज़ें चाहिए होंगी। तुम्हारा उठना, तुम्हारा जागना, ये एक चीज़। ये तुम्हारे अंदर की घटना है, ये पहली बात है। और दूसरा — श्रेष्ठ लोगों के पास जाकर के बैठना, जो कि साधारण तल पर देखें तो तुमसे बाहर की घटना है।

दोनों में से अगर एक भी अनुपस्थित है तो बात बनेगी नहीं। आप उठ गए, आप जग गए, लेकिन जिनसे सीखा जा सकता है, उनके पास बैठने की आपकी कमना नहीं, चेष्टा नहीं, इरादा नहीं, तो आपकी अपनी निजी यात्रा बहुत दूर तक नहीं जा पाएगी।

कारण स्पष्ट है। मनुष्य जिस प्रकार प्राकृतिक तौर पर निर्मित है, उसकी अपनी व्यवस्था ऐसी है ही नहीं कि उसे मुक्ति की ओर भेज दे। बहुत-बहुत कठिन है अंतःप्रेरित होकर ज्ञान के मार्ग पर आगे बढ़ते रहना। इतिहास में हमें जितने भी बुद्धजनों का पता चलता है, उन्होंने सबने ही कभी-न-कभी, किसी-न-किसी रूप में अपने से बाहर की किसी ज्ञानवान सत्ता के सामने सिर झुकाया था, लाभ प्राप्त किया था।

बुद्ध जंगलों में दस-बारह साल भटके। और क्या कर रहे थे? जितने भी उनको योग्य, ज्ञानी, पंडित सूझ सकते थे, सबके पास गए, सबसे पूछा, सबसे सीखा। कहीं भी प्यास बुझी नहीं तो एक-के-बाद-एक आगे बढ़ते गए। हम नहीं कह सकते कि किसी एक गुरु से ही उनको ज्ञान प्राप्त हो गया। लेकिन जिनकी भी उन्होंने संगति की, जिनसे भी प्रश्न पूछे, उनसे पूछे बिना भी शायद ज्ञान प्राप्त न हो पाता।

जो इतने सौभाग्यशाली नहीं रहे कि किसी जीवित, चैतन्य, शरीरी गुरु से सीख पाएँ, उन्होंने ग्रंथों से सीखा। लेकिन सीखने के लिए अपने से बाहर के किसी प्रकाश स्रोत की आवश्यकता तो पड़ती ही है। हो सकता है कोई करोड़ों में एक, जिसको बिलकुल किसी बाहरी मदद की ज़रूरत न पड़े; पर ऐसा थोड़ा मुश्किल है।

वैदिक परंपरा, गुरु के पास बैठकर बात करने की, प्रश्न करने की, और सीखने की रही है। यही श्लोक आगे कहता है कि ज्ञान का रास्ता उतना ही कठिन है जितना छुरे की धार पर चलना। इससे भी हमें पता चलता है कि क्यों बहुत कम लोग होंगे जो सच्चाई के स्रोत के निकट जाकर के कुछ पूछने और सीखने की चेष्टा करेंगे; क्योंकि हम पैदा ही होते हैं अपने भीतर बहुत सारी कालिमा लिये हुए। जब आप बैठते हो प्रकाश स्रोत के समक्ष, तो कालिमा को चोट लगती है — प्रकाशित होना माने मिटना। अंधकार क्यों चाहेगा मिटना? अंधकार का प्रकाश में परिवर्तित होना तो मृत्यु जैसा हो गया न।

तो ऋषि यहाँ पर कह रहे हैं, 'ज्ञान प्राप्ति का मार्ग छुरे की धार पर चलने जैसा है।' सुनने में आसान, आकर्षक और सुंदर भी लगता है कि जाकर के ज्ञानीजनों के पास बैठ जाओ, पर उनके पास बैठना बड़े कलेजे का काम है; हिम्मत लगती है, चोट लगती है। जैसे कोई छुरा ही कोई भीतरी चीज़ काटे दे रहा हो।

ये बहुत बाद में पता चलता है कि जो भीतरी चीज़ कट रही थी, वो कटने योग्य ही थी। उसके कटने से आपका लाभ ही हुआ है। जिस क्षण ज्ञानी के सामीप्य और शब्दों की चोट पड़ती है, उस क्षण तो ऐसा ही लगता है कि अपने साथ कुछ बुरा हो गया, आहत हो गए, 'अपने साथ गलत कर लिया, उठो! जाओ यहाँ से और कभी वापस मत आओ।'

ये सदा की घटना है, क्योंकि मनुष्य जैसा उपनिषदों के काल में था, वैसा ही आज भी है। आज कोई विशेष बुरे दिन नहीं आ गए हैं कि हम कहें कि आज कोई ज्ञान प्राप्त करना नहीं चाहता। औपनिषदिक काल में भी ऐसा ही था। ऋषि यहाँ पर कह रहे हैं न कि सच पर चलना, ज्ञान के रास्ते पर चलना, छुरे की धार पर चलने के बराबर है। और उससे ठीक पहले कहा है, "जाग्रत प्राप्य वरान्निबोधत।"

इतना नहीं आसान! हम कहते हैं, 'ज्ञानी मिलते नहीं।' ज्ञानी को पा लेना आसान है; ज्ञानी के पास बैठना मुश्किल है। कठिनाई इसमें नहीं है कि ज्ञानी उपलब्ध नहीं है। कठिनाई इसमें है कि ज्ञानी के विरुद्ध हमारा अंतर्जगत बड़ा विरोध करता है। और नहीं कोई मिल रहा हो शरीर में ज्ञानवान, तो ग्रंथ तो हैं न? पुस्तकें तो हैं न? आज तो तकनीक का ज़माना है। पुस्तकों के अलावा भी अन्य माध्यमों में ज्ञान उपलब्ध है।

फिर भी लोग जाते नहीं। वजह वही है जो आज से तीन-चार हज़ार साल पहले थी — छुरे की धार बड़ी पैनी है, भीतर कुछ कट जाता है। लेकिन जो तैयार नहीं है वो मार झेलने के लिए, वो फिर अपने आंतरिक अंधेरे में ही सोया पड़ा रहेगा। ऋषियों को यदि कहना पड़ रहा है, 'उठो, जागो', तो इसका अर्थ यही है न कि जिसको संबोधित कर रहे हैं वो सोया पड़ा है।

वो जो सोया पड़ा है, वो हम सबकी आरंभिक अवस्था है। दुर्भाग्य ये कि बहुतों की वो आरंभिक अवस्था उनके अंत तक चलती है। वो वहीं से शुरू करते हैं — अपनी

तमसा, अपनी बेहोशी में घोर बेसुध सोये हुए — और उसी नींद में स्वप्नवत उनका जीवन कट जाता है। वो मृत्यु को प्राप्त हो जाते हैं। अधिकांश लोगों के लिए जीवन बेहोशी से मृत्यु तक की एक बेसुध यात्रा है।

ऋषि यही नहीं होने देना चाहते। जितने भी प्रयत्न हो सकते थे, उन्होंने किये हैं। और जब वो कह रहे हैं कि उठो, जाओ ज्ञानियों के पास, तो इतना पढ़ने भर से आप ज्ञानियों के पास पहुँच गए। क्योंकि ज्ञानी क्या है? ज्ञानी का शरीर नहीं है ज्ञानी; ज्ञानी का वचन है ज्ञानी, ज्ञानी का ज्ञान है ज्ञानी, ज्ञानी की चेतना है ज्ञानी।

सशरीर आज हमारे समक्ष कठ उपनिषद् के ऋषि नहीं हैं। लेकिन उनकी बात हमारे सामने है। वही ज्ञान है, वही उनका सार है, वही मर्म है। तो उपनिषदों के पास जाएँ। जो जानते हैं, उनके पास स्नेहपूर्वक बैठें, और सादर समझें। चोट लगती हो तो उसको साहस के साथ स्वीकार करें। कोई भी चोट मुक्ति की संभावना से ज़्यादा महत्व नहीं रखती, ये सदा स्मरण रहे!

नाहं कालस्य, अहमेव कालम्

नाहं कालस्य, अहमेव कालम्

मैं समय में नहीं हूँ, समय मुझमें है

~ महानारायण उपनिषद्

आचार्य प्रशांत: "नाहं कालस्य, अहमेव कालम" महानारायण उपनिषद् से है, और उपनिषदों के सुंदरतम और गूढ़तम वक्तव्यों में से है। काल का नहीं हूँ मैं, 'नाहं कालस्य'।

काल का होने से आशय होता है — काल की लंबी धारा में कोई एक बूँद, कोई एक लहर, कोई एक वस्तु अपनेआप को मान लेना, काल का हो जाना। हम अपने आसपास जो कुछ भी देखते हैं, वो काल का है। व्यक्ति हैं वो काल से हैं, काल से उठते हैं, काल में ही वापस चले जाते हैं। कोई पेड़, कोई पत्ति, ये सब काल के हैं। कभी इनकी उत्पत्ति है, कभी इनकी मृत्यु है। कुछ ऐसा नहीं है जो काल में अनंत हो। तो काल का न होने से आशय है — संसार का न होना।

काल की जो धारा है, वो प्रकृति की, संसार की धारा है। और उस धारा में जितने भी हमें विषय दिखाई देते हैं, वो छोटी-छोटी वस्तुएँ मात्र हैं। धारा बहुत बड़ी है। वस्तुएँ छोटी हैं, और वस्तुएँ अनंत हैं। क्यों कह रहे हैं ऋषि, 'काल का नहीं हूँ मैं — "नाहं कालस्य"?' क्योंकि जो कुछ भी काल का है, वो मिटता है।

जो कुछ भी काल का है वो अपनेआप को किसी क्षण से जन्म लिया मानता है। जो कुछ भी काल का है, वो सीमित है। और आपका मन कुछ ऐसा है जो न सीमाएँ मानता है, और न मृत्यु। कौन है जिसको पसंद हो सीमित रहना? कौन है जिसको मृत्यु भाती है? कौन है जो अपने से बाहर के अज्ञान में प्रसन्न रहता है? और अगर आप काल की धारा में एक छोटी सी वस्तु मात्र हैं, तो अपने से बाहर जो कुछ है, स्वयं से बाहर का जो अनंत ब्रह्मांड है उसको लेकर के आपमें बड़ी अज्ञता रहेगी, अज्ञान रहेगा, और वो अज्ञान आपको दुखी रखेगा। तो काल में एक वस्तु होने का, काल के समुद्र में एक बूँद होने का दुष्परिणाम यह है कि आप दुखी रहेंगे। और समस्त अध्यात्म इसीलिए है ताकि दुख से मुक्ति पायी जा सके। तो दुख से मुक्ति पाने के लिए सबसे पहले अपनेआप को काल में कोई विषय मानना बंद करना पड़ेगा।

काल नहीं हूँ मैं। मैं वो व्यक्ति नहीं हूँ जिसका एक दिन जन्म हुआ था। मैं वो व्यक्ति नहीं हूँ जिसको उसकी देह परिभाषित करती है। मैं वो व्यक्ति नहीं हूँ जो धीरे-धीरे एक दिन शारीरिक मृत्यु को प्राप्त हो जाएगा। मैं वो व्यक्ति नहीं हूँ, 'नाहं कालस्य', न!

मुझे मेरी देह मत मान लेना। मैं जैसा दिख रहा हूँ, उससे ही मेरा अस्तित्व मत नाप लेना, 'नाहं कालस्य'।

तो काल की लहर, काल की बूँद, काल की वस्तु मैं अपनेआप को नहीं कहना चाहता, इसका कारण तो एकदम स्पष्ट है। जैसे ही अपनेआप को काल की वस्तु कहा, सीमित हो जाऊँगा, मरणशील हो जाऊँगा, और दुख पाऊँगा।

मिट जाने से बड़ा भय, बड़ा दुख कोई दूसरा नहीं होता। और उसी दुख से बचने के लिए आदमी ज़िन्दगी भर कितने तरह के यत्न करता रहता है। और उन सब यत्नों के बाद भी मिटने का दुख, भय जाता नहीं। भीतर कभी यह आश्वस्ति होती नहीं कि अब मिटना नहीं होगा, क्योंकि पता होता है कि जो यत्न किये थे वो सब एक मरणशील केंद्र के इर्द-गिर्द किये थे, मरणशील केंद्र के द्वारा किये थे।

मरणशील केंद्र को हटाने के लिए कुछ किया ही नहीं। तो जब केंद्र मरणशील है, तो मृत्यु तो होगी ही। और मृत्यु का होना बड़ी विचित्र घटना है, बहुत डरा देता है। 'अहमेव कालम्' मैं काल हूँ। 'मैं काल हूँ', कहने से क्या आशय? मैं ही काल हूँ। 'मैं काल हूँ', कहने से अर्थ होता है — अपने केंद्र को ही दूसरा घोषित कर देना।

मैं काल का हूँ, तो मैं अहंकार हूँ। और मैं काल ही हूँ, काल मात्र हूँ, पूर्ण काल हूँ, तो मैं आत्मा हूँ। मैं काल का खंड हूँ, तो मैं अहंकार हूँ। और मैं काल मात्र हूँ, मैं पूर्ण काल हूँ, तो मैं आत्मा हूँ।

क्या आशय हुआ यह कहने से कि मैं पूर्ण काल हूँ? आशय यह हुआ कि अहंकार होता है काल की धारा के भीतर, तो वो काल को कभी पहचान नहीं सकता; क्योंकि वो स्वयं ही काल के भीतर एक छोटे से बिंदु समान है। और आत्मा का अर्थ होता है काल का साक्षी हो जाना, काल के पूरे प्रवाह का साक्षी हो जाना, काल से बाहर हो जाना।

जो काल से बाहर हो गया, अब वो काल से बद्ध नहीं रहा। वो बँधा नहीं है। वो काल के किसी एक खंड को अपना नहीं कहेगा। वो काल के किसी एक खंड के साथ तादात्म्य नहीं रखेगा। काल का कोई एक खंड, संसार की कोई एक जगह उसके लिए विशेष नहीं हो गई। वो अब दूर से बैठकर के काल को देख सकता है।

और जिसने काल के एक खंड को पूरी तरह पहचान लिया, उसने काल की पूरी धारा को बिलकुल ठीक-ठीक पहचान लिया, क्योंकि काल में कुछ भी नया नहीं होता। आप काल से बाहर हो, एक क्षण में जो घटना घटी है, यदि उसको भी पूर्णरूपेण जान लो, तो अनंत इतिहास में जो कुछ भी हुआ है वो आप सबकुछ जान लोगे। तो काल अब आपके लिए पूरा-का-पूरा खुल गया।

आपको काल का पूर्ण ज्ञान हो गया तो आप अब पूर्ण काल हो गए। आप जिसको जानते हो, आप वो हो जाते हो। आपको पूर्ण काल का यदि ज्ञान है, तो आप

पूर्ण काल ही हो गए। 'अहमेव कालम्' — मैं वो हूँ जो काल की धारा का साक्षी है। एक अनंत से लेकर दूसरे अनंत तक; जैसे कई अनंत होते हों। मैं देख पा रहा हूँ कि यहाँ सबकुछ एक दोहराव मात्र है। कोई अंत है ही नहीं।

यह एक लगातार नयी प्रतीत होने वाली धारा है, जो वर्तुलाकार घूम रही है। इसमें सबकुछ प्रतीत भर होता है नया। नया वास्तव में कुछ होता नहीं। और मैं कौन हूँ? जिसने यह जान लिया, जिसने यह देख लिया कि एक धारा है — जिसको आप मन की कह सकते हैं, काल की कह सकते हैं, प्रकृति की कह सकते हैं, संसार की कह सकते हैं — वह धारा है, वो एक ही आदिम, प्राचीन, पुरातन धारा है, जो सबको ऐसा अनुभव कराती है जैसे वो उस व्यक्ति के लिए बिलकुल नयी हो। हर आदमी सोचता है, 'मेरा जन्म हुआ है। मेरा जन्म पहली बार हुआ है। मेरा जन्म खास है। मेरा अस्तित्व कुछ विशेष है। मेरी मृत्यु कुछ विशेष है।' जबकि जो आपके साथ हुआ है, वो हज़ारों, सैकड़ों, अरबों, अनंतों बार हो चुका है। कुछ उसमें नया है ही नहीं।

वही क्रिया है जो प्रतिपल हो रही है। पर अहंकार का नशा ही यही है, उसका अज्ञान ही यही है कि उसको लगता है कि वो खास है। 'पहली बार हो रही है, क्योंकि मैं विशेष हूँ न। तो मेरे साथ जो हो रहा है वो भी विशेष होगा।'

पूर्ण काल का दृष्टा हो जाना माने अहंकार से आत्मा पर हो जाना। जब आप विशेष नहीं रह जाते, तो काल का कोई खंड विशेष नहीं रह जाता।

जब आप विशेष नहीं रह जाते, तो जो कुछ हो रहा होता है, आप उससे आसक्त नहीं रह सकते। जो कुछ हो रहा होता है, वो अब माया बनकर आपकी आँखों को चकमा नहीं देता। कुछ भी न आपके लिए बड़े सुख का कारण बन सकता है, न ही कुछ आपके लिए बड़े दुख का कारण बन सकता है, क्योंकि कुछ विशेष हो ही नहीं रहा है। जब कुछ विशेष नहीं, तो विशेष सुख कहाँ! कुछ विशेष नहीं, तो विशेष दुख कहाँ!

श्रीमद्भगवद्गीता में कहते हैं अर्जुन से श्रीकृष्ण, 'अर्जुन, यहाँ कुछ नया नहीं है। तुम न जाने कितनी बार आ चुके हो। ये राजा हैं, ये सब भी पहले हो चुके हैं। पहले मारे भी जा चुके हैं।' बस याद नहीं रहता। हमको लगता है सब नया है। हमको लगता है, हम ही तो इस जगत् के केंद्र हैं। हमको लगता है, सबकुछ हमारे ही इर्द-गिर्द घूम रहा है। मैं काल का खंड नहीं हूँ। मैं काल के पूरे वर्तुल का, समूची धारा का साक्षी हूँ — "अहमेव कालम्!"

तत् त्वमेव, त्वमेव तत्

तत् त्वमेव, त्वमेव तत

तुम वही हो, वही हो तुम

~ कैवल्योपनिषद्, श्लोक १६

आचार्य प्रशांत: अहम् को कहा जा रहा है कि तुम अपनी जो भी सत्ता समझते हो, वो झूठी है। 'त्वम' यहाँ पर अहम् है, 'तत्' आत्मा है, 'एव' माने ही। और ये शैली है वेदान्त के ऋषियों की, अदा है कि वो बात को रोचक, काव्यात्मक बनाकर बोलते हैं। तो "तत् त्वमेव त्वमेव तत्" — तुम वही हो, वही हो तुम।

तुम नहीं हो, तुम वही हो। आत्मा मात्र सत्य है, तुम अपनेआप को जो भी समझते हो, वो झूठ है, तुम्हारी सच्चाई भी आत्मा है। तुम सोचते हो, 'मैं आत्मा से अलग कुछ हूँ।' तुम सोचते हो, 'मैं तो अभी साधक हूँ, एक दिन मैं साध्य तक पहुँचूँगा।' नहीं, तुम अभी भी वही हो। तुम वहाँ पहुँचोगे नहीं, तुम अभी भी वहीं हो। तुम वही हो, तुम वहीं हो। बस तुमने कुछ अपने झूठ पकड़ रखे हैं, उनको चाहो तो अभी गिरा दो।

देखिए, दो तरह की इक्विवेलेंस (समानता) होती हैं, आइडेंटिटीज़ जो वेदान्त में होती हैं — पहली ये कि अहम् और आत्मा एक हैं, और दूसरी ये कि आत्मा और ब्रह्म एक हैं। तो एक आपको सुनने को मिलता है, "अहं ब्रह्मास्मि", ये एक आइडेंटिटी है जहाँ अहम् और ब्रह्म को एक कहा गया है, और दूसरा आपको सुनने को मिलता है जहाँ आत्मा और ब्रह्म को एक बताया गया है। आत्मा और ब्रह्म को कहाँ एक बताया गया है, ये आप लोग कम्यूनिटी[3] पर खोजकर लिखोगे (श्रोताओं को सम्बोधित करते हुए)। इसकी बहुत बार हम चर्चा कर चुके हैं, दोनों ही महावाक्य हैं — "अहं ब्रह्मास्मि" भी; और जहाँ आत्मा और ब्रह्म की आइडेंटिटी या इक्विवेलेंस या समता बतायी गई है; समता भी नहीं, एकता, एक ही हैं दोनों।

तो एक ही सत्य है। हमको दो झूठ दिखाई देते हैं, उन दोनों झूठों को कहा गया है, 'तुम भी नहीं हो, तुम भी नहीं हो, एक ही सत्य है।' दो झूठ कौनसे हैं? अहंकार और संसार। हम दो झूठों में जीते हैं — भीतर अहंकार, बाहर संसार। तो एक महावाक्य है जो कहता है अहंकार को सम्बोधित करके, 'अहंकार, तुम ब्रह्म हो।' और दूसरा जो महावाक्य होता है, वो बोलता है, 'जो भीतर है वही बाहर है, ये आत्मा ही ब्रह्म है।' तो ये जो हम भेद बनाते हैं अहंकार और संसार के बीच में, ये झूठा है। अहंकार

3 आचार्य प्रशांत ऐप पर एक ऐसी कम्यूनिटी जिसमें गीता सत्र व अन्य सत्रों के प्रतिभागी अपनी सीख और जीवन का अवलोकन साझा करते हैं।

और संसार दो नहीं हैं, दोनों एक हैं, दोनों झूठे हैं। अहंकार शुद्ध हो जाए तो आत्मा कहलाता है, संसार शुद्ध है तो ब्रह्म कहलाता है, और आत्मा और ब्रह्म एक हैं, भीतर-बाहर भी एक है, और भीतर का सत्य और बाहर का सत्य भी एक हैं।

"तत् त्वमेव त्वमेव तत्।" हम जिन-जिन चीज़ों को सच मानते हैं, उनको झूठ दिखा देना ही वेदान्त है। पहला झूठ ये कि मैं हूँ, दूसरा झूठ ये कि ये संसार है। ये दोनों एक ही द्वैत के दो सिरे हैं, अहंकार और संसार। ये द्वैत जब अद्वैत होता है तो उसको आत्मा या ब्रह्म बोलते हैं। जब तक द्वैत है तो उसके एक छोर पर अहंकार होता है द्रष्टा बनकर, दूसरे छोर पर संसार होता है दृश्य बनकर। ये द्वैत जब टूटता है — ये द्वैत भ्रम है, माया है — जब ये टूटता है तो जो शेष है, जो सत्य है, उसको आत्मा या ब्रह्म बोलते हैं।

ले-देकर के हमको ये बताया जा रहा है कि बेटा, आप अपने को जो मानते हो, वो भी गड़बड़ है, और आपको दुनिया जैसी लगती है, वो भी गड़बड़ है। न आप वो हो जो आप सोचते हो अपने बारे में, न दुनिया वैसी है जैसा आप सोचते हो दुनिया के बारे में।

प्रशांतअद्वैत संस्था

प्रशांतअद्वैत संस्था आचार्य प्रशांत द्वारा स्थापित और नेतृत्वप्राप्त एक गैर-लाभकारी संस्था है। संस्था की स्थापना असत्य — जो कि प्रत्येक मनुष्य के भीतर बसा हुआ है तथा समाज में भी व्याप्त और प्रचलित है — को नष्ट करने के लक्ष्य से किया गया है। साथ ही, संस्था लोगों को स्वयं के प्रति तथा अपने जीवन के प्रति वैज्ञानिक एवं आध्यात्मिक दृष्टिकोण अपनाने को प्रेरित करती है।

संस्था का संचालन किस प्रकार होता है?

संस्था आचार्य प्रशांत की शिक्षाओं का विभिन्न माध्यमों से प्रचार करती है। संस्था इन शिक्षाओं से जुड़े आध्यात्मिक शिविर, ऑनलाइन पाठ्यक्रम, व्याख्यान तथा सम्मेलन भी आयोजित करती है। आचार्य प्रशांत जी की पचास से अधिक वेदांतिक ग्रंथों पर व्याख्याएँ उपलब्ध हैं। उपनिषद् और गीता ही नहीं, आचार्य प्रशांत संतों व अन्य कालातीत विषयों पर भी व्याख्यान दे चुके हैं।

इन सभी सत्रों को रिकॉर्ड किया जाता है और इन पर आधारित विविध बोध सामग्री, जैसे कि शैक्षिक पाठ्यक्रम इत्यादि, निर्मित किये जाते हैं ताकि यह संदेश सुगमता से दूर-दूर तक पहुँचाया जा सके।

सामग्री कहाँ उपलब्ध है?

१. मोबाइल ऐप – आचार्य प्रशांत द्वारा बोध साहित्य एवं व्याख्याएँ अत्यंत तीव्र गति से उपलब्ध कराई जा रही हैं। संस्था इस सामग्री के एकीकरण, प्रतिलेखन तथा प्रकाशन करने की भूमिका निभाती है। संस्था विशेष ध्यान यह भी रखती है कि इस कार्य के दौरान आचार्य जी के संदेशों का मूल रूप विकृत न हो ताकि आने वाली सदियाँ भी इनका शुद्धतम रूप में लाभ उठा सकें। सार्वजनिक उपयोग हेतु आचार्य प्रशांत के सारे पाठ्यक्रम एवं पुस्तकें सुगम रूप में संस्था के मोबाइल ऐप पर संग्रहित हैं। ऐप पर एक विशिष्ट कम्युनिटी – 'गीता फीड' भी उपलब्ध है जहाँ हज़ारों लोग अपने अवलोकन और आचार्य प्रशांत के सत्रों से मिली सीख साझा करते हैं। यह ऐप एंड्रॉइड व ऐप स्टोर पर उपलब्ध है। ऐप इंस्टॉल करने हेतु इस लिंक पर जाएँ:

www.acharyaprashant.org/app

२. वेबसाइट – आचार्य प्रशांत द्वारा निर्मित पाठ्यक्रम तथा पुस्तकें संस्था की वेबसाइट www.acharyaprashant.org पर भी उपलब्ध हैं।

३. सोशल मीडिया – सार्वजनिक उपयोग के लिए संस्था आचार्य प्रशांत के यूट्यूब, फेसबुक, इंस्टाग्राम और ट्विटर आदि सोशल मीडिया चैनल्स पर भी भारी मात्रा में बोध साहित्य तथा वीडियोज़ उपलब्ध करवाती है।

सोशल मीडिया चैनल्स के लिंक:

यूट्यूब हिंदी: youtube.com/ShriPrashant

यूट्यूब अंग्रेज़ी: youtube.com/AcharyaPrashant

फ़ेसबुक हिंदी: facebook.com/Acharya.Prashant.Advait

इंस्टाग्राम हिंदी: instagram.com/acharya_prashant_ap/

ट्विटर हिंदी: twitter.com/Advait_Prashant

संस्था से सम्पर्क करने हेतु हेल्पलाइन नम्बर +91-9650585100, +91-9643750710 से सम्पर्क करें, या requests@advait.org.in पर मेल भेजें।

संस्था के कार्य से सर्वाधिक लाभान्वित वर्ग निम्नलिखित हैं:

१. पशु-पक्षी, वनस्पति तथा अन्य गैर-मानव जीव – आज के समय में पशु-पक्षियों तथा वनस्पति को सबसे बड़ा ख़तरा मानव जाति के अज्ञान से है। मनुष्य का पर्यावरण के प्रति यह अज्ञान मूलतः स्वयं के शरीर तथा मन के अज्ञान से पैदा होता है। अतः मनुष्य के मन का सुधार ही प्रकृति को बचाने का सबसे उचित उपाय है। यह कहा जा सकता है कि आचार्य प्रशांत के कार्यों की वजह से लाखों जानवरों की जानें बची हैं, विशेष रूप से उन जानवरों की जो आमतौर पर भोजन के लिए मारे जाते हैं, जैसे- मुर्गा, बकरा, भेड़, गाय, भैंस, मछली आदि। इसके अतिरिक्त, बड़ी तादाद में जंगली जानवरों की जानें भी बची हैं। आचार्य जी के प्रयासों से प्रेरित होकर लाखों लोगों ने शाकाहार अथवा विशुद्ध शाकाहार को अपनाया है तथा एक सजग जीवनशैली अपनाई है जिसमें पर्यावरण के प्रति जागृति तथा न्यूनतम कार्बन पदचिह्न का प्रमुख स्थान है। आचार्य प्रशांत को वीगन मूवमेंट (विशुद्ध शाकाहार आंदोलन) का एक प्रमुख चेहरा भी माना जाता है।।

२. युवा-वर्ग – आज का युवा, विशेषतः भारत का युवा-वर्ग, घर-परिवार, समाज, मीडिया, आर्थिक व्यवस्था इत्यादि से संस्कारित होने के कारण भिन्न-भिन्न चुनौतियों का सामना कर रहा है। इस वजह से उसके सामने शारीरिक संबंध, प्रेम, अस्तित्व इत्यादि को लेकर तरह-तरह की दुविधाएँ खड़ी हो गई हैं। वे एक नाज़ुक स्थिति में हैं जहाँ सम्यक निर्णय लेना मुश्किल हो गया है तथा गलत चुनाव करना बहुत आसान। आचार्य प्रशांत ने युवाओं की इन दुविधाओं को संबोधित करने में अनूठा किरदार

निभाया है। देश के कई युवा आचार्य प्रशांत के शुक्रगुज़ार हैं कि उन्होंने अहम् मौकों पर उनका मार्गदर्शन किया है और घातक निर्णय लेने से बचाया है।

३. महिलाएँ – दुनिया भर में, ख़ासकर भारत में, महिलाओं को मानव जाति का एक अशक्त अंश समझा गया है। हालाँकि सामाजिक, राजनैतिक तथा आर्थिक नीतियों के माध्यम से उन्हें सबल बनाने की कोशिश की गई है लेकिन आंतरिक स्पष्टता एवं स्वायत्तता की गैर मौजूदगी में यह प्रयास सफल नहीं हो सकते। आचार्य प्रशांत ने महिलाओं को अपनी असली पहचान के प्रति जागृत किया है, उन्होंने यह दिखाया है कि न तो वे शरीर मात्र हैं और न ही केवल एक समाज-संस्कृत मन। स्कूली बालिकाओं से लेकर अधेड़ उम्र की गृहिणियों तक आज अनगिनत महिलाएँ आचार्य प्रशांत की शुक्रगुज़ार हैं। उनकी शिक्षाओं से उन्हें स्वायत्तता, स्पष्टता और साहस मिला है जिससे वे बाहरी शोषण एवं भीतरी कमज़ोरी का सामना करने में सक्षम हुई हैं।

४. आध्यात्मिक साधक – आज के समाज में एक विपुल वर्ग है जिसके लिए अध्यात्म केवल एक मनोरंजन का माध्यम है। इसके अतिरिक्त, एक ऐसा वर्ग है जिसके लिए अध्यात्म पुराने अंधविश्वासों को बनाए रखने के लिए एक सम्मानजनक नाम मात्र है। फिर कुछ लोग ऐसे भी हैं जो अपने जीवन की कटु सच्चाइयों से दूर भागने के लिए अध्यात्म की ओर आते हैं। इन्हें किसी सतही उपाय की खोज रहती है जिसमें किसी प्रकार की क्रियाएँ, कर्मकाण्ड अथवा आसन शामिल हों। आचार्य प्रशांत इन सभी प्रकार के जिज्ञासुओं को इनकी मूर्छित अवस्थाओं से बाहर लाने के लिए प्रचलित हैं। इन सभी से भिन्न वह बिरला साधक है जिसने मन की गहराइयों में प्रवेश करने की खूब कोशिश की है, जो अपनी मुक्ति के लिए कठोर श्रम करने के लिए तैयार है, जो बंधनों से हताश है और मुक्ति की कीमत अदा करने को तैयार है। आचार्य प्रशांत ऐसे साधकों के लिए एक सच्चे मित्र बन जाते हैं।

पिछले कुछ वर्षों में विभिन्न वर्गों से बड़ी तादाद में स्वयंसेवक संस्था से जुड़े हैं और इन्होंने आचार्य प्रशांत के द्वारा दिए बोधज्ञान का प्रचार करने में निरंतर श्रम लगाया है। संस्था ने विभिन्न माध्यमों से तकरीबन एक करोड़ से अधिक लोगों के जीवन को प्रभावित किया है। आने वाले समय में निश्चित ही यह आँकड़ा कई गुना बढ़ने वाला है।

संस्था के बारे में और अधिक जानकारी हेतु acharyaprashant.org पर जाएँ। संस्था के पाठ्यक्रमों के बारे में जानकारी उपलब्ध है – solutions.acharyaprashant.org पर। अन्य किसी विषय के संबंध में संस्था से requests@advait.org.in पर संपर्क करें।

आचार्य प्रशांत की पुस्तकें

हिंदी पुस्तकें

1. अकेलापन और निर्भरता
2. सम्बन्ध – और क्या है जीवन?
3. आध्यात्मिक भ्रांतियां
4. जाका गला तुम काटिहो
5. उद्धार मौन के - डर
6. सफलता
7. कामवासना – शर्म, डर, अज्ञान
8. लिखनी है नयी कहानी?
9. रात और चाँद
10. विद्यार्थी जीवन, पढ़ाई, और मौज
11. भारत: अध्यात्म, दर्शन, राष्ट्र
12. स्त्री
13. हीरा जनम अमोल है
14. क्रांति
15. अहम्
16. शक्ति
17. वेदान्त
18. मोटिवेशन
19. प्रेम सीखना पड़ता है
20. आह! जवानी
21. श्रीमद्भगवद्गीता (भाग १)
22. श्रीमद्भगवद्गीता (भाग २)
23. दुर्गासप्तशती
24. पुनर्जन्म
25. कठोपनिषद (भाष्य)
26. स्वामी विवेकानंद और व्यावहारिक वेदांत
27. अष्टावक्र गीता
28. पैसा
29. माँ – जन्मदायिनी मुक्तिदायिनी
30. नीम लड्डू
31. अर्जुन विषाद योग (भाष्य)
32. शिवोहम्
33. कर्मयोग (भाष्य)
34. जात
35. हनुमान चालीसा
36. भागे भला न होएगा
37. भक्ति
38. प्रेम प्याला जो पिए
39. गृहस्थ जीवन
40. संघर्ष
41. 10 सूत्र निरंतर ध्यान के
42. समय
43. निरालम्ब उपनिषद्
44. संतवाणी
45. 10 सूत्र बच्चों की परवरिश के
46. बोध सूत्र
47. मृत्यु
48. 10 धोखे जो सब खाते हैं
49. आत्मा
50. 10 सूत्र डर को जीतने के
51. उत्कृष्टता
52. आत्मज्ञान
53. माया

54. संत सरिता - भाग 1
55. अष्टावक्र गीता भाष्य प्रकरण (3-6)
56. मन
57. आनन्द
58. सही कर्म
59. विद्रोही मन
60. बोध कथाएँ
61. युद्धयस्व
62. साहस
63. राम निरंजन न्यारा रे
64. बदला
65. प्रकृति
66. भावनाएँ
67. संकल्प
68. अंधविश्वास
69. क्लाइमेट चेंज
70. पुरुषार्थ
71. शून्यता सप्तति

अंग्रेज़ी पुस्तकें

1. Advait in everyday life
2. Milestones to Success
3. Women's Revolution
4. Book of myths
5. Commentaries on Ashtavakra Gita
6. Fear
7. Upanishads
8. Ishavasya Upanishad
9. Bhagavad Gita - Volume 1
10. Bhagavad Gita - Volume 2
11. Meditation 24*7
12. Mundaka Upanishad (Vol 1)
13. Mundaka Upanishad (Vol 2)
14. Mundaka Upanishad (Vol 3)
15. IITian meets IITian
16. A flying kiss to the sky
17. Neem Candies Part 1
18. Neem Candies Part 2
19. Young Intellects
20. Body, Intimacy and Sex
21. The Lover You Have Been Missing
22. Is she just food to you?
23. Niralamba Upanishad Vol 1
24. Niralamba Upanishad Vol 2
25. Joy
26. On Marriage
27. Climate, Within
28. On Parenting
29. Kabir Saheb
30. Infinite Potential, Unlimited Success
31. Excellence
32. Ego
33. Vedanta - Basics
34. Decoding Success
35. The Secret of Joyful Relationships

आचार्य प्रशांत से मिलने के ऑनलाइन व ऑफलाइन माध्यम

१. गीता समागम: गीता सूत्रों की व्याख्या की इस श्रंखला में आचार्य प्रशांत श्रीमद्भगवद्गीता की श्लोक-दर-श्लोक विवेचना करते हैं। इन सत्रों के माध्यम से लाखों लोग गीता का सरल और व्यावहारिक अर्थ समझ पाते हैं।

२. संत सरिता: सत्रों में आचार्य प्रशांत द्वारा संतों के भजनों का वेदान्तिक अर्थ समझाया जाता है।

३. वेदान्त संहिता: अष्टावक्र गीता एवं उपनिषदों के श्लोकों पर विस्तारपूर्ण चर्चा।

४. बोध प्रत्यूषा: बौद्ध दर्शन (शून्यता सप्तति) व ताओ ते चिंग के सूत्रों की विवेचना।

ये सभी बोध सत्र आचार्य प्रशांत के सानिध्य में समय बिताने के अद्भुत अवसर हैं। इनमें ऑनलाइन व ऑफलाइन माध्यमों से भाग लिया जा सकता है। अधिक जानकारी हेतु वेबसाइट: acharyaprashant.org

संस्था से सम्पर्क करने हेतु हेल्पलाइन नम्बर: +91-9650585100, +91-9643750710, या requests@advait.org.in पर मेल भेजें।